· 国家社科基金项目（编号：17BZS146）
· 贵州师范大学全国重点马克思主义学院建设经费资助出版

云贵地区农田水利建设若干问题的思考

李安峰◎著

THOUGHTS ON SEVERAL ISSUES OF FARMLAND WATER CONSERVANCY CONSTRUCTION IN YUNGUI REGION

中国经济出版社
CHINA ECONOMIC PUBLISHING HOUSE
北 京

图书在版编目（CIP）数据

云贵地区农田水利建设若干问题的思考 / 李安峰著 . 北京 ：中国经济出版社，2025. 6. -- ISBN 978-7-5136-8063-9

Ⅰ. F323

中国国家版本馆 CIP 数据核字第 202579RX92 号

责任编辑　张利影
责任印制　李　伟
封面设计　华　子

出版发行　中国经济出版社
印 刷 者　北京捷迅佳彩印刷有限公司
经 销 者　各地新华书店
开　　本　710mm×1000mm　1/16
印　　张　16
字　　数　230 千字
版　　次　2025 年 6 月第 1 版
印　　次　2025 年 6 月第 1 次
定　　价　82. 00 元
广告经营许可证　京西工商广字第 8179 号

中国经济出版社 **网址** http：//epc. sinopec. com　**社址** 北京市东城区安定门外大街 58 号 **邮编** 100011

本版图书如存在印装质量问题，请与本社销售中心联系调换（联系电话：010-57512564）

目　录

云南篇

贵州篇

云南篇

口述史学在当代中国农田水利史研究中的应用

现代口述史学是科技和社会进步的产物，它有力地推动了当代史研究的纵深发展。农田水利史是当代中国史研究的重要组成部分，将口述史学引入中国当代农田水利史研究，可以为其提供多元化的研究视角，拓宽研究的领域和视野，最大限度地修正和补充档案史料的不足。新中国成立以来，在党和政府的领导下，我国的农田水利建设取得了骄人的成绩，学界对新中国成立以来的农田水利史研究也有了长足的进步。但一些著作文章仍停留在依靠档案资料或者纯粹从自然技术史的角度进行论述，对口述方法的运用还没有完全展开。本文试图对口述史学的重要性、把口述史学引入当代中国农田水利史研究的必要性以及需要注意的几点问题略进行论述。

一

在文字出现之前，人们用口述方法传授知识、传播经验、记忆历史，这是最古老的传承人类活动的方式。近代，真正意义上的口述史学是伴随着科技进步新兴的一种历史研究的学科分支。一般认为，美国学者芮文斯于1948年在哥伦比亚大学建立口述历史研究室是现代口述史学的开端。随着史学方法和理论的发展，口述史学也经历了几十年的发展历程，为尽可能地弥补当代史学研究中的一些盲区，以及研究近代以来不同领域、不同阶层的历史提供了新的思维方式和研究方法。现代口述史学的概念并不统一，如张广智先生认为："现代意义上的口述史学，实际上是通过有计划的访谈和录音技术，对某一个特定的问题获取第一手的口述证据，然后再经过筛选与比照，进行历史研究。”① 他认为，口述史学是运用现代技术的成果，以谈话录音为依据，同时要注意对访谈资料的鉴别和筛选。而杨立文教授则认为：“口述历史最基本的含义是相对于文字资料而言，就是收集当事人或知情人的口头资料。它的基本方法就是调查访问，采用口述手记的方式收集资料，经与文字档案核实，整理成为文字稿。”② 杨立文的论述侧重于通过录音技术收集史料。虽然概念的内涵定义不一样，但并不妨碍现代人类学、社会学及历史学等学者对口述史学的重视和运用。目前，在历史人类学的田野调查中，口述方法已被普遍运用。在近现代历史学领域，现代口述史学的操作性、技术性和实用性较强，这为研究者找到了一种虽不同于传统史学但能更深入发掘历史的新方法。

现代口述史学的发展是对传统史学的重大革新，是伴随着科技进步发明的音像技术产生的，从而为当代史学研究的资料收集、研究视角等方面提供了新的模式，也推动了关于近现代重要人物领袖和底层群众及相关重大历史事件的口述史料的收集与整理，在一定程度上弥补了官方档案史料的不足，逐渐改变了以文献治史的传统方式，具有很大的灵活性和适应性。当代中国在社会主义建设过程中形成的历史文献、档案资料异常丰富，但在一定的历史时期受政治因素的影响，一些重大事件或焦点人物的档案资料尚不完善，存在错误之处或者记录相对简单，使研究缺乏丰富、有力的档案史料支撑。将口述史学方法运用到当代史研究中，能在一定程度上弥补一些官方文献资料的不足，补正空白或错误的史料，其价值显而易见。现代口述史方法操作灵活、视野开阔、实用性强、应用性广，在现代史研究过程中得以充分运用，可以在一定程度上使史料更加充实丰富，分析更具有真实性。因此，应该加强口述史学在当代中国史研究中的运用。同时，新中国成立后历次重大事件的参与者、当事人基本还健在，他们对这些事件的口述是补充和互证档案资料的宝贵财富，广泛地挖掘和利用这些“活的史料”，可以全面清晰地分析当时的历史面貌。

---

① 张广智：《西方史学史》，上海：复旦大学出版社 2000 年版，第 331 页。

② 杨立文：《论口述史学在历史学中的功用和地位》，《北大史学（一）》，北京：北京大学出版社 1993 年版，第 120 页。

二

水是生命之源、生态之基，是经济和社会发展的基础。新中国成立后，党和政府非常重视水利建设，在新中国成立初期、十年建设时期、“文革”时期以及改革开放之后，我国的农田水利建设取得了显著的成绩，主要表现在提高了农业生产能力，加快了工业发展步伐，为城乡居民饮用水提供了水源，为社会的全面进步做出了应有的贡献。学界对新中国成立以来农田水利建设的分析研究一直没有停止过，很多著作、地方志和论文都是在原始档案史料的支撑基础上完成的。笔者认为，这是不全面、不客观的，档案本身由于历史原因存在复杂性，甚至掺杂了政治形态，有一定的局限性。我们现在的研究应该不断拓宽视野，在充分利用音像技术的基础上，深挖资料，发挥口述方法的作用。将口述史学与当代中国农田水利史研究有机结合起来，可以有力地推动新中国成立以来农田水利史的研究，充分、深入、客观地把握这段历史。

第一，通过访谈、笔录、录音等方式整理形成的口述史料，可以为新中国成立以来的农田水利史研究提供更多资料，填补一些文献记载的空白，弥补档案史料的不足，为一些有疑问的档案文献提供口述史料支撑。虽然原始档案是研究农田水利史的基础，但档案的形成往往带有主观性的政治色彩或者存在记录的空白。农田水利建设在改革开放之前也是为加快社会主义建设进行的群众运动，尤其是1957年冬季掀起的农田水利建设高潮被认为是“大跃进”运动的先声，当时的档案文献记载中难免会留下一些政治色彩很强的内容。笔者曾对查阅的档案和走访形成的口述史料进行对比，发现在一些问题如民工伤亡如何处理上，档案和口述史料就有很大的不同。因此，对新中国成立以来农田水利史的研究仅仅依靠档案文献是远远不够的，通过其他途径挖掘史料成为水利史学研究中的新任务。而现代口述史学的兴起，口述历史方法的运用，在很大程度上解决了这一难题。口述史料的挖掘实质上就是当代人整理保存当代史料的过程。在传统史学中，存在当代人不写当代史的传统，但我们当代人应该注重当代史料的挖掘与整理，为以后开展当代史研究提供便利，当然这也打破了当代人不治当代史的惯例。农田水利史是当代中国史研究的重要组成部分，当年参与农田水利建设的不同阶层的人大部分还健在，从他们身上可以收集到很多鲜为人知的、有价值的史料，通过采访、记录、整理形成口述史料，可以更充分地研究把握新中国成立以来农田水利建设过程中政府的行为、群众的意愿和思想状态、存在的具体问题等。因此，作为中国当代史研究者，我们应该在现有的技术条件下加快对当代中国水利史口述史料的收集和整理，最大限度地抢救濒临失去的“活史料”。

第二，在当代中国农田水利史的研究中，引用口述历史的方法可以直接接触到不同阶层、不同身份的人，他们的身份差异反映到当时的水利建设过程中就是意愿、态度、行为和思想的差异。历史研究最不能忽视的就是人，通过接触不同阶层的群众，尤其是工农群众，可以使农田水利史的研究更全面、更深入、更客观。过去“历史学家的眼光看不到人类生存的全部领域，而集中在决策者身上，集中在制定与执行政策的杰出人物身上。一种贵族的偏见支配了历史研究，大众历史、日常生活史和人民文化史都没有历史价值，唯独意识领域才值得史学家去关注”①。历史发展是人民群众参与推动的，只有深入群众才能记录真实的历史。新中国成立以来的农田水利建设是成千上万普通群众参与的，他们对这一事件的认知和亲身感受从某种程度上反映了他们对农田水利建设的真实想法，可以更好地反映历史本来的面貌。把口述历史方法引用到当代中国农田水利建设研究中，使“它突破了以往历史著述偏重政治和上层，较多地‘自上而下’写历史的传统，使普通人的生活、社会变迁、人民大众对历史的认识更多地走进了史学领域，从而有助于把‘自上而下’写历史和‘自下而上’写历史结合起来”②。作为史学工作者，我们不应该只停留在历史研究的宏观政治史、制度史、领袖人物史层面上，而应该关注人民的生活史、社会史、思想史，因为普通百姓是历史的见证者，是历史前进的持久动力。成千上万的普通群众在参与历史事件过程中的意愿、态度、想法等才是真实的历史写照。这是因为知识水平存在差异性，如何真实地记录保存这些普通群众的历史意愿，便是我们口述史学工作者的任务。

---

① 伊格尔斯：《历史研究国际手册》，北京：华夏出版社 1989 年版，第 5 页。

② 朱佳木：《努力建设中国特色的马克思主义口述史学》，《扬州大学学报（人文社会科学版）》，2004 年第 2 期。

第三，口述史学和当代中国农田水利史研究的有机结合，有助于该领域的研究，扩展新领域，运用新方法，发现新问题，提出新疑问，使该领域的研究向纵深发展。口述史学工作者在与历史见证者面对面的采访过程中，思维的火花往往因双方思想的交流而产生；在整理分析口述史料的过程中，由于新问题的发现，研究视野往往会在无形中拓宽。口述史学无论在理论还是实践上都突破了以往史学固有的范式，具有叙述性、大众性、社会性等特点。作为主要特征之一的社会性"不仅决定了口述史学的广泛性和完整性，也对其客观性和叙述性产生了至关重要的影响；口述史学的社会性使该学科成为名副其实的面向大众的历史学，体现了重返人文的传统，与整个历史学科的研究方向是完全一致的"①。作为研究当代史的历史工作者，我们既要重视档案史料的收集和运用，关注历史上层的政治史、经济史、文化史等，又要关注普通民众的社会史、生活史，了解把握他们的思想动态和心理意愿。通过访谈交流，收集整理历史见证者的口述史料，可以发现研究中的盲点、空白点，为我们研究当代中国农田水利史提供多元的视角。

三

真实、客观和可信是史学的生命，也是史学工作者一直努力的方向。一些学者对口述史料的可信度一直持怀疑态度。不可否认，由于历史事件的参与者在叙述过程中会存在个人好恶、怀旧情感、短时失忆、回避自身错误、政治压力、年代久远、记忆模糊等现象，形成的口述史料肯定会有一部分失真，这就要求口述史学工作者加强对口述史料真伪性的辨别，尽最大可能采访记录并保存历史见证者当时最真实的想法和最客观的历史记忆。如何做到这一点呢？

首先，通过访谈等形成的关于当代中国农田水利史的相关口述史料要与文献档案互证，这是确保该口述史料真实可靠的主要途径。杨雁斌指出："口

① 杨雁斌：《面向大众的历史学：口述史学的社会主义辨析》，《国外社会科学》，1998 年第 5 期。

述史料必须同文字资料和实物资料结合起来，相互印证和补充，才能确保历史的真实性和完整性。”① 由此可见，相关文献的补充和互证是当代中国农田水利史口述史料真实客观形成必不可少的条件。在当代中国农田水利史研究过程中，我们在注重相关资料档案等文献的收集保存的同时，应充分挖掘不同阶层的群众口述史，以期相互补充证明，寻找两者的契合点，最大限度地使口述史料具有真实性、可靠性。如果档案中缺乏记载，难以与口述史料互证，而被采访者又恰好参与了当时的历史活动，遇到这样的问题应该如何处理呢？笔者认为，一方面，应尽可能地寻找档案文献或者报刊等，寻找记录；另一方面，如果相关文献中确实找不到记录，就多采访几位历史见证者，口述和口述之间相互印证。

其次，口述史学工作者应积极与被采访者互动，取得被采访者的信任，在采访前充分准备，采访中共同参与，密切配合，并注意访谈方法的规范性，尽可能地获得口述的翔实资料。采访前的充分准备，包括语言是否有沟通障碍，如有，可以找向导或者翻译；问题设问是否合乎情理，某些涉及个人伤痛之处的问题应尽可能地避免或者委婉地提出。采访过程中密切配合，包括开场白如何设定、一些历史敏感问题如何婉转地提出等，这个过程是决定访谈成功的关键，也是决定口述史料真实可靠的重要因素。因为采访的过程也是和被采访者进行情感思想交流的过程。改革开放之前，尤其是“大跃进”时期，农田水利建设既是群众运动也是政治运动，一些人在这期间可能做了一些有违道德的事，或受到了心理和生理上的伤害，他们有可能不愿坦诚相告。如笔者在贵州某地采访一位老人，让他回忆当年在水利建设过程中是否有干部贪污腐化问题，老人沉思了半天说，干部贪污腐化不知道，但是在男女问题上影响不好。因此，口述史学家应运用成熟的采访技巧，对被采访人加以引导提醒，调动其积极因素，规避不利因素，增进双方的相互理解，在保护被采访者个人隐私的基础上力求口述者最大限度地吐露真言，实事求是，最后形成相对真实可靠的口述史料。

最后，尊重受访者的个人尊严是口述史工作者必备的基本道德准则。充分尊重人是口述史学学科发展的支撑点，也是获得真实口述史料的基本前提，

① 杨雁斌：《浅论口述史学的发展与特点》，《国外社会科学》，1993 年第 4 期。

如果不懂得尊重人，不懂得尊重被采访人的习惯和人格，漠视人的尊严和生命价值，就不会获得真实的口述史料，更谈不上口述史学的发展进步。口述访问要想成功，就必须在充分尊重受访者个人尊严的基础上，主动地关心对方的生活和工作，对对方的观点表示同情和理解，采用灵活多样的方式方法，通过引导、启发和交流最大限度地获得对方的真实口述资料。总之，珍贵的口述史料和档案文献等的有机结合，会全面客观地推动当代中国农田水利史的研究，进而带动口述史学的发展，推动新中国史的纵深研究。

（原文发表在《沧桑》2013 年第 1 期）

1957年冬全国农田水利建设高潮兴起缘由透析

1957年冬，在全国掀起农田水利建设高潮，其产生的影响广泛且深远。目前，关于这场大规模农田水利建设运动兴起的缘由，学界分析探讨较少。本文试图从农田水利建设自身的地位、国内和国际环境、经济建设模式的作用以及毛泽东的重视等宏观视角，对这场运动兴起的缘由展开论述。新中国成立后，党和政府领导人民进行了几次大规模的农田水利建设运动，其中，1957年冬季掀起的农田水利建设高潮最受关注也最受争议。最受关注是因为它为当时及以后的农业发展奠定了水源基础；最受争议是因为它是“大跃进”运动来临之前的一场预演，里面孕育着许多“大跃进”产生的种子。那么这场农田水利建设运动是如何酝酿发展的？本文主要从宏观方面探讨1957年冬农田水利建设高潮来临的历史必然性。

一、农田水利建设的地位

水不仅是生命之源、发展之要，而且是社会存在及生态环境的基础。水对农业生产起着决定性的作用，是粮食丰收的关键因素之一。长期以来，在自然因素作用下，我国水旱灾害频繁发生，而以治水为基础的农田水利建设在我国以农业为主的几千年历史长河中占有重要地位，并一直受到历朝历代统治者和广大人民群众的重视。因为农田水利的重要性，新中国成立之初，党和政府就将其放在国民经济发展的战略位置以彰显其重要地位。

首先，农田水利可以减轻旱涝灾害，保护人民群众的生命财产安全。旱涝灾害自古以来就是中华民族的心腹大患。据统计，“自公元前 206 年至 1949 年，我国共发生较大洪水灾害 1092 次、较大旱灾 1056 次，平均每两年发生一次较大水灾或严重干旱”①。历史上，旱涝灾害频繁发生，不仅破坏程度很大，而且破坏范围很广。每次旱涝灾害的后果都是农业大量减产，经济萧条，直接威胁底层群众的生命财产，影响他们正常的生产生活。农田水利建设作为防旱排涝一条最有效的途径，不仅可以做到农田旱有水浇，涝可减排，尽可能地缓解灾情，减少因旱涝造成的损失，维护人民群众的利益，而且对于缩小旱涝分布的时空不均衡具有积极作用。历史充分证明，农田水利搞得好的时期，因旱涝造成的损失程度低，群众可以正常地生产生活。

其次，农田水利是粮食增产、农民增收的关键。新中国成立之前，农民收入的主要来源是粮食，因当时的物质技术条件极差，粮食产量的高低直接受到“水”的制约，而要改变这种局面，就要开展农田水利建设，以充分利用有限的水资源，因此，农田水利在群众心中的重要地位是无法撼动的。我国是人口和农业大国，粮食处于核心地位，而通过兴修农田水利扩大旱涝保收的耕地面积，可以提高土地的生产利用率，确保粮食及其他经济作物稳产增产，进而夯实农业基础、增加农民收入、维护农村稳定。

最后，新中国成立初期，农田水利是国民经济发展的重要保障。农业是第一产业，是国民经济的基础，工业必须以农业发展为根本，没有农业的支持，工业及服务业发展会逐渐萎缩。但在当时，我国农业生产条件十分落后，而兴修水利和积肥就成为发展农业的主要途径。可以看到，凡是农田水利在当时搞得好的地区，农业基础都很稳定，工业等其他产业发展也较快。新中国成立后，为了稳定农业发展根基，尽可能地提高粮食产量，为工业发展服务，党和政府高度重视农田水利建设，多次组织广大群众在整修旧有水利设施的基础上兴修新的水利设施，为农业发展奠定水源基础。

① 水利部办公厅编：《水利辉煌 60 年》，北京：中国水利水电出版社 2010 年版，第 61 页。

二、环境因素

一场运动的掀起总是处于一定的环境之下并受环境的影响，环境在很大程度上决定着运动的发展方向，而运动又不可能超越现实环境。1957 年冬季的农田水利建设运动是在当时国内和国际环境交互作用下掀起的，其中，国内环境是主因，它直接影响农田水利建设并受到农田水利建设自身的反作用。当时的国内环境是，新中国刚刚成立，党和政府十分关注水利发展，并把水利设施的恢复和修建作为国家经济恢复的重要一环来抓。1949 年 11 月，经政务院批准，各解放区水利联席会议在北京召开，这是新政权建立后的第一次全国水利工作会议。在国家财政相对紧张的情况下，党和政府从有限的资金中拨出专款来整修和兴修农田水利设施。1950 年，农业部召开农田水利工作会议，确定了当时的水利工作方针是“广泛发动群众，大力恢复兴修和整理农田水利工程，有计划有重点地运用国家投资、贷款，大力组织群众资金和吸收私人资本投入农田水利事业，帮助改善原有管理机构，加强灌溉管理，逐步达到合理使用，并建立健全各种制度”①，为下一步水利工作提供了指导方针。经过 3 年的努力，我国取得了恢复和发展国民经济、抗美援朝的胜利，水利建设也取得了可喜的成绩。随后国家开始向社会主义过渡，1955 年冬季至 1956 年春季全国掀起了兴修水利的一次高潮，取得了很大的成绩，灌溉耕地面积增长近 1 亿亩，为之后的农业大丰收提供了必要的水源条件，但在这场水利建设过程中，“左”的指导思想也开始抬头。面对新中国成立几年取得的成就，刚刚从旧中国解放出来的广大群众为加快改变我国长期落后的面貌，在国家建设中表现出极大的热情和极高涨的情绪，这是值得肯定的，但势必会影响到国家经济发展的一些决策。

其间，毛泽东同志认为要不断加快经济建设的步伐，而动员群众参与被认为是加快经济发展速度的一条有效途径且被首先应用于农业发展中。在当

① 水利部农村水利司：《新中国农田水利史略》，北京：中国水利水电出版社 1999 年版，第 10 页。

时农业生产力发展滞后的条件下，提高粮食产量、夯实农业基础的核心就是加快农田水利建设，实现耕地的水利化。因此，通过进一步发动广大群众，加快经济建设的步伐首先就在农田水利建设中开始了。1956年，全国水利会议根据《1956年到1967年全国农业发展纲要》，提出了后两年扩大灌溉面积4.5亿亩的不切实际的要求，助长了水利建设的冒进。1957年10月25日，中共中央公布了《1956年到1967年全国农业发展纲要（修正草案）》，“要求在十二年内，把水田和水浇地的面积，由一九五五年的三亿九千多万亩扩大到九亿亩左右。灌溉设施的抗旱能力，按各地不同情况，分别提高到三十天到五十天”。① 从新中国成立初期经济发展的大方向来看，意识形态和冒进的思想始终若隐若现地贯穿其中，到了1957年后期，最终转变为在经济领域的“大跃进”。1957年冬季，各地政府组织群众猛烈批判在经济建设过程中的右倾保守思想，并掀起以兴修农田水利和积肥运动为中心的农业生产高潮。

当时的国际环境对国内经济建设等方针政策的制定产生了一定影响，而苏联的因素最大。1953年，斯大林去世，赫鲁晓夫成为苏共第一书记。赫鲁晓夫当选后，积极改变过去斯大林对中国的片面态度以取得中国领导人对他的支持。苏共二十大之后，人们开始打破对斯大林及苏联发展模式的崇拜，这时的波兰和匈牙利发生了大规模的示威和骚乱，强烈要求摆脱苏联的束缚。西方以美国为首的资本主义阵营借机在世界范围内掀起了反共、反社会主义的高潮。为进一步反击资本主义阵营，加强社会主义阵营内的团结，1957年11月，在莫斯科召开了共产党和工人党代表大会，大会分析了当时的国际局势，号召社会主义国家加快经济建设步伐，赶超资本主义阵营，而赫鲁晓夫在会上提出了赶超美国的口号。作为世界上第二大社会主义国家，毛泽东率中国的党政代表团参加了这次大会。为响应苏联赶超美国的号召，也为加快国内经济建设速度，毛泽东在会上宣布中国15年在主要工业品等方面可能赶上或超过英国。在国际和国内环境的作用下，一方面，中国共产党逐步认识到苏联经济建设模式的弊端，开始探索适合中国国情的社会主义建设道路；另一方面，为响应苏联赶超美国、巩固社会主义阵营的号召，在毛泽东领导

① 中共中央文献研究室编：《建国以来重要文献选编》（第十册），北京：中央文献出版社1994年版，第640页。

下，号召加快经济建设尤其是重工业发展的速度。为满足重工业建设首先必须加快农业发展，而农业生产在当时主要的措施就是开展农田水利建设。总之，20 世纪 50 年代中后期，中国实际上仍然没有摆脱苏联经济建设模式的束缚。

三、经济建设模式的作用

一个国家选择什么样的经济建设模式是多种主客观因素交互作用的结果，而经济建设模式直接影响经济政策的制定，决定经济发展的走向。即使在摆脱了不适应国家发展的经济建设模式而去探求一种新的模式之后，之前的模式也会产生可怕的经济后果，即使在一种全新、成熟的经济建设模式完全占主导地位之后，这种后果有时也会持续一段时间。新中国成立之后，我国学习苏联建立了高度集中的计划经济建设模式。在这种模式之下，优先发展重工业，其他产业要为工业发展服务，短时期内这种经济建设模式在牺牲农业等领域发展的基础上取得了不错的成绩。苏共二十大之后，苏联模式的弊端开始暴露，我们党也逐步摆脱了苏联的经济建设模式，强调经济建设要在综合平衡中稳步前进。对此，毛泽东在《论十大关系》中指出经济建设过程中要正确处理农、轻、重的关系，但并没有从根本上改变苏联经济建设模式的思维方式及其影响。随后制订的第二个五年计划指出，“在优先发展重工业的基础上，发展工业和发展农业同时并举。优先发展重工业的方针是决不能动摇的。在第二个五年计划期间，必须使我国重工业继续高速度发展，并且使为农业服务的重工业有更多的发展”。[①] 从中我们可以看出，第二个五年计划虽然指出工业和农业同时并举，但仍然强调优先高速度发展重工业，在经济建设实践中也是把工业尤其是重工业摆在中心发展地位，这说明我国并没有摆脱之前苏联建设模式的影响。经历新中国成立初期经济建设模式的洗礼之后，中央领导层基本达成共识：农业是工业发展的基础，它为工业发展提供

---

① 中共中央文献研究室编：《建国以来重要文献选编》（第十一册），北京：中央文献出版社 1995 年版，第 7 页。

原料和资金支持，要想优先提高工业尤其是重工业发展速度，必须发展农业，确保粮食稳产增产，而在当时农业物质技术条件落后的情况下，兴修农田水利强化农业基础设施就成为粮食增产和农业发展的关键。

由此，笔者认为，1957年冬季的农田水利建设是在努力挣脱苏联模式、探索适合中国国情发展道路之下掀起的一场群众性运动，它将革命战争年代的动员群众参与方式和经济建设相结合，在当时的背景及技术条件下，因其短期目标是通过农田水利建设，大幅增加粮食产量以为优先发展工业服务，所以，它是在当时优先发展重工业经济模式刺激下在农业领域采取的一种激进方式，是这种经济建设模式在当时条件下作用的结果。

四、毛泽东的重视

在土地革命时期的根据地建设过程中，为了提高粮食产量和防治自然灾害，毛泽东一直高度重视农田水利建设，他曾说，“水利是农业的命脉”，精辟地指明了水利和农业发展的关系，是对水利在农业发展中处于关键地位的肯定。农田水利不仅是农业生产的命脉，也是国民经济发展的命脉。新中国成立后，毛泽东始终关注发展水利建设事业，高度重视并亲身垂范。1950年夏季，面对淮河的水患，毛泽东连续做了几次批示，提出要组织大规模的导淮工程，之后他还亲自题词“一定要把淮河修好”。1952年10月，毛泽东亲自视察黄河。此后，1953年2月、1954年11月、1955年6月，毛泽东又多次听取了关于治理黄河的报告。当时，我国的农业生产技术相对落后，抵御旱涝灾害的能力很低，粮食增产的空间有限，农田水利建设就成为提高粮食产量的主要手段。毛泽东已经充分认识到当时农业生产的实际条件，为此，在农业合作化高潮来临时，他指出，“兴修水利是保证农业增产的大事，小型水利是各县各区各乡和各个合作社都可以办到的，十分需要定出一个在若干年内，分期实行，除了遇到不可抵抗的特大的水旱灾荒以外，保证遇旱有水，遇涝排水的规划。这是完全可以做得到的。在合作化的基础上，群众有很大的力量。几千年不能解决的普通的水灾、旱灾问题，可能在几年之内获得解决”[①]。毛泽东不仅为我国水利事业的发展指明了方向，也直接推动了党和政府对水利事业发展政策的制定，大大提高了全国人民通过水利建设战胜水旱灾害的信心，也推动了农田水利建设高潮的来临。

在毛泽东的高度重视下，在没有摆脱优先发展重工业模式的束缚下，在当时国际、国内综合因素的交互作用下，1957 年 9 月 24 日，中共中央、国务院发布《关于今冬明春大规模地开展兴修农田水利和积肥运动的决定》。该决定指出，“积极广泛地兴修农田水利，是扩大农业生产，提高单位产量，防治旱涝灾害的最有效的一项根本措施”，并提出“根据我国农田水利条件的有利特点，必须切实贯彻执行小型为主，中型为辅，必要和可能的条件下兴修大型工程的水利建设方针”。[②] 该文件的下发促使各级政府组织领导广大群众掀起了一场农田水利建设运动，以改善农业生产条件。随着“大跃进”的来临，在为工业发展积累资金以实现率先“赶英超美”的目标，必须努力提高农业发展水平思想指导下，各地农田水利建设的激情一浪比一浪高。在全国范围逐渐形成了以农民为主，工、农、兵、商、学等各条战线上千万人投入的大规模的群众性建设运动，掀起了全党、全国、全民办水利的高潮，其规模之宏大、阵容之壮观确实史无前例。

（原文发表在《农业考古》2013 年第 1 期）

① 中共中央文献研究室编：《建国以来重要文献选编》（第七册），北京：中央文献出版社 1993 年版，第 209 页。

② 中共中央文献研究室编：《建国以来重要文献选编》（第十册），北京：中央文献出版社 1994 年版，第 567-568 页。

新中国成立以来云南农田水利建设中的民工劳动与日常生活

农民是农田水利建设的受益者和直接参与者，民工主要来源于农民。在紧张的兴修水利过程中，他们如何进行施工、怎样提高工程进度、生活状况如何、吃穿住问题如何解决，是必须面对和解决的问题。如果缺乏有效施工，生活没有保障，就不可能充分调动民工的参与性，进而影响工程的进度和施工质量。新中国成立后，国家和云南各级政府比较重视水利工地上的民工生活和施工问题，但因种种原因，尤其“左”的思想干扰，在追求高速度、高指标的引领下，民工生活保障没有及时跟上，出现了诸多问题，在一定程度上影响了民工的积极性。但是，总的来看，1950—1976 年，在生产技术落后和生活条件艰苦的环境下，广大民工在水利工地上开展工具改革、评比竞赛、养猪养鸡等活动，在很大程度上加快了水利工程进度，为云南水利建设做出了贡献。

一、民工劳动

新中国成立初期，农田水利以整修和恢复旧有水利设施为主，并适当开展中小型水利工程建设。该时期生产技术落后，国民经济正处于恢复和初步发展阶段，大型机械化设备基本没有，都是靠人挑肩扛。据一位民工回忆：“洋派水库，从 1953 年 1 月就开始勘测，是楚雄州的人下来勘察，之后元谋、大姚、姚安、南华、禄丰、武定等地方的人都来了。这些人在半年的时间就完成了，就是去给他们抬土，那个时候抬土，拖拉机都没有，后面才用两台拖拉机压路，这样弄好后就开始修水沟，从下库开始修起来，再修水洞，一年工程就修通了。水库里男的也有，女的也有，在那里用推土的车推土，两边山上的人来通知装车，男男女女的一个推土一个装，石块用小锤子敲，用人工把这个造起来，四个人拉四根绳子的铁坨来压，就是打夯，打平压下去，一、二、三、四地这样打着，上面是两辆拖拉机压着，拖拉机是州上派来的，就是那些拖拉机压着的时候还带大轱辘，我们当时也是第一次见。那个时候工具少，主要靠人搬、人抬、人挑，还有用推车搬。”① 曲靖西河水库是1955年兴建的，一位老人讲：“那时候年轻，我们这边去了好几个人，现在只剩下我了，我在那里挑泥巴、挖土。那时没有什么机器，全部都是人工，只有小推车，用夯，两人抬，还有像小火车一样的小翻斗车，修这个水库都是靠人挑、人背，都是当时我们这些年轻人修的水库，用了很多的人力，还有小火车，用轨道安装起来。”② 从两位老人的回忆中我们可以看出，新中国刚成立时，水利工地上基本没有大型机械化设备，也基本没有开展所谓的工具改革和技术革新活动，诸多工程建设任务都是靠人力完成的。从中也可以看出，1955年前后，工地开始有了轨道火车，目的是提高工效，而这与当时全国掀起的农田水利建设小高潮有一定关联。

1955年冬至1956年春，云南掀起了小规模的农田水利建设高潮，各项指标和上马工程的数量有所增加。在水利工地上，为充分发挥群众的积极性、创造性和参与性，也为加快工程进度，掀起了技术革新和培养农民技术员高潮。如陆良县，“为解决人力、物力、财力和技术的不足，提高工作效率，保证工程质量，推行了畜力代替人力取土，夯压拉土，改良了工具，用手推车推土，用秤杆打夯，使用木头代替石头涵洞，克服了没有石工的困难”③。当时，由于生产技术落后，为完成任务，工地号召民工在传统工具的基础上进行技术改革以提高工效，这就为之后水利工地进行工具改革埋下了伏笔。其实，从上述资料我们可以看出，当时的技术水平不足以进行大规模的农田水利建设，尤其是兴修中大型水利工程，但随着全国水利建设运动的开展，为实现水利化，消除干旱，大规模农田水利建设运动在“大跃进”时期兴起，

---

① 根据笔者2018年7月22日采访楚雄彝族自治州官屯镇下大村五组高立全老人谈话记录整理。
② 根据笔者2018年8月9日采访曲靖市沾益区龙华街道扯寨村张小昌老人谈话记录整理。
③ 《陆良县水利代表会议情况报告》，1956年3月，陆良县档案馆，1-1-49。

而在没有足够技术、资金条件下，只有发动群众。所以，我们可以看到水利工地上的民工为提高工效，在现有的条件下搞工具改革、搞人海战术等，无非是想加快工程进度。

施工安全也是工地需重点关注和解决的问题。工程管理者深知施工安全和卫生工作很重要，不仅关系到工程进度和质量，而且关系到民工的生命财产安全。新中国成立初期，为保证施工安全，云南在1954年下发了《云南省群众性中小型水利工程安全卫生暂行规则》，明确指出："各县（市）兴修中型水利或重点水利工程单位，应指定专人负责安全卫生工作，一般的兴修小型水利和管理养护、防洪抢险等工作，应由县建设科、水利工作队、生产办公室或参加水利工作的区乡干部中指定专人负责安全卫生工作，贯彻执行本规则，并于开工前分工种学习规则。发动群众参加工作时，应禁止老弱孕及童工上工；开展竞赛时，男女工青壮工应有不同的比赛条件，防止不照顾工人健康、竭力鼓励民工过度劳动的做法；等等。"① 据一位民工回忆："当时还是比较注意工地安全的，有专门的安全监督员，主要是向大家宣讲安全方面的知识，巡查施工过程中是否有安全隐患，不过很多老百姓是文盲，不认识字，讲完也就忘记了。工地也有卫生员，划破、擦伤、生病都会拿药给你吃，拿药不要钱的，买了多少药指挥部会去处理的，还给你贴那些膏药，也不要钱。修这个水库，工地基本没有发生重大的伤亡事故，就是一般的擦伤、崴脚等，简单处理下就行了，安全工作还是可以的。"②

1957年冬季，大规模农田水利建设运动兴起，中共云南省委提出了"三年内为80亿至100亿立方水而奋斗"的宏伟目标。③ 在从上到下的组织动员下，各地水利建设目标层层加码，但是相对于东部发达地区，云南"农村生产工具落后，许多地方除了一把砍刀、一把锄头之外，再也没有别的工具。这种落后现象的存在，如果单靠增加劳动强度和改善劳动组织，是根本无法解决问题的"④。我们先看一下当年的水利民工回忆当时工地的干活场景。一

① 《云南省群众性中小型水利工程安全卫生暂行规则》，1954年，祥云县档案馆，35-1-2。

② 根据笔者2018年8月4日采访玉溪市华宁县高茶寨张兴元老人谈话记录整理。

③ 中共云南省委党史研究室、云南省档案馆编：《"大跃进"运动》（云南卷），北京：中共党史出版社2004年版，第48页。

④ 中共云南省委技术革新指导委员会编：《农具改革经验汇集》，昆明：云南人民出版社1958年版，第2页。

位参与修建保山北庙水库的民工说："一开始打坝，那是我们一起打的，是用人工，用工具（盆或桶）往外舀水的，人工舀了一段时间，才开始用抽水机抽水。我们又到山上挖土，拉到那个地方后，我们又用板车拉，打洞是用铁锤打的，用铁锤硬生生地打，拉土距离倒不是很远，从索山道到桥山那里，一天可以拿四五分工钱，那是硬生生干出来的，在那里一共待了五年。那时候我们拉土是用一种竹片编织的簸箕，装满挑到轨道车上，又运到桥的那边，那边都是人工，铁轨道，为减轻负担，有人推，两个人推一车，受伤的有。"① 一位参与修建楚雄毛板桥水库的民工说："工地上人工背挑，石头都是人工打的，很危险，伤亡的也有。记得有个涵洞，领导叫我们年轻的五六个去，那是在寒冬腊月的夜里，冷得很，没办法，不去也要去。就把石头劈开，大体上想一下怎么把这个石头劈开，一样样这样做，一天能打多少，打几尺都有计划，一般五面石如果炸它，炸出来就坏了，一般用人工撬，一个个地拿出来再进行打磨，用于砌大坝。"② 一位参与修建昆明英雄大沟的民工说："那个英雄沟相当高，你挖下来的石头不能堆在那儿，要搬走，主要是挑，有时候抬，石头大就抬，石头小就挑，各个都是一样的，反正一天要在那里，说是做八小时，结果是十二三个小时，有时候要加班，那段时间相当艰苦。天气又冷，风又大，工地上也没有机械，没有推车，全靠簸箕挑，一个人一个簸箕、锄头、铁铲。小的用簸箕挑，各个使力，还不能偷懒。"③ 从老人的回忆中我们可以看出，当时工地的施工条件艰苦，技术水平低，大都是人挑人背，但在高指标下，为改变这种状况，很多工地兴起了工具改革运动。

为加快水利建设步伐，在中央号召下，各地进行了所谓的"土洋结合"工具改革，"要按期完成水利建设工程，必须提高工效，而提高工效的关键首先在于大力改进工具，开展技术革新运动，在使用铁锹、斗车、推车、牛车、马车、飞斗等运输工具的基础上，努力推广和提高，代替人挑人背"。④ 这种改革实际上是对原有农具的加工，与现代的机械化是不可同日而语的。"千方百计大搞工具改革，凡是可能实现畜力化、车子化的工地，公社经过分析可

① 根据笔者 2018 年 7 月 29 日采访保山市板桥镇沙坝村李思正老人谈话记录整理。

② 根据笔者 2018 年 7 月 23 日采访楚雄彝族自治州南华县沙桥镇向阳村狄发先老人谈话记录整理。

③ 根据笔者 2018 年 7 月 18 日采访昆明市宜良县谭官营村赵家贵老人谈话记录整理。

④ 《昆明市郊区水利规划草案》，1958 年 7 月 11 日，昆明市档案馆，1-1-2085。

能调给的牛车牲畜马上调给，特别是要抓紧对大队的督促检查，力求做到畜力化、车子化。工效争取翻一番。”① 在施工过程中这种工具改革断断续续持续到“文化大革命”时期，其中以“大跃进”三年最为显著，后面几个时期也存在，但远没有之前规模大。例如，在兴建玉溪东风水库过程中，“大搞工具改革，实行取土爆破化，上土溜槽化，运输车子化，润土喷洒化，压坝机械化。建设工地架起了飞兜八架、土溜槽四架、矿车一百多张，实现了滚珠轴承化。大大减轻了劳动强度，提高了工效”。② 祥云县要求：“抓实四化四改，四化即车子化、畜力化、轨道化、自动化；四改即改人挑人背为推车畜力轨道运，改人挖为爆破，改人上下土为自动装卸，改人打夯为牛碾拖拉机碾压。”③ 化念水库上阵的人数多，为加快工地施工进度，“在悬崖陡壁上架设了飞兜2个，用于运土，每兜可装土0.33立方米和0.36立方米；架设了大溜槽两个，一个长58米，高6米，另一个长75米，高7米。工程期间，共安装胶轮手推车135辆，制造木轮手推车2484辆、马车250辆、牛车332辆、矿兜119个、飞兜22个、锄耙6599根、扁担44593根，等等”。④ 改造水利工具很多是农民凭借传统经验完成的，有的经过培训将经验与现代技术结合起来，不过这种很少。经验是靠年龄和长期的劳动积累形成的，经验也是传统惯性思维的体现，具有一定的权威性。提高工效运动实际是在现代技术工具不够或者还没有普及的情况下，通过组织动员和社会整合，在竞赛过程中激发群众固有的传统经验做法，对原有工具进行改造。

除了在工地上进行工具改革，还组织“流动红旗竞赛，并定期进行评比之外，工区还召开了第一期工程首次评比领奖大会，以表扬先进，树立旗帜”。⑤ 金殿水库工地“在各大队的内部中，个人之间、小组之间，以至中队之间互相展开，比干劲、比智慧”。⑥ 陆良县要求：“工地中队与中队之间应

① 《昆明市水利工程委员会关于当前水利工作情况的报告》，1959年2月，昆明市档案馆，1-1-2250。

② 政协玉溪市文史资料第八辑，《农业水利》，昆明：云南人民出版社2006年版，第14页。

③ 《中共祥云县委关于水利工作的报告（初稿）》，1959年12月11日，祥云县档案馆，35-1-8。

④ 政协玉溪市文史资料第八辑，《农业水利》，昆明：云南人民出版社2006年版，第63页。

⑤ 《松花坝水库工区前一阶段工作小结及当前存在的问题》，1958年5月21日，昆明市档案馆，26-1-1265。

⑥ 《关于水库工地管理和政治思想工作的初步总结》，1958年4月15日，昆明市档案馆，1-1-2085。

开展一次全面的五比三评运动，一比技术革新的品种、数量、质量、改后的工效；二比出工、收工时间，每天工作几小时，工作效率；三比每天完成工程总数的百分比，县委规定每日要求完成 2.5%，最少不能低于 2%；四比工地政治思想工作，比民工情绪，比积极性；五比工程质量。三评：一评模范单位，评完工时间；二评好人好事；三评安全卫生。”[①] “富民县拖担、罗免、西山区三家村三座水库工作全面开展较好，较显著，工效较高，被评为先进水库，插上了红旗。”[②] 在评比竞赛中，车木河水库工地较为典型。该工区进行评比红旗竞赛，“起初是以完成任务为中心开展互相检查评比，七天一大评，一天一小评，后阶段分成各项评比，五天一大比，其中任务大评共 15 次。工区评过三次模范，共发了奖状 250 个，红花 250 朵，口缸 123 件，毛巾 259 块”。经过评比红旗竞赛，“从开工到现在为止，发的集体奖和流动红旗数如下：流动大红旗两面、五项评比小红旗五面、其他小红旗八面，奖回家过光荣年的大红旗三面、筑坝先锋大红旗两面、发锦旗十一只”。[③] 在那个激情燃烧的岁月，虽然没有过多的物质奖励，但精神荣誉的鼓励远比物质激励更让人兴奋和有干劲儿。

国民经济调整和“文化大革命”时期，水利工地上的阶级斗争气氛也越来越浓，但在生产技术水平不高和地质条件艰苦的情况下，工地施工仍然沿袭着固有的一套，尤其是在“农业学大寨”运动掀起后，广大民工发扬“大寨精神”，一不怕苦，二不怕死，昼夜奋战在水利战线上，呈现了那个年代特有的能吃苦、干劲儿大的风貌。如 1969 年 11 月开建的邱家坝水库，“整个工地熙熙攘攘、热火朝天，挖、运、填井然有序，场面热闹壮观。冬季，虽有灿烂阳光，但还是冷风飕飕，民工们头裹顶巾，脚穿草鞋。吃的是苞谷面青菜汤，环境恶劣，生活艰苦。除有一台用于碾压坝埂填土的推土机外，都是用锄头、背篓、自制手推车等简单的工具”。[④] 据一位参与莲花田水库修建的民工讲：“打隧洞，用风钻，当时泥石流相当大，还有塌方，就这个塌方厉

① 《县委关于水利工作情况和采取必要的措施保证按期完成任务的报告》，1958 年 3 月，陆良县档案馆，1-1-71。

② 《关于召开水库评比会议的综合报告》，1959 年 1 月，昆明市档案馆，26-1-1286。

③ 《安宁区车木河水库工程工作总结》，1959 年 5 月 26 日，昆明市档案馆，26-1-1289。

④ 政协玉溪市文史资料第八辑，《农业水利》，昆明：云南人民出版社 2006 年版，第 14 页。

害，要灌水泥，灌掉了好几千吨水泥，是曲靖那边的灌浆队过来的，不然不稳固。至于呼吸，有那个抽风机，倒是也没事。我们实行的是三班制，在隧道里面装有轨道，有那个轨道车运石块，88 个人干了 16 天 16 夜。坝上还有‘农业学大寨’‘工业学大庆’‘全国人民学解放军’的标语，有台东方红拖拉机压坝用，基本都是人工，人拉小板车，机器压不着的就用人工打夯。”① 一位参与修建保山小海坝水库的民工说，“水库上也办小工厂了，那时小工厂就是冶铁，修水库用的铁，不管什么规格，全靠小工厂来打的。用那种大炉、大铁锤来打造的，又不是去保山就买得到，那时的大炉，是用鼓风机起火，起火冶铁，把铁烧红了，用铁锤打，像蚂蝗扣、铁錾子，都靠这么打出来的，打了就供这个水库的施工使用，就是买一些铁来打造一些施工工具。工具靠就地打造，需要哪种工具就打哪种工具，专门有几个打铁具的工人，专门打铁的有十几个人，都专门用铁打工具，适合这个水库修建的工具就要自己打造”。②

总之，云南本身就属于高原，地质地貌条件复杂，水利施工条件异常艰苦。在缺乏大中型机械和先进技术的情况下，从 20 世纪 50 年代到 70 年代，云南各族人民通过人挑肩背、自带工具、进行工具改革等，奋战在农田水利建设的第一线，他们发扬不怕苦、不怕累的革命精神，以高昂的斗志为治水事业的发展做出了贡献，这中间有老年人、青年人、中年人，有一些民工在施工中受伤甚至牺牲，他们艰苦奋斗、砥砺奋进和无私奉献的精神值得我们后人学习。

二、民工日常生活

民工生活好坏是农田水利工程能否顺利推进的重要保障，成千上万的民工在工地上劳作，他们的吃、穿、住、用等都是必须解决的问题，尤其是工程建设属于高强度和耗费体力的工作，如果吃不饱、穿不暖、住得差、生活不方便，就会影响民工的体力和心情，导致他们偷懒、磨洋工。从 1950 年解放到 1976 年，云南各族人民掀起了数次农田水利建设的高潮，在地质条件复

① 根据笔者 2018 年 8 月 7 日采访曲靖市陆良县马街镇庄上村袁贵生老人谈话记录整理。
② 根据笔者 2018 年 7 月 30 日采访保山市杨柳乡小海坝水库守护工人吴银谈话记录整理。

杂、生活环境艰苦的情况下，他们在工地上是如何生活的？能否吃饱，能否穿暖？住宿条件如何呢？我们通过民工的回忆和相关资料可以去了解一下，感受当年民工的不易和他们不畏艰苦的精神。

曲靖西河水库是新中国成立初期云南修建的蓄水工程，一位参与建设的老人回忆："当时我 18 岁，1955 年就去了，从修水库一直在工地上做活，没有回过家，一直坚持，直到水库测量完。吃饭的问题工地上会解决，我们只需要带着铁锹、锤子、铲子和被子就可以了。睡在工地上，外面搭的棚子，盖上席子就行。一天吃两顿饭，也能撑得下去，米是从仓库那边拉来的，用碾碾碎，平时还宰猪，还有豆腐，吃的不愁，水库上做活的人都能吃饱。"① 一位参与飞井海水库建设的民工回忆："我们这里都是晚上各自回家，没有工棚，工棚只有指挥所有，指挥所是早上几点出工、几点钟吃饭敲钟的，晚上几点收工、几点吃饭，都是有时间安排的。我们附近的就各自回家住，离村子远一点的哪家有空房就住到哪家，住进去有没有给钱我就不知道了。那个时候劳动有多辛苦，肚子饿都不会像现在的人一样懒，现在还有人偷懒，那会儿修水库坝子的人就没有偷懒的。修水库坝子的时候吃饭还是不错的，那时候没有具体分土地是哪家的。"② 一位参与建设楚雄洋派水库的民工回忆："那个时候各个地方来这里的人都有伙食团，一天三餐，早上 8 点吃饭，中午 12 点吃，下午 6 点吃，各个单位的广播一响说开饭了，各个单位就来了。各个单位有各个单位的厨灶，饭在蒸饭的水桶里，抬出来自己吃多少打多少，各人弄各人的，各负其责。"③ 这几所水库是新中国成立初期建的，可以看出该时期民工在工地上的生活虽然艰苦但是住宿和饮食相对可以，休息也基本按照时间来，相对轻松自由。

"大跃进"开始后，云南上马的工程比较多，民工的生活水平相对之前有所下降，但是比农村又好些，毕竟是重体力劳动，工地的肉菜粮食相对农村来说还是不错的。即使到了 1959 年后期比较困难的时候，工地上也能确保两顿饭。楚雄毛板桥水库是在"大跃进"时期修建的，据当年的民工回忆："当时就住在工棚里，简易得很，茅草搭建起来的，能够遮风挡雨就不错了，我

① 根据笔者 2018 年 8 月 9 日采访曲靖市沾益区龙华街道扯寨村张小昌老人谈话记录整理。
② 根据笔者 2018 年 8 月 3 日采访玉溪市春和镇陈高营村村民张定成谈话记录整理。
③ 根据笔者 2018 年 7 月 22 日采访楚雄彝族自治州官屯镇下大村五组高立全老人谈话记录整理。

们老百姓不在乎这个。穿的衣服也没有几件，那时候哪有换洗的衣服，需要布票的，一般搞不到布票，一件衣服都是补丁摞补丁的。说实话工资也没有，按工分计算，苦得很。”① 一位参与修建英雄大沟的民工回忆：“基本上还是能吃饱的，我们就吃两顿，早上10点吃一顿，晚上6点吃一顿，我们习惯这样，现在多半是三顿饭，那个时候很能吃，像这样的大碗，一顿要吃两碗，当然油水不多，就是吃点粮食，有时工地上也分酒、肉等，但不是很多，像喝酒要自己带，但不允许喝醉。当然，有专门负责伙食的，我管理的时候，就成立了三个伙食团，伙食团就负责煮饭之类的工作，那时候生产队拿米拿菜。”② 据一位参与修建北庙水库的女民工回忆，“那时我们还小，我们是高海村的，现在才到这里的，吃住在工地，一下班就睡了，有时不下班，夜里也要拉土。那时候不可能有机会打扮，就一两件衣服，你要是真的有两件衣服，那你就洗洗换换，有的只有一件衣服也不能洗”。③ 总体来看，工地上的生活水平，新中国成立初期比“大跃进”初期好，“大跃进”初期又比“大跃进”后期好。

“文化大革命”时期，受极“左”思潮的干扰，民工生活受到一定影响。白腊山引水工程是在“文化大革命”时期修建的，一位专门负责工地食堂的老人说：“我们就是在外面的一个大伙食堂，专门做采购，和县里的贸易公司联系，需要的菜、粮都是私人自己带去的，如果不够就到贸易公司采购。专门煮饭的有五个人，煮饭都是用大蒸锅，煮好一蒸锅抬出来，出来的一个班就打这锅饭。当时像蔬菜之类的非常缺乏，要到采购经理部的贸易公司，里面供应豆子、粉丝；副食品厂供应豆腐。民工出来打饭，完全不排队打菜，自己拿大碗，菜打好以后端出去吃。当时所打的饭菜都是有数量的，饭大概是用秤称一斤四两，粮食非常紧张。还有专门的人检查卫生，一星期检查一次，如果卫生搞不好，也会被批评，检查的时候就看看有没有粮食掉落在地上，有没有粮食馊了，蔬菜这些做得是否好，是否清洗干净。”④ 一位参与修

① 根据笔者2018年7月23日采访楚雄彝族自治州南华县沙桥镇沙桥村马路队罗开明老人谈话记录整理。

② 根据笔者2018年7月18日采访昆明市宜良县谭官营村村民廖兴舜谈话记录整理。

③ 根据笔者2018年7月29日采访保山市板桥镇沙坝村村民陈美芹谈话记录整理。

④ 根据笔者2018年8月6日采访曲靖市罗平县板桥镇金鸡村孙聪柏老人谈话记录整理。

建邵家水库的民工回忆："那个时候的生活真的很艰苦，国家也困难，住的是茅草屋，行李要自己挑着去，不然就没有睡觉的地方，有的人是在家里住，我们是通过生产队找好住的地方和做饭的地方，住在搭建棚子里，就是拿茅草席搭起来当房子住。那个时候遮挡房子的塑料布也很少，都是随便遮一下。在棚子的旁边搭一块布，挂上几张帘子，做成一个简单的厕所，干完活回来，用做饭的锅烧一锅热水，洗脸、洗脚，洗澡的话就没这个条件了。"① 从当年参与修建水利的民工的回忆中我们可以看出，工地生活非常艰苦，住的是自己动手搭建的简易工棚，吃得比较素，条件好点的工地可以吃到肉，穿的衣服也不是很好，不同的历史时期生活水平基本差不多，当然不同地方因为经济条件的差异可能存在细微差距。新中国成立初期，在走向社会主义的过程中，还没有完全掀起大规模的水利建设高潮，民工的生活相对好些；而"大跃进"时期由于"左"的思想干扰，条件艰苦些；"文化大革命"中后期，民工的生活条件比较好。由于时代条件的限制，在施工的同时，民工要进行政治学习，总体上看，民工生活在很大程度上受到国家政策和时代环境的制约。除了上面的口述回忆史料，我们还从几则史料进行对比印证一下。

大理州祥云县在下达的文件中指出："认真办好工地伙食团，选派政治可靠、工作积极、办事公道的人担任事务长、炊事员，各地要按照自己的吃粮标准带足基本口粮和油水粮，其余每天由国家补贴六两贸易粮。同时，工地也要充分利用业余时间以伙食团为单位分配种植蔬菜任务，力争自力更生。"② 陆良县要求参与水利建设的民工："带粮数量不能低于分粮标准，一般到工地的都是强劳动力，在家用粮标准亦高，因此余粮社仍应坚持民工自带后由社包干的办法，原则上余粮社自足社不供应，缺粮社每人每日带粮不能低于1斤。此外，在青菜、黄白萝卜等副食品方面给予支持，各社应按每天每人青菜2斤或黄萝卜1斤半，或干菜、萝卜丝半斤，以社为单位集中统一送往工地。"③ 师宗县则要求："公社指挥部设立后勤处，做好工地粮食、蔬菜、水泥、炸药及其他原材料的生产准备和供应工作。工地设专人管理，做到后方支援前方，前方要比后方吃好一些，在保证睡好、吃好的基础上，吃得好些、

---

① 根据笔者2018年7月25日采访大理州祥云县云南驿左所57号村民丁光德谈话记录整理。

② 《关于加强水利建设工地领导的意见》，1962年1月11日，祥云县档案馆，35-1-13。

③ 《陆良县关于第二批水利工程施工的紧急指示》，1958年2月9日，陆良县档案馆，1-1-71。

吃得热一些，工地民工睡高床，每人每天小菜2市斤，小菜肉类、食油除由工地养猪、种菜自己解决外，公社应给予大力支援，提倡吃混合饭，提倡工地两菜一汤，有开水洗脸、洗脚等。”① 这些公布的文件出发点是好的，都是以维护和改善民工的生产生活为根本，但在紧张的施工中，尤其是受到“左”的思想影响，一些卫生、安全、生活等要求往往被抛之脑后，取而代之的是赶进度、赶工期、评比竞赛，对民工的饮食、住宿等关心还是不到位，为这一时期深深打上了时代烙印。

综上所述，从民工的回忆和当时的官方史料中我们可以发现其中存在差异的地方，官方文件是提出要求，主观目的是美好的，但是需要各地落实，至于如何去做，具体要工地实施。在生产力水平低、自然环境恶劣和集体供应体制下，一般工地的生活要比生产队上好些，毕竟这是高强度耗费体力的劳动，虽然有时上级指示主观目的是好的，但是在实施过程中由于受到客观条件的限制经常会出现偏差。比如，在粮食供应上，由于当时国家粮食紧张，有的工地一天只吃两顿饭，至于保证休息、热水洗澡洗脸等，只有极个别工地能做到，而大多数工地为赶工程进度，经常是昼夜三班倒，民工的换洗衣服有时都无法回家领取。当然，还存在地域差异，有的地方经济水平高，工地民工生活条件就好；反之，亦然。整体来看，民工的生活虽然艰苦，但基本上是能保障的，尤其是在新中国成立初期、国民经济调整时期和“文化大革命”后期，民工的生活条件相对好些，这与当时的客观环境和国家政策密切相关。

① 《师宗县水利进军指挥部关于当前水利工作的意见》，1958年12月3日，师宗县档案馆，1-58-270。

新中国成立以来云南农田水利建设中的民工伤亡抚恤问题

民工是农田水利建设的主体，安全工作是工程顺利推进和民工生命安全的保障。新中国成立后，虽然国家和云南各级政府高度重视农田水利建设的安全保障工作，但由于种种原因，工地的伤亡事故仍然不断发生，对民工的抚恤政策也根据时代的不同有所变化。新中国成立初期，水利建设以恢复和整修为主，大规模的水利运动还没有兴起，工伤事故较少，但云南省委、省政府很重视工程建设中的生产安全和民工抚恤问题。1951 年 2 月 14 日，云南省政府就发出在水利春修中“要重视工地安全工作以减少工伤事故”的指示。在全面建设社会主义时期，尤其是“大跃进”三年，由于高指标、超速度、赶进度，忽视工程建设程序和操作等，大规模的农田水利建设高潮掀起后，民工的伤亡事故开始增多，对民工的抚恤由于“左”的思想干扰而处理得不彻底，有很多遗留问题。国民经济调整时期，虽然在农村贯彻执行“十二条”和“六十条”以及退赔政策，但是民工伤亡的遗留问题仍没有得到妥善处理。“文化大革命”时期，在极“左”思想影响下，一些工作处于停滞状态，直到 20 世纪 80 年代，云南省政府批转云南省水利厅《关于处理已建成小（一）型以上水库移民迁安及水利建设中残废、死亡民工抚恤遗留问题的报告》，才使民工伤亡遗留问题得以较好地解决。

一

云南解放后，经济开始恢复和发展，随着土地改革和农业社会主义改造的推进，农田水利建设逐步开展。该时期主要侧重恢复和整修，以小型水利工程为主，大规模的群众性治水运动还没有完全兴起。不过，云南省政府本着为人民服务的宗旨，对水利施工安全和卫生工作非常重视。1953年12月、1954年2月，云南省农林厅先后颁布了《云南省群众性小型水利职工伤亡报告办法》和《云南省群众性中小型水利工程安全卫生暂行规则》，要求“各级政府和农水部门在组织水利施工中，通过培训乡村水利员和农民爆破手、深入工地检查指导等措施，加强施工的安全管理。国家举办的水利工程，在工程处（或工程指挥部、工程委员会）下设安全保卫组（股），负责工地施工和后勤生活的安全，也有专设卫生组、医务组等负责工地民工的环境、居住和饮食卫生，开展工地防病治病。各工区都配备了安全员，很多工程指挥机构还制定各种安全生产操作规程，宣传、组织、监督干部和民工实施。各级水利技术人员和小型水利辅导员也深入工地指导、检查施工质量和安全生产”①。可以看出，云南新生政府自刚成立起，就对农村生产安全问题比较重视。

1954年，中央人民政府内务部、劳动部颁布了《关于经济建设工程民工伤亡抚恤问题的暂行规定》，指出：“凡在国家经济建设工程中，由政府动员参加修建工程的民工伤亡，均可按本规定办理。民工因工死亡，应由工程单位发给80万~150万元（旧币1万元等于新币1元）棺葬费，并给予家属一次抚恤120万元，其家庭生活困难而又缺乏劳动力者，可按其需要供养之直系家属人员，给予一次补助，一人者200万元，二人者350万元，三人以上者450万元。民工因工负伤，应在工程单位所属医疗机构或特约医院治疗，其治疗费、住院费、就医路费均由工程单位负责，住院膳费原则上由本人自理，超过原伙食标准时，由工程单位补助，医疗期间工资照发。民工因工负伤致成残废者，应由工程单位按下列情况分别给予一次抚恤：完全丧失劳动力，饮食起居需人扶持者，一次抚恤700万元；完全丧失劳动力，饮食起居不需要人扶持者，一次抚恤500万元；部分丧失劳动力，尚能参加生产者，视其残废程度一次抚恤50万~300万元。建设工程中的劳动模范或在紧急情

① 云南省地方志编纂委员会：《云南省志·水利志》，昆明：云南人民出版社1998年版，第615页。

况下英勇抢险、抢救民工，因工死亡者增发抚恤金50%（家属补助费不增发），因工残废者增发抚恤金10%。因工死亡或因工负伤丧失劳动力程度的评定，由工程单位医务部门会同工会及当地民工领导单位共同审核确定……”①该规定在当时是较为完善的有关民工伤亡抚恤的文件，对于指导地方政府的有关工作有着重要的参考和指导意义。不过，每个地方在制定当地的规定时也会根据自身实际确定。1955年，云南省对民工伤亡问题的政策规定指出：“对死亡民工，应由受益户负责安葬，并对其家庭进行适当的抚恤；对受伤者应负责治疗，如受伤严重，治疗后仍丧失全部或部分劳力者，亦应给予适当抚恤。抚恤费根据国家水利部规定由受益群众负担。抚恤后生活生产仍有困难者，可报县设法以社会救济适当补助。”②

以洋派水库为例，这是当时云南省少数上马的中型水库之一。据当年参加水库修建的一位90多岁的老民工回忆：“水库选址较为平坦，地质构造并不是很复杂，因此工程量相对较小，工地上有专门负责安全和管理民工爆破施工的小组，伙食很好，也比较干净卫生，能吃得饱。这个水库修建时基本没有民工死亡，就是磕磕碰碰和生病在所难免。”③ 洋派水库位于姚安县，在1954年12月到1955年6月的修建过程中，“在工程处下设安全保卫组，管理民工的施工安全和生活卫生等工作。水库主体工程完工时统计，因病死亡6人，洗澡淹死1人，三等残废1人，妇女小产4人，重伤27人（均已治愈），对死者家属进行抚恤、慰问，解决他们生产、生活困难，共用抚恤金927元”④。1955年之前，云南省水利建设因工死亡、受伤的人数并不多，但随着农业社会主义改造的不断推进，水利设施的恢复，群众性的中小型水利工程开始大规模地开展，从1956年起，水利工地伤亡人数开始增多。据1956年8月云南省农业厅党组的报告，“批判了右倾保守思想和官办思想之后，水利运动突飞猛进，但又有些地区产生了某些盲目情绪，使工作缺乏计划性、组织

---

① 《关于经济建设工程民工伤亡抚恤问题的暂行规定》，1954年8月8日，贵阳市档案馆，95-1-77。

② 云南省地方志编纂委员会：《云南省志·水利志》，昆明：云南人民出版社1998年版，第615页。

③ 根据笔者2018年7月22日采访楚雄彝族自治州官屯镇下大村五组高立全老人谈话记录整理。

④ 楚雄彝族自治州水利水电局：《云南省楚雄彝族自治州水利志》（内部版），昆明：云南人民出版社1996年版，第445-446页。

性，形成过大的突击性，致使劳力紧张”，“由于紧张突击，许多工程忽视了安全问题，不断造成严重的伤亡事故”，“全省1—6月死亡196人（相当于上年同期的4倍多），残废150人，负伤1074人，孕妇流产的现象也不少”。“为解决安全问题，1956年12月，经省人民委员会批准，省农业厅颁发了《云南农田水利安全施工五项暂行规定（草案）》，对安全施工的组织领导、宣传教育、操作规程（如不准挖神仙土、不准掏瞎炮眼等）、伤亡事故的善后处理及调查报告、奖励与处分等，都作了具体规定。”① 因此，新中国成立初期，由于党和政府的高度重视，加上工程规模较小，基本不存在急于施工和勘测设计不规范等问题，民工伤亡程度较轻、数量较少，抚恤工作做得比较到位。

二

1957年，中共中央、国务院发布《关于今冬明春大规模地开展兴修农田水利和积肥运动的决定》，指出：“根据我国农田水利条件的有利特点，必须切实贯彻执行小型为主，中型为辅，必要和可能的条件下兴修大型工程的水利建设方针。”“积极广泛地兴修农田水利是扩大农业生产、提高单位面积产量、防止旱涝灾害最有效的一项根本措施。”② 党的八届三中全会通过了《1956年到1967年全国农业发展纲要（修正草案）》，规定“从1956年起的12年内，全国水利事业的发展应当以修建中小型水利工程为主，同时修建必要的可能的大型水利工程……通过这些工作，结合国家大中型水利工程的建设和大中河流的治理，要求在12年内基本上消灭普通的水灾和旱灾”③。为此，1957年10月，云南省农业厅召开了各地水利部门负责人座谈会，将1958年计划增灌面积160万亩，增订为200万亩。12月下旬，云南各地掀起了兴修农田水利的高潮，上阵民工有125万余人。在“全党动员、全民动员、大

① 云南省地方志编纂委员会：《云南省志·水利志》，昆明：云南人民出版社1998年版，第615页。

② 《关于今冬明春大规模地开展兴修农田水利和积肥运动的决定》，《人民日报》，1957年9月25日。

③ 《1956年到1967年全国农业发展纲要（修正草案）》，《人民日报》，1957年10月26日。

办水利”的号召下，云南农田水利上马工程的数量、规模、民工人数达到了前所未有的局面，可以称为云南水利建设的第一次高潮。但在大办水利的“左”的思想干扰下，很多工地急于求成，不重视工程建设的程序和操作要求，施工安全措施不到位，加上疾病等，导致水利建设中伤亡事故频繁发生，而善后工作处理得并不是很理想。虽然国民经济调整时期对民工伤亡遗留问题进行了处理，但仍没有彻底解决，“文化大革命”时期基本处于停滞状态，直到20世纪80年代才得到妥善处置。

据当年的水利民工回忆：“工地上有伤亡的，也有病死的。”① “白腊山那个工程民工负伤的也有，小伤有点多，当时牺牲了2人。一个倒是怪，因为天气热，洞子打通后他去里面洗澡。当时洞子实际上还没有打通，他去那边洗澡淹死了。一个70多岁的铁路工人，那晚涨大水，当时有一个洞是空的，平时没有水，外面大雨一下，不知哪里的洪水就集中在那个山上涌入那个洞里，一下子洞里水就淹没到胸脯。他有心脏病，后来就没出来，被背出来就不行了。其他民工是在打眼的时候不小心受伤的，简单包扎医治就行了。”② 昆明市仅1959年1—2月“就发生伤亡事故12件，死亡民工10人，火烧工棚1次，其中松华坝水库3件死4人，车木河水库1件死1人，西冲河水库1件死1人，前卫冲水库1件死1人等，死亡原因是取土挖神仙土，土打死5人，爆炸炸死2人，工作中不慎跌倒滚下山去死亡2人”。③ 江川县一个中型水库和十三个小（一）型水库和参加修建东风水库，从开工兴建到竣工，“共发生因工死亡96人，非因工死亡160人，伤残243人”。④ 而玉溪市的水利民工伤亡，“多发生在1958—1960年。当时，对于因工、非因工和因病等各种因素死亡的民工，均由有关工程单位给予安葬和抚恤，对于因工受伤的民工，根据伤势程度，分别在工地医务室就诊或送省、地、县医院治疗，医疗费由所在工程施工单位支付。因当时处理伤亡事故无法可依，因此办法不一，各行

① 根据笔者2018年7月20日访谈昆明市禄劝彝族苗族自治县撒营盘镇撒冲办事处六村张浩文老人谈话记录整理。

② 根据笔者2018年8月6日采访曲靖市罗平县板桥镇品德村吴顺光老人谈话记录整理。

③ 《关于水利工程伤亡事故及进行安全检查的报告》，1959年8月17日，安宁市档案馆，78-1-5。

④ 侯璠：《江川县水利志》（内部版），昆明：云南人民出版社1988年版，第92页。

其是，而且补助、抚恤一般偏低，带来了遗留问题”。①

为解决新中国成立后在修建农田水利建设中残废和死亡的民工抚恤遗留问题，1982—1986年，根据云南省政府批转云南省水利厅《关于处理已建成小（一）型以上水库移民迁安及水利建设中残废、死亡民工抚恤遗留问题的报告》，通过调查核实，对全省在小（一）型以上水库施工中致残和死亡的民工遗留问题进行处理。如文山州，“死亡的802人（其中因工死亡172人）分不同情况，每人给予150元至700元的安埋抚恤费。伤残799人，分别给予150元至500元的补助费。1982—1985年共发放补助抚恤费44.36万元”。②红河哈尼彝族自治州，“1956—1957年，伤残47人，死亡35人；1958—1960年，伤残866人，死亡786人；1961—1966年，伤残94人，死亡44人；1967—1976年，伤残363人，死亡91人等。1982—1985年，全州拨款51.5万元，对2485名死亡伤残民工的遗留问题，一一签订了抚恤及困难补助协议书，许多伤残民工说‘共产党和人民政府真是好，几十年的事还把我们放在心上’”。③玉溪市根据1954年颁布的《关于经济建设工程民工伤亡抚恤问题的暂行规定》和省里的相关文件精神，对小（一）型以上水利工程的伤残死亡民工进行了全面复查，给予不同情况的救济和抚恤，“东风水库因工死亡18人，非因工死亡8人，因病死亡47人，受伤54人，抚恤金额17550元；飞井海水库受伤2人，抚恤金额500元；西河水一库因工死亡4人，因病死亡3人，抚恤金额2330元；等等”。④到1986年底，云南共解决致残、死亡遗留问题民工“23333人（残废11239人，死亡12094人），按政策给予一部分经济补偿和抚恤。5年间共由农田水利补助费中专项支出546万元，较彻底地解决了多年遗留的问题”。⑤正如当年的一位水利民工所讲：“当时国家不发达，我还受过伤，怎么受的伤呢？当时去一个地方，到处是放炮炸路，要跑

① 玉溪市地方志办公室：《玉溪市水利志》（内部版），昆明：云南人民出版社1987年版，第210-211页。

② 《文山州水利电力志》（内部版），昆明：云南人民出版社1997年版，第341页。

③ 章沃尧、王维英、李琪康：《云南省红河哈尼族彝族自治州水利志》（内部版），昆明：云南人民出版社1993年版，第403、405页。

④ 玉溪市地方志办公室：《玉溪市水利志》（内部版），昆明：云南人民出版社1987年版，第211页。

⑤ 云南省地方志编纂委员会：《云南省志·水利志》，昆明：云南人民出版社1998年版，第616页。

很远的地方隐蔽，因为石头多，在跑的过程中就把腿弄断了，之后我就回来了。我们在隧道干的好几个人都受伤了，我受伤后去了陆良医院，当时的县委领导亲自去看望我们。因为当时在修莲花田水库受伤，等60岁的时候我就办了个残疾证，政府对我还是蛮关心的。”① 从上面大量的民工回忆和档案记载中可以看出，中国共产党始终坚持以人民为中心的执政理念，坚持自我革新的精神品质，虽然由于种种原因没有在当时解决好民工伤亡问题，但是在改革开放后实事求是地进行了彻底的纠正和解决，赢得了民心，重塑了形象。

① 根据笔者2018年8月7日采访曲靖市陆良县马街镇庄上村袁贵生老人谈话记录整理。

新中国成立以来云南农田水利建设中的移民安置

云南解放后，兴建了数以万计的农田水利工程，其中涉及移民问题的解决。云南作为边疆省份，少数民族众多，在处理移民安置问题过程中，分为不同的历史时期，主要包括新中国成立初期、“大跃进”和国民经济调整时期、“文化大革命”时期等，经历了起步探索阶段、曲折纠偏阶段和岁月艰难阶段。对移民安置解决的方式随着社会发展而不断变化。从新中国成立后到改革开放之前，全国没有一部较为完整的水利移民法规，在国家计划体制以及不同地方社会经济条件的制约下，各地对移民搬迁的处理和补偿政策存在一定的差异性和多变性。作为边疆省份，云南解放后在党和政府领导下进行了大规模的群众性农田水利建设，修建了数以万计的蓄、引、提水利工程；同时，出现了土地淹没和人口迁移问题，其解决得好坏不仅关系工程建设顺利与否，也关系移民的切身利益和社会稳定。在不同历史阶段，云南移民安置工作虽然呈现不同特征，但都坚持以人民为中心，尽最大可能处理好移民问题。当然，由于时代条件的限制，也存在不同程度的遗留问题，直到改革开放后，相关问题才得以最终解决。

一、有序起步：新中国成立初期的移民工作

1950年，云南全境解放，农田水利建设迎来了发展的春天。为了恢复和发展国民经济，提高农业发展水平，提高抗旱防灾能力，云南各族人民在党和政府领导下开始了有计划的整修与群众性的兴建农田水利建设。随着工程

规模和数量的不断扩大，占用农户耕地和房屋的问题不断出现，如何正确处理和解决这一涉及群众切身利益的问题，在当时全国还没有一部移民法规可依，一般是互助组、合作社内部通过土地的调剂进行补偿，或者由受益户分担等。直到 1953 年，全国水利会议才对移民安置有了明确规定："今后兴修水库或开辟蓄洪区，尽可能在少迁移人口的原则下举办。迁移人口的多寡，应经一定的机关批准。对于少数民族的移民，尤其应尊重其风俗习惯，妥善安置。必须保证被迁移人口的生活不低于迁移前的水平，保证找到土地和职业。在迁移时尽可能由政府发给足够的迁移赔偿费，通过移民自己的亲友关系，自己找到住处与土地。如必须向较远地方迁移时，亦要组织群众集体（如一街、一片、一村或自由结合的各户）迁移。并且尽可能地做到不损害接受移民地区的群众利益。同时还要开展政治动员工作，做到对新来户不排挤、不欺生。"① 关于淹没土地问题，1953 年 12 月 5 日《中央人民政府政务院关于国家建设征用土地办法》提出："国家建设征用土地的基本原则是：既应根据国家建设的确实需要，保证国家建设所必需的土地，又应照顾当地人民的切身利益，必须对土地被征用者的生产和生活有妥善的安置。凡属有荒地、空地可资利用者，应尽量利用，而不征用或少征用人民的耕地良田。凡属目前并不十分需要的工程，不应举办。凡虽属需要，而对土地被征用者一时无法安置，则应安置妥善后再行举办，或另行择地举办。被征用土地的补偿费，在农村中应由当地人民政府会同用地单位、农民协会及土地原所有人（或原使用人）或由原所有人（或原使用人）推出之代表评议商定之。一般土地以其最近三年至五年产量的总值为标准，特殊土地需酌情变通处理之。如另有公地可以调剂，亦需发给被调剂土地的农民以迁移补助费。"② 因此，该时期，云南在解决移民安置问题上主要以上述文件精神为依据。

当时，玉溪的飞井海水库和楚雄的洋派水库是移民安置较为典型的两个案例，我们可以通过口述和文件资料对其进行梳理，以对该时期的移民处理情况做一了解。飞井海水库是玉溪在 1953 年兴建的比较大的蓄水工程，在 1957 年又进行了扩建。该水库前后两次修建，"共淹没农田 1200 余亩，拆迁

---

① 《1949—1957 年历次全国水利会议报告文件》（内部文件），北京：中国水利水电出版社 1957 年版，第 136 页。

② 《中央人民政府政务院关于国家建设征用土地办法》，《新黄河》，1953 年第 12 期。

房屋810间，移民582户，约2300人”。[①] 据一位老人回忆：“当年修这个水库，政府让搬就搬，把人们分散到各个村落，分散地搬开，将这个水库旁边的几个村落搬了过去，政府给搬迁的户买或者建房子。有的家人多的就买大点的房子来住，人少的买小点的房子。”[②] 针对搬迁移民，当地政府本着就近安置的原则，根据国家规定进行安排，“所需住房，用土改没收地主房屋、村寨公房、庙宇和国家购买农民多余房舍等办法解决。搬迁时曾组建‘飞井海水库善后委员会’机构，为移民新建、购买、修补住房517间，支付经费7.2万元”。[③]

洋派水库位于楚雄州姚安县，是当时云南省上马修建的为数不多的中型水库之一。该水库淹没农田5201亩，迁移自然村15个，农户628户2996人。据一位亲身经历的老人说：“开始修水沟，从下库开始修起来，修水洞，一年的工程修通了，我们这个乡就把住在这个地方的人搬迁了，有个村子搬出去了，给他们盖房子，让他们从这里搬出去。”[④] 为顺利推进工程建设，在当时楚雄地委和姚安县委的领导下，成立了迁移安置建房工程处，根据《中央人民政府政务院关于国家建设征用土地办法》，“除对淹没耕地及已种作物按有关政策给予赔偿和减免农业税外，本着‘谁占用、谁赔偿’的原则，由受益区中6个耕地较多的乡抽出耕地4846亩，安排给迁入灌区的496户2357人(另132户639人就地安置)。抽田的原则是：①抽田户自愿；②不影响抽田户生活；③好田、坏田、远田、近田搭配；④对老弱病残，缺乏劳动力者适当照顾。15个村的搬迁户安排在受益的15个村。仅5个月，投工87万个工日，投资14.4万元，建成瓦房1479格，建筑面积3.3万平方米。选址与设计时，都征求搬迁户意见。住房盖成后，邀请住户参观，搬迁时，组织坝区劳力、畜力组成运输中队为搬迁户搬家。以原来的村、队、组为单位，盖好一村，迁入一村。出发前由库区组织群众欢送，抵达时受益区群众敲锣打鼓欢

---

① 《玉溪地区水利志》编辑室：《玉溪地区水利志》（内部版），北京：黄河文化出版社1992年版，第208页。

② 根据笔者2018年8月3日采访玉溪市春和镇陈高营村张定成老人谈话记录整理。

③ 玉溪市地方志办公室：《玉溪市水利志》（内部版），昆明：云南人民出版社1987年版，第208页。

④ 根据笔者2018年7月22日采访楚雄彝族自治州官屯镇下大村五组高立全老人谈话记录整理。

迎，对行动困难的老年人，安排专人抬送。洋派水库建库以来，基本上没有出现移民安置遗留问题”[1]。

除上面两个典型工程外，还有一些小型工程在处理移民安置问题上做得比较到位。如楚雄彝族自治州在1955年兴建的尹家嘴水库工程，占用耕地540亩，政府分别给予了减免公粮和各村调剂补偿等，“搬迁20户约100人，分别安置在主要受益区和土地面积比较宽裕的村插队落户。万家坝村新建住房安置11户，白土塘村、下白庙村、坛罐窑村等3个村用公房安置，每村2户共6户；白汉厂1户，由本村安置；白沙冲2户，由本村择地安置”[2]，有效解决了水库的占地和移民问题。总的来看，这一时期正处于土地改革和农业合作化阶段，云南各地政府均掌握一部分机动地和荒地等，在处理耕地补偿问题方面可以采用调剂或划拨等方式进行，尤其是一些小型工程占地，大都是由社队内部调剂解决。在移民安置方面，干部比较认真且能很好地深入群众，做好动员和思想政治工作，确保了移民的妥善安置和生产生活的早日恢复。同时，该时期基本没有开展大规模的中大型农田水利工程修建，上马兴修的工程规模相对较小，移民数量和占地亩数相对不多，这也是能够迅速有效处理移民安置的因素之一。再加上各级政府重视，成立专门的机构负责实施和帮助移民解决生产生活问题，所以，新中国成立初期，云南的移民安置工作做得比较扎实，基本没有遗留问题。

二、曲折纠偏：“大跃进”和国民经济调整时期的移民工作

1957年底，全国掀起了农田水利建设高潮，这一高潮一直持续到“大跃进”结束。云南也没有置身事外，出现了“全党动手、全民动员、大办水利”的局面，各地上马修建的工程数量之多、工程规模之大、建设速度之快等都

---

① 云南省地方志编纂委员会：《云南省志·水利志》，昆明：云南人民出版社1998年版，第612-613页。

② 楚雄彝族自治州水利水电局：《云南省楚雄彝族自治州水利志》（内部版），昆明：云南人民出版社1996年版，第180页。

是史无前例的，仅 1957 年冬到 1958 年春就完成了 44 万多件的大小工程；加上“左”的思想干扰，尤其是在实现人民公社化后，一些领导认为“人民公社化解决了多年不能解决的占地移民问题”，刮起了“共产风”“瞎指挥风”，片面强调发扬共产主义风格，采取“一平二调”修水利，对工程占地和移民采取简单的方法，甚至行政命令和粗暴的手段进行处理，对搬迁后的住房、耕地等没有妥善处理，补偿较低或者不合理，有的甚至没有补偿，伤害了移民的感情，给他们的生产和生活带来了困难，导致其思想不稳定，影响了搬迁户和迁入地村民之间的关系，不利于村民团结和社会和谐。

例如，据修建昆明市禄劝县双化水库的一位移民户回忆：“修水库要搬迁，我们有的被安排搬到亲戚家……到六几年我们又搬回来，他们老队的又不高兴了，说占他们的地方，占他们的房子，最后又把我们落实在这里。后面我们这儿土地不够种，我们要去那儿种我们的，他们又不开心。搬家的时候工具那些都不要了，马车都没有。搬了多少，现在记不住了，时间长了，搬家后分的土地很少，那时候地旱，庄稼都长不出来，现在这两年还有点玉米。我们搬到这里矛盾就是，比如你家是从那儿搬来的，就是那几家和这几家不团结。”① 另据资料记载，双化水库是 1958 年兴建的，当时淹没农田 3500 亩，搬迁 450 户，“按原计划迁移库区群众，每户补助搬迁费 100 元，政府共支付搬迁费 4.5 万元。小村、王家村集中迁到农场、杨柳河、新队等地定居，其余农户分散到各社队安置，四处搬迁。由于移民的生产生活问题没有得到妥善解决，加之双化水库坝高未达到设计标准，已搬迁的不少农户，从 1959 年冬开始，陆续自动迁回库区居住。截至 1990 年，先后迁回 400 户，因耕地少，人口多，生活十分困难，人均年收入仅 25 元，连购买国家回销粮的钱也要靠政府补助和贷款”。② 从搬迁户回忆和资料的对比印证中可以发现，“大跃进”时期的移民搬迁工作因急于求成，偏离了应有的轨道，给迁移户的生产生活带来了极大不便，也遗留了诸多问题。下面我们可以看一下各地区有关该时期的移民安置工作。

---

① 根据笔者 2018 年 7 月 20 日采访昆明市禄劝彝族苗族自治县撒营盘镇撒冲村十村王天成老人谈话记录整理。

② 禄劝彝族苗族自治县水利电力局：《禄劝彝族苗族自治县水利电力志》，昆明：云南民族出版社 1993 年版，第 148、149 页。

红河州在1958年1月至1959年，上马修建了中型水库和小（一）型水库20座，“共淹没占用耕地12413亩，淹没房屋7328间，应搬迁2140户9087人。有关县、公社和工程施工委员会成立专门机构，采取就地安置、插队落户、投靠亲友和建移民新村等办法进行安置。由于时间紧，任务重，资金缺，省、州没有统一明确的政策，移民安置工作存在不少问题”。[①] 大理白族自治州在“大跃进”时期上马兴修了诸多小（一）型水库，在水库移民安置中因为“左”的思想影响，遗留了很多问题，“按当时的政策应给的搬迁费、建房补助费没有兑现或给的太少，住房面积达不到按当时移民户人均8～12平方米的建房标准或建房质量较差；有的移民户当时没有安置住房，投靠亲友或在集体闲散的房屋内居住，后来自己建了住房没有得到经济补偿；有的工程当时由于工程指挥部买了部分私房安置移民户，但房屋作价偏低，房主意见大，要求按原价赎回房产，以致有的移民户迁而复返；就地安置的移民户，肥田沃地被淹没占用后，现有耕地少，而且土质较差，水利条件差，生产水平低，造成生活困难”。[②] 据一位老人回忆：“移民搬迁搬到坝子里、搬到受益的地方，有些人会搬回来。移民搬迁会给建简单的房子，就简单地建一座房子。现在返迁过来的也有很多，不是不适应那边的，就是不想在那边待了，回来没有重新分土地，都是他们自己开挖的，没有分集体土地。”[③]

从上面的个人回忆和相关资料中可以看出，“大跃进”时期的移民安置受到“左”的思想干扰，存在工作不认真细致、急于求成现象，虽然有专门的安置机构，但基本没有发挥作用，在强大的政治动员面前，移民安置采取了分散和就近处理方式，对搬迁户的补偿标准不统一，金额偏低，安置房少人多，居住拥挤，而耕地问题也没有妥善处理。有的迁移户田地在迁移后贫瘠，无法满足生产生活需要；移民和迁入地的村民存在不团结与矛盾隔阂问题；建筑房屋的质量不高，存在个别的偷工减料等情况，出现了移民生活困难、思想不安定、有的返迁等问题，其最根本原因是“左”的指导思想。1961年

---

① 章沃尧、王维英、李琪康：《云南省红河哈尼族彝族自治州水利志》（内部版），昆明：云南人民出版社1993年版，第397、398页。

② 大理白族自治州水利电力局：《大理白族自治州水利志》，昆明：云南民族出版社1995年版，第312页。

③ 根据笔者2018年7月24日采访大理白族自治州祥云县普淜镇普淜街高国祥老人谈话记录整理。

后，国家开始对国民经济进行“调整、巩固、充实、提高”，并对“大跃进”时期在水利建设过程中存在的“一平二调”现象进行纠偏，移民问题也引起党和政府的高度重视。原水利电力部着重指出：“一个水库的移民如果没有安置好，这个水库在政治上就不能认为已经巩固建成，今冬明春，甚至今后两三年内，凡是有移民遗留问题的地区，应把移民问题列为水利工作中的重大政治任务。使他们在新村定居下来，并使其生活与生产水平不低于迁移前的实际水平，虽然这个要求不是一下子就能做到的，但是必须分批、分期地实现，并按谁主办、谁负责的原则分级负责，并且充分走群众路线。经验证明，移民问题越拖越被动，越拖问题也越多。”① 1962年，云南省水利指挥部发出《关于处理好水库占地淹没问题（和）计划蓄水的通知》，要求力争在3~5年，根据轻重缓急，分期、分批地彻底解决现有水库的移民问题。根据国家和云南省有关规定，全省开始对“大跃进”时期上马修建的水利工程移民遗留问题进行处理。

据统计，截至1962年9月，“全省尚需安置的迁移户9200户40000人，需经费1200万元”。② 在中央和省有关文件精神的指示下，结合对“大跃进”时期“一平二调”的纠正和退赔工作，各级政府对移民遗留问题进行了处理，一些移民比较多的县还成立了专门机构进行落实，分别以插队落户、集中建房等方式解决，帮助移民渡过难关，发展生产。比如，昆明市到1963年10月“已赔退安置407户1165人，建房、买房1172.5间，开支经费477181元”。③ 又如，文山壮族苗族自治州，1964年3月，云南省拨付移民安置经费18.7万元，“州安排砚山县10.95万元，用于听湖水库建盖移民新农村的住房和补助迁往外地移民；拨给邱北县6.6万元，为红旗水库移民建房75所219间，解决了75户375人的住房问题；拨给马关县0.32万元，解决了马鞍山水库的移民安置问题；拨给西畴县0.23万元，解决了江东水库的移民安置问题”。④ 1964年，国务院批转《水利电力部关于认真制定水库移民安置规划

① 《水利电力部党组关于今冬明春兴修农田水利的安排方案》，1961年11月15日，贵阳市档案馆，173-1-59。

② 云南省地方志编纂委员会：《云南省志·水利志》，昆明：云南人民出版社1998年版，第613页。

③ 昆明市水利志编纂委员会：《昆明市水利志》，昆明：云南人民出版社1997年版，第214页。

④ 《文山州水利电力志》（内部版），昆明：云南人民出版社1997年版，第337页。

争取及早完成安置任务的报告》，指出："安置移民应该从生产出发，妥善安置。应该根据国家的现实可能，解决移民的实际，达到帮助移民安家立业、恢复及发展生产的目的。保证移民有一定数量的房屋，建房应以节约适用为原则，一般应该按中等水平。为抓紧解决移民安置问题，从今年起将移民费统一纳入水利经费之内，应本着移民安置不好，就少搞基建的精神，尽量先安置移民，以争取在两三年内分期分批地完成移民安置工作。"① 根据中央规定，各地加快了移民遗留问题解决的步伐。如红河哈尼族彝族自治州，采取"一修、二买、三建"等措施，解决移民住房6023间，1878户8102人得到了妥善安置。截至1965年8月，昆明市"已妥善安置的有584户2769人，初步安置的有337户1441人，还有水库移民295户1447人没有得到安置"，② 等等。

1966年1月，云南省财政厅、云南省水利电力厅联合通知各地，要求在1966年把1962年以前的水库老移民遗留问题全部妥善处理完，同时要贯彻依靠群众、自力更生、因陋就简的精神，并提出以后省里不再分配老移民安置经费。总体来看，这一阶段的移民安置主要是对"大跃进"以来因修水利产生的移民遗留问题进行纠偏，在党和政府的高度重视下，云南各地分别以赔退经费、插队落户、统一建房等方式解决了诸多问题，尽最大可能帮助移民克服困难，恢复生产生活，稳定了他们的思想情绪，对于国民经济的调整和发展有着重要的助推作用。当然，由于时代条件的限制，1962年以前的水库老移民问题并没有彻底地解决落实好，尤其是"文化大革命"爆发后，移民安置工作进展比较缓慢。

三、岁月艰难："文化大革命"时期的移民工作

"文化大革命"开始后，云南农田水利建设处于低潮，出现了机构办公停滞、管理工作不到位、经费无法保障、物资供应不上等情况，直到1969年之

① 《水利电力部关于认真制定水库移民安置规划　争取及早完成安置任务的报告》，1964年4月24日，昆明市档案馆，26-1-1418。

② 《市农林局关于水库移民安置情况的报告》，1965年8月29日，昆明市档案馆，1-6-109。

后才逐渐好转。在“农业学大寨”和“抓革命、促生产”的推动下，云南农田水利建设出现了新的发展，一批新的工程开始上马修建，于是又产生了新的问题。为此，1970 年，《云南省革命委员会关于国家建设征用土地暂行规定（草案）的通知》下发，规定：“征用、租用土地和土地上的附着物，由建设单位按照国家规定一次付给生产队补偿费。对于因修水利工程，需要大量搬迁的农民，应由当地公社、生产队或县革命委员会负责就地在农业上予以安置，对在当地农业上无法安置的，可以组织移民。移民工作，由所在专、州（市）、县革命委员会同公社、生产队和用地单位共同组织移民小组，并在专、州（市）、县革命委员会领导下做好移民的政治思想工作和组织工作，移民经费由用地单位承担。”① 这一时期的移民工作因为时代条件限制，进展相对缓慢，加上新旧移民的遗留问题，处理起来比较棘手。下面我们先看一下这一时期因修水利搬迁的移民回忆及其安置处理。

曲靖市莲花田水库的一位移民说：“那个时候搬出来后也没有什么补助，盖房子就是拆我们的老房子，我们把自己的树砍了盖房子，原来里面的竹林有三百多亩大竹子，但政府让砍了几乎也不给什么补偿。1971 年动员，1972 年搬，年尾没有搬完，一直到 1973 年底才搬完。下面的房子就是水库搬迁时候盖的，当时用的木料都是我们山上砍的，地基打在山坡上，就是下面的老房子，一间有 22~24 平方米，就是这么大的面积，搬迁工作很紧张。我们分的房子有两间，三个人一间，我家有五个人。这里不发达，刚搬进来，看着房子还是蛮漂亮的，长长的一排挨在一起，现在看感觉简陋多了。那会儿我们村土地少，经济上不去，生活又紧张。”② 保山市小海坝工程的一位搬迁户回忆：“一开始，我们搬的时候，属于政府要修水库，每个人给 20 元的搬迁费。但那个时候，大家都不愿意搬，家家户户都在相互讨论，过了很久都没有人愿意搬出去。小海子的居民被安排搬到瓦房乡，我们被安排搬迁到杨柳乡。就我自身的情况来看，当时安排是搬到茶山，但是我们在茶山待不下去，因为那边的居民好像对搬迁户有点歧视，都没有人理我们，协调之后，我们又搬到杨柳乡。当时分散安置，东一家，西一家。一个生产队就只安排两三

① 《祥云县革命委员会临时领导组转发〈云南省革命委员会关于国家建设征用土地暂行规定（草案）的通知〉》，1970 年 10 月 22 日，祥云县档案馆，35-1-25。

② 根据笔者 2018 年 8 月 7 日采访曲靖市陆良县芳华镇板田村赵梅才老人谈话记录整理。

家人，也不是全部把你放置到同一个地方。”① 由上面两位搬迁户的回忆可以看出，“文化大革命”时期的移民安置受到“左”的思想干扰，进展缓慢，采取分散安置方式，补偿标准不统一且偏低，建房质量不高，移民与迁入地居民生活不和谐等，因此，存在遗留问题。下面我们再通过某个水利工程看一下移民安置的处理情况。

祥云县的邵家水库和普淜水库移民安置具有代表性。邵家水库于1969年动工，1971年开始大规模建设，1976年扫尾竣工。普淜水库于1958—1961年两次动工建设，1971年再次动工扩建。邵家水库的移民主要是“文化大革命”时期产生的新移民；而普淜水库既有老移民，也有新移民。“1973年，邵家、普淜两个水库工程指挥部成立了移民工作组。经与应迁户协商，集中迁移到禾甸坝统一建房，集中安置，设置移民队。在禾甸的新泽村公所新设后坝移民队1个，在下连村公所设塘房移民队1个，在大淜村公所设中淜移民队1个。共安置属邵家水库的移民100户584人，属普淜水库的移民26户160人。又接受安置村公所拨给耕地1702.95亩，其中水田1020亩，旱地682.24亩。同时划给部分山场，归移民队使用。对普淜101户662人，分别以分散形式，由移民组统一建房屋，插队安置在云南驿坝的前所、下庄、刘厂三个乡的有关公社。这批插队安置的移民住房，由移民组统一配发建房材料，承包给接收村社建盖。因建房质量存在一定的问题，移民户意见较大，后经多次补偿解决，但仍存在一些问题。”“邵家水库22户121人，普淜水库3户16人，经多次动员，不愿迁移。经双方协商达成协议就地安置。其中，原应迁已迁到云南驿坝插队安置的101户中，有一部分农户出现迁而复返的情况，就地安置人数实际超过137人。”② 经过修建道路、水利等，帮助这些移民解决饮用水、交通问题，基本上帮助他们恢复了生产生活，但房屋的质量和补偿标准不统一等问题，还是在改革开放后才解决的。

改革开放以来，在国家政策和移民理念逐渐转变的情况下，1982年1月，云南省政府批转了云南省水利厅提出的《关于处理已建成小（一）型以上水库移民迁安及水利建设中残废、死亡民工抚恤遗留问题的报告》，开始着手处

---

① 根据笔者2018年7月30日采访保山市隆阳区杨柳白族彝族乡杨柳村茶玉兴老人谈话记录整理。

② 祥云县水利水电局：《祥云县水利志》，昆明：云南民族出版社1999年版，第282页。

理改革开放之前的移民遗留问题，并自1982年起每年从农田水利补助费中拿出500万元，专项解决移民遗留安置和民工伤亡抚恤遗留问题。通过补偿经费，帮助建房，解决交通、饮用水问题，修建学校等措施，帮助移民提高生产生活质量。例如，保山市的北庙水库，针对之前遗留的问题，除对已外迁的22户适当给予建房补助外，其余各户就地安置，帮助移民户修学校、修水渠、修公路等。文山壮族苗族自治州的红旗水库，对迁出的129户适当给予补助，给3个移民村办3所小学，还铺设电路等。到1986年，云南支出移民遗留问题专项经费2570万元，总体上解决了移民安置问题，赢得了民心，维护了社会安定和民族团结。

四、结语

移民是一项棘手而又细致且牵涉面广的工作，涉及群众生产生活的方方面面，头绪烦琐，稍有不慎就会有损政府的形象。总体来看，新中国成立后，云南在农田水利建设中涉及的移民安置工作虽然有过曲折但是取得了一定成绩，基本经验主要有以下几个方面。

第一，坚持党和政府的领导，这是移民安置顺利推进的根本保证。移民安置工作十分烦琐，其中，经费分配、耕地划拨、物资筹集、部门协调等都离不开党和政府的领导。尤其是针对“大跃进”时期遗留下的移民问题，党和政府坚持有失误就纠偏的方针。在1961年水利移民安置工作开始后，各级党委和政府非常重视，云南省水利电力厅专门设立了移民办公室，各地、县等也组成了移民委员会或者领导小组，从机构设置、思想教育、政策制定、组织动员、资金划分、资源调配等方面负责移民安置。同时，各地专门抽调了一批干部组成工作组去重点水库搬迁点进行摸查访问和帮助，而有移民安置任务的公社、大队，也成立了党支部领导下的评议组织，从上到下基本建立了移民安置的负责机构，确保了移民工作的顺利推进，彰显了党的强有力领导。

第二，坚持以人民为中心的服务理念，始终维护和发展好移民群众的利益。全心全意为人民服务是我党的宗旨；以人民为中心是我党的工作取向，也是践行群众路线的集中体现。移民安置的实质就是要解决好群众的生产生活问题，维护和发展好他们的根本利益。云南的移民安置工作充分倾听群众的意见，首先解决移民急需的房屋、牛圈、耕地、猪舍和农具等物资问题，并让其全程参与进来，此举不仅打消了移民的顾虑，安抚了移民的情绪，而且扭转了移民依赖等靠的思想，调动了移民的积极性，切实维护了移民的利益。例如，祥云县在移民政策中规定，“关于移民户生活方面的困难问题，根据大小分别不同情况，属集体移民和插队移民者一般每人不能超过 20 元；就地安置移民户，一般每人不得超过 25 元的原则。移民用这笔钱，添置一些小农具，搞一点家庭副业”。①

第三，强化移民的思想政治教育，坚持国家补助和自力更生相结合。通过思想教育达到认识的统一，是移民工作的重要一环。因为移民搬迁涉及住房、耕地、工具等各个方面，群众有思想顾虑，加上对迁入地的生产生活和风俗习惯的不适应，有些移民不愿意迁出，有些移民又返迁等，还有些移民存在依靠政府和国家的心理。对此，在移民搬迁中广泛宣传党的移民政策，向群众讲道理、摆事实，使他们既能认识到国家经济的困难和经费补助的有限性，又能发扬艰苦奋斗和自力更生的精神。

---

① 《关于水利工程移民工作中一些具体问题意见的报告》，1974 年 6 月 17 日，祥云县档案馆，35-1-25。

新中国成立以来云南农田水利建设中的工程管理

农田水利工程是建设的基础，管理则是建设的核心和关键，通过管理不仅能使农田水利工程发挥最大效益，而且能延长农田水利工程的使用寿命。因此，农田水利工程完工后，无论大型的还是小型的，都会设有机构或者派专人负责管理。新中国成立之前，云南农田水利基础设施薄弱，大中型的工程较少，很多是塘坝沟渠等小型的民办民有工程，一般由受益户负责管理使用，很多地方定有乡规民约，大家共同遵守，而比较大一些的工程如河道的疏通和湖口的治理等，都是由地方政府直接维护管理。民国三十五年（1946年），云南省政府曾颁布《云南省修正兴办农田水利办法》，对水利管理做了一些规定，但总体来看，当时的农村在封建制度和国民党反动派统治之下，诸多水利工程被乡绅地主恶霸把持，导致很多水利设施无人维护，进而年久失修，连遭破坏，最终无法抵御旱涝灾害和发挥效益。

一

新中国成立后，云南农田水利工程管理揭开了新的一页，在土地改革和农业社会主义改造过程中，通过充分发动和依靠群众，废除了封建水规，并着手建立新的管水用水规章制度，组织人民群众进行民主管水，对分散的水源水量进行统一调度和管理等。随着工程的整修和恢复，1953 年，云南省水利局下设农田水利科，由 18 人负责小型农田水利建设和工程管理，同时，适合人民群众的新的用水制度和管理规章逐渐建立和完善起来。1951 年 10 月

30日，云南省政府颁布《云南省水利管理养护暂行办法（草案）》，规定：“水利工程由国家投资或由政府主办者为国营，由群众集资或贷款合办者为合作经营（或称民营），私人投资兴办者为私营，由国家与私人合办者为公私合营。国营水利工程由政府派员组织管理机构（管理处或管理所）。合作经营水利工程应由受益区域内各自然村受益人选举代表组织受益人代表会，再由代表会选出委员若干人组织水利委员会管理之。”① 各地方也根据自身情况，制定了相关管理章程，如文山壮族苗族自治州当时就指出：“一般小型塘坝、渠道要求做到专人管理，推行一把锄头放水的集中轮灌方法；较大工程要组织专门机构，建立健全制度，重点实验稻田需水量，逐步推行勤灌浅灌的灌溉方法。”② 因此，在恢复整修农田水利工程过程中，随着一批中小型工程的建成或基本建成，只要是成立管理所的工程或灌区，都建立了灌区代表会以管好用好工程。而国家举办的工程，都由政府（水利行政部门）派员组建管理所；农业社办的小型农田水利工程，大多由社队调配管理人员。

以玉溪市飞井海水库为例，该水库在当时是比较大的蓄水工程。水库建成后，由有关区、乡负责人组成飞井海水库灌区用水委员会，县长担任主任委员，区、乡负责人为委员，各乡推选热心水利、大公无私的社员数人，按水系建立放水小组，协调分配水量，较好地解决了户与户之间的争水矛盾。据一位水利民工回忆：“这个水库是土地改革后老百姓都分到土地后修的，老百姓很拥护。原先，为了用水有时还抢水打架；修好后，该哪个村放水就哪个村放水，一个一个地轮着来，由专人管理负责，灌溉也有序进行，这就防止了抢水偷水的发生，这与旧时候不一样，现在水库是大家修的，肯定要爱护嘛。”③ 玉溪市的白龙河水库也是新中国成立初期修建的中型水库，“水库修好后有人管理，我们老百姓也经常参与维护，有时是义务工，有时给点报酬。当时负责管理的人员放水出来人们就要交水费，有了水，粮食产量也增加了。这个水库还是比较大的，县上的人在管理，我们的水费也是交到县上的，他们也需要开支，管理人员也需要工资”。④ 由此可见，当时国家和地方

① 云南省地方志编纂委员会：《云南省志·水利志》，昆明：云南人民出版社1998年版，第455页。
② 《文山州水利电力志》（内部版），昆明：云南人民出版社1997年版，第304页。
③ 根据笔者2018年8月3日采访玉溪市红塔区春和街道飞井社区飞士科老人谈话记录整理。
④ 根据笔者2018年8月4日采访玉溪市华宁县宁州镇高茶寨村张兴元老人谈话记录整理。

政府比较重视水利工程的管理，从制定制度到专人负责，对发挥工程效益起了很好的作用。

1955年12月，云南省水利工作会议发布《云南省农田水利管理养护情况及1956年工作意见》，指出："在农业合作化形势下，管理养护工作是解决水利设施上分散经营与统一管理用水间矛盾的重要措施，应依靠互助合作，并以互助合作为目标，贯彻以社、组带动群众的方法，开展养护工作。""镇雄县十二牛场、诸宗两乡的合作水沟，其水量能保证300亩灌溉用水，但由于无人管理养护，沟道坍塌及沿途渗漏损失，1953年及1954年都只灌溉8.6亩。1955年，在牛场和诸宗的第一农业社的带动下，整修和兴修沟线800多米，扩灌及旱地改水田78.4亩，诸宗一社新田的单位面积产量增加94.4%。"① 据1955年12月的统计资料，当时云南主要有玉溪飞井海水利管理所、宾川人民渠水利管理所、昆明金汁河灌溉管理所、宜良水利委员会、晋宁灌溉工程管委会、牟定庆丰闸水管会、泸西金马河水管会、元谋官沟水管会、鲁甸第四区水管会、永善人民堰水管会、祥云第一区水管会等共27个工程管理机构，管辖工程32项。总体来看，这一阶段，云南农田水利工程管理工作已步入正轨并取得了成绩。

二

1957年底，云南省第一个农田水利建设高潮掀起，直到1960年春季才结束，我们一般称这一时期为"'大跃进'三年"。其间，高指标、瞎指挥、急于求成、重速度轻质量、重修建轻管理现象十分严重，在"左"的思想影响下，云南农田水利工程上马的摊子多，战线较长，尤其是诸多中小型农田水利工程的修建，管理被忽视，管理人员比较少或者干脆没有。1961年，昆明市水利工程委员会在一份报告中指出："上蒜公社柳坝大队柳坝大塘蓄水一千亩后，由大队干部兼管，9月间干部去开会，涵洞漏水无人管理，放跑了五百多亩田的水。晋城公社印山塘水库因无人管理，1959年涵洞陷落，没有修好，

① 云南省地方志编纂委员会：《云南省志·水利志》，昆明：云南人民出版社1998年版，第467页。

去年没有蓄水，今年蓄水仍无人管理，涵洞又陷落，曾一度威胁大坝安全。富民县宗家田水库前管理人员周兴邦67岁，眼睛不好，县上已经知道，没有及时调整。6月11日，另一管理人员回家，周兴邦在水库值班，正巧下暴雨，他没有上坝巡查，没有及时采取措施，以致大水漫坝造成溃坝。渠道方面，多数干渠无人管理，塌方淤积太多，有的河堤渠道被农民开挖自留地破坏了，无人管理。在管理人员方面，有些地区队伍不健全，安排人员不当，责任心不强，业务水平低。拖担水库有2名管理人员，五十八九岁，责任心差，不懂业务，不掌握水情，未及时采取措施，致使大坝在雨季被洪水冲垮。”① 当然，也有一些地方比较重视工程管理工作，比如，昆明市松华坝水库在1959年竣工后立即成立了管理所，制定了水库管理制度，市水利工程委员会还颁布了《水利工程管理养护暂行规程》等。曲靖市陆良县于1958年11月针对全县大规模农田水利建设的进行，要求“必须坚决贯彻执行修管并重、以水养水的灌溉管理方针，为了加强管理养护，延长工程寿命，必须建立专门机构，要有适当的专职干部、管理工人，对工程进行管理养护”。② 总体上看，“大跃进”三年侧重于工程的数量，形成了诸多“半拉子”工程，即使工程已经修建起来，管理工作也没有跟上，致使一批工程在当时无法发挥效益。

国民经济调整时期，国家开始着手对农田水利工程进行续修配套和加强管理，但根据当时的统计数据，有的管理机构名存实亡，管理人员大量流散，给工程管理带来了一定困难。1962年，“1029件小（一）型以上库、渠工程中，有管理机构，且管理较好的仅120多件，占1029件的12.3%；无人管理的有230件，占22.4%。小（二）型以下及小塘坝在社队规模调整后属于一个生产队受益的，大多有人员管理；而跨队受益的，则多数无人管理。在全省中型以上（当时定为控制水量100万立方米以上）库渠中，国家（县以上水行政部门）管理的297件工程，有管理人员2230人；集体（社队）管理的430件，管理人员1660人。电动抽水站中，国家管理的316台，管理人员和司机手260人；集体管理的432台，管理人员和司机手550人。煤气抽水机，

① 《昆明市水利工程委员会关于拟定水利工程管理工作暂行规定报请指示报告》，1961年11月22日，昆明市档案馆，26-1-1330。

② 陆良县水利办公室：《关于加强管理养护和征收五八年水费意见的报告》，1958年11月14日，陆良县档案馆，1-1-71。

国家管理的 224 台，管理人员和司机手 412 人。全省水利工程管理人员共 5112 人，但由于编制问题没解决，国家管理机构人员中，一半以上是临时工，工资、口粮长期不落实。这批临时工管理人员和集体管理人员吃社队粮，参加社队分配，因而经常被所在生产队从管理所抽调回队生产，管理队伍流动大，不稳定”。[①] 从这个统计数据反映的问题来看，管理工作没有跟上的原因，除了之前“大跃进”的“左”的思想干扰外，还有编制问题、跨区管理没有统筹好等。因此，这一时期各级政府、有关部门开始重视水利工程管理，提出了“加强水利管理，实行亦工亦农”的要求。1962 年 11 月，云南省水利电力厅发出《关于水利工程管理体制、管理制度与机构设置的意见》，要求所有水利工程实行民主管理，灌区各生产队都设有水利代表，定期召开灌区水利代表会，成立管理委员会等。1962 年 12 月，制定了《云南省水库渠道灌溉管理工作的规定》等，并在 1963 年印发了《云南省农田水利管理工作暂行规定（修正草案)》等，云南小（一）型以上水库根据上述要求，着手制定了有关规章制度，如楚雄九龙甸水库、陆良麦子河水库、昆明松华坝水库等。这时大部分小（一）型以上库渠建立了灌区代表会制度，制定了管理规章和用水公约。

例如，文山壮族苗族自治州，1964 年至 1965 年上半年，通过灌区清查整顿工作，绝大多数工程明确了管理体制，一般是中型工程由县上管，小（一）型工程由公社管，小（二）型工程由大队管，小塘坝由生产队管。“到 1965 年末，全州 39 件小（一）型以上水利工程，都建立了管理所，共有专职管理人员 219 人。”[②] 又如，昆明市，1966 年底，“全市有市管工程 2 件（松华坝水库、滇池出流管理小组)，管理人员 42 人；小（一）型以上水库，县管 41 件，人员 179 人；公社管 29 件，管理人员 78 人。小（二）型水库由县管或由灌溉管理站统管的 192 件，有管理人员 205 人；公社或大队管的 66 件，管理人员 341 人。100 千瓦以上抽水站县管的 8 件，管理人员 45 人；公社大队管的 66 件，管理人员 160 人。0.3 立方米/秒以上渠道，县管的 6 件，管理人员 52 人；公社大队管的 60 件，管理人员 317 人。县管 100 立方米/秒以上流

---

① 云南省地方志编纂委员会：《云南省志·水利志》，昆明：云南人民出版社 1998 年版，第 459、460 页。

② 《文山州水利电力志》（内部版），昆明：云南人民出版社 1997 年版，第 306 页。

量水闸5件，管理人员6人。总计县管工程249件，有管理人员417人，比1958年前增加了4倍多。社队管工程638件，比1958年增长近4倍。这是水利管理机构人员比较健全的时期”。① 再如，大理白族自治州祥云县，从1963年开始建立了一套比较完整的计划用水管理制度，如“管理责任制度：按县管干渠、区和公社管支渠、生产队管沟道的原则。各配水站（组）分工分段，负责贯彻水利政策，执行用水计划，负责调水配水，巡查维护沟道，解决用水纠纷。水班轮流交接制度：由配水站（组）放水前1~2天内，将放水时间、流量、沟路通知生产队，生产队应组织人力做好放水准备工作，并由管水员与配水站联系，按时接水和交水。放水完毕后在一至二天内核实水方面积，登记盖章，等等”。② 总之，国民经济调整时期，在中央关于加强水利工程管理的精神指导下，云南从规章制定到制度建设再到用水分水和续修配套，基本建立健全了专管和群管的工程管理模式，尽可能地发挥了工程的效益。

三

1966年“文化大革命”开始后，农田水利工程管理工作受到严重影响，很多管理人员被下放劳动或者回村务农，许多水利部门和单位一度撤销，尤其是1966—1969年，云南水利建设处于低潮阶段。1970年后，农田水利建设有所发展，这时期云南开展了以“五查”“四定”为内容的水利工程大检查，并在1973年成立了省水利局，下设农田水利管理处，专管小型农田水利和工程管理业务，同时，各地、县水利行政机构相继恢复和成立。1974年，云南省水利局下达了《云南省水利管理试行条例（草案）》，明确提出要加强水利管理工作，切实防止和纠正“重建设、轻管理”“重骨干、轻配套”“重工程、轻实效”等错误倾向。对于管理体制，该条例（草案）指出：“凡属国家基建投资兴建的水利工程，由国家管理；社队兴办的水利工程，由社队管理；水利工程不论大小，都必须有人管理，坚决消灭无人管理的现象。灌区

① 昆明市水利志编纂委员会：《昆明市水利志》，昆明：云南人民出版社1997年版，第512页。

② 《祥云县人民委员会批转水利指挥部关于梁汪山水系灌区代表会议情况的报告》，1963年11月，祥云县档案馆，35-1-15。

与工程是不可分割的整体，必须统一管理，统一领导，设立统一的管理机构。同一灌区有多种水源的，可成立水系管理机构统一管理。”“水利管理工作必须相信群众，依靠群众，实行群众与专业管理相结合。凡国家管理的工程，岁修、养护所需劳力，由受益区合理负担，纳入受益区劳动计划内；如粮食确实不足，需要国家补助粮时，应纳入水利建设的补助粮计划内，由地方解决。社队管的工程，其岁修所需劳力、粮食，由社队自行解决。”① 1975 年，云南省水利局颁布了《云南省中小型水库和引水工程管理试行条例（初稿）》等。在省里的重视下，各级政府的水利工程管理工作日益步入正轨，有的地方逐渐探索出了一套适合本地的工程管理模式。

例如，大理州白族自治州祥云县。“该县自 1963 年后就建立了一套比较完整的计划用水管理制度。1973 年 7 月，为进一步落实合理负担政策，平衡各社队之间的利益负担，对县统一建管的 12 座中型和小（一）型水库，在 1963 年落实水份所有制的基础上，再一次清工结账，核实受益面积，按工换工、水换水、逐年兑现，大体平衡的原则，分配各社队的所有制水份，并以此作为今后分配当年用水和水库投工人、物的依据。”又如，姚安县。“姚安县洋派水库系统灌溉面积 6 万多亩，在用水管理上制定四先四后制度和五不准原则。四先四后即先放远田，后放近田；先放高田，后放低田；先放小坝塘水，后放水库水；先放成片成块，后放插花田；等等”②，为云南用水管理提供了良好的经验。总体来看，“文化大革命”前期，云南农田水利工程管理走下坡路，效益没有完全发挥出来；中后期，在“农业学大寨”和水利大检查的推动下，农田水利工程管理工作提上日程并逐步加强，不仅恢复和成立了管理机构，充实了管理人员，而且制定了相关的规章制度，使工程管理有章可循、有法可依，并进一步推动了水库的除险加固和配套工作，基本恢复和健全了工程管理制度。但云南农田水利工程管理真正迎来春天则是在党的十一届三中全会后，政府提出把水利工作的重点转移到管理上来，向管理要效益，逐渐扭转了“重建轻管”的思想，有效推动了工程管理，提高了水利工程效益，推动了水利事业发展。

---

① 文山州水利电力局编：《水利工程管理经验选编》，1974 年版，第 38-50 页。

② 云南省地方志编纂委员会：《云南省志 · 水利志》，昆明：云南人民出版社 1998 年版，第 477、478 页。

新中国成立以来云南农田水利建设的历程与经验

云南是位于祖国西南边疆、一个少数民族众多的山区省份，水资源丰沛但时空分布不均衡。历史上，云南农田水利建设较为落后，发展缓慢，技术含量低，工程规模小且较为简陋，具有一定的地域差异性，并没有形成一套有效的治水体系。据统计，到 1949 年，“全省蓄水容积在 100 万立方米以上的水库仅 6 座，流量 0.3 立方米/秒以上的引水工程共 105 处，小型蓄水、引水工程 7 万处，机电排灌总装机容量 2367 千瓦，全省灌溉面积只有 364 万亩”①。新中国成立后，云南历经 70 年的发展，从根本上改变了农田水利基础设施长期落后的局面，形成了一套比较系统的工农业用水体系，不仅增强了抵御水旱灾害的能力，而且积累了丰富的治水经验。本文拟以新中国成立以来云南农田水利建设为研究对象，较为系统地回顾不同历史阶段水利建设的历程，并总结基本经验。②

---

① 云南省地方志编纂委员会：《贵州省志·水利志》（卷三十八），昆明：云南人民出版社 1998 年版，第 3 页。

② 中共云南省委办公厅在 2000 年 1 月 17 日发文，确定 1950 年 2 月 24 日为“云南解放日”。本文有关新中国成立以来的历史分期除了遵照云南解放的时间外，也参照当代中国研究所著《中华人民共和国史稿》（全五卷），故分为 1950—1956 年、1956—1966 年、1966—1976 年、1976 年至今四个阶段。农田水利，即为发展和提高农业生产的水利事业。农田水利的基本任务是通过各项工程技术措施，改造对农业生产不利的自然条件。参见《辞海》编辑委员会：《辞海》（1999 年版缩印本），上海：上海辞书出版社 2000 年版，第 1077 页。

一、变迁与成就：农田水利辉煌70年

水利是农业发展的命脉所在，在我国具有特别重要的地位，粮食增产与否和农业兴衰都与水利的兴废密切相关。新中国成立后，农田水利建设进入一个崭新的时期，云南各族群众在党和政府领导下，开展了大规模的群众性治水活动。经过70年的艰苦奋斗，云南各项水利事业取得了长足进步，为经济和社会发展提供了可靠的水利保证。

（一）恢复整修初治理：1950—1956年

1950年2月，云南解放，掀开了云南历史新篇章。新中国成立初期，云南有步骤分批地进行土地改革，极大地解放了农村生产力，翻身农民的生产热情空前高涨。他们积极参与恢复和整修农田水利设施，尤其是在走互助合作道路后，集体生产的优越性给兴修水利提供了组织和物资保障，在党的领导下云南逐渐掀起了群众性农田水利建设高潮。1950—1952年，云南由于资金有限，力量不足，技术落后，且缺乏大规模农田水利建设经验，水利建设的重点是组织动员农民恢复整修旧有的灌溉设施，并整治小河道，兴修力所能及的小型工程。如昆明市主要对“重点工程松华坝加以维修，增加配套设施，疏挖海口河，整修金汁河涵闸等，并兴修了一批小坝塘与引水渠道”①。大理白族自治州弥渡县在1950—1953年“国家投资补助1.08万元，大米2万市斤，群众投劳66.69万个，完成塘坝新修392件，整修8件；沟渠新修1546条（段），整修821条（段）；新修地龙10条，整修4条，老沟河疏浚5公里，全县有效水量增加411万立方米，增灌农田6846亩”②。

1953年，云南农业互助合作化运动开始蓬勃兴起，带动了以民办公助为主的群众性小型水利的发展，其间有重点地上马兴建中型工程。1954年，建成飞井海、北山寺两座小（一）型水库；1955年，建成麦子河、洋派两座中

---

① 昆明市水利志编纂委员会：《昆明市水利志》，昆明：云南人民出版社1997年版，第3页。

② 弥渡县水利志编纂委员会：《弥渡县水利志》，成都：成都科技大学出版社1993年版，第15页。

型水库。① 1956 年，云南再次发动民工 16691 人疏挖滇池海口河及其支河工程，以满足下游发电和灌溉用水需求，其间，还培训了一批技术人员，兴修了一批小型引水工程、塘坝和沟渠，通过建立管理机构，这些工程大都能产生效益。经过几年治理，相比新中国成立前，云南初步扭转了农田水利基础设施落后的局面，增强了农业抵御水旱灾害的能力，为建设社会主义提供了一定水源支撑。

（二）曲折前行大发展：1956—1966 年

1957 年，中共中央、国务院发布《关于今冬明春大规模地开展兴修农田水利和积肥运动的决定》，提出“以蓄为主、社办为主、小型为主”的方针和“大、中、小结合，以中型为主”的治水原则，由此掀起全国农田水利建设高潮，并持续到 1960 年。这一时期，云南水利工程开工数目、投入劳动力人数达到空前规模，中小型水利工程遍地开花，仅“玉溪县（今玉溪市红塔区）在短短的 3 个月，先后开工新建凤凰、合作、田房、沙河、关箐、大红坡等 11 座小（一）型水库和引水工程”②。曲靖独木、毛家村两座大型水库，昆明松华坝水库，保山北庙水库，玉溪东风水库，建水跃进水库，楚雄九龙甸水库等上百座中型水库上马兴建。据一位水利民工回忆：“那时候是‘大跃进’，水利建设搞得热火朝天，工地上人山人海，大家分工协作，我参加了双化水库建设，之后又去支援周围其他地方。”③ 当然，这几年农田水利建设受“左”的思想干扰，存在高指标、瞎指挥、浮夸风等问题，一些工程甚至不配套、尾工大、工期长、质量差，但“全省现有建成的大中型水库中有 70%以上其主体工程是在这一时段建成的”④，因此，不失为云南农田水利建设的第

① 关于水库等级划分：小（二）型水库小于 0.01 亿立方米；小（一）型水库大于等于 0.01 亿立方米、小于 0.1 亿立方米；中型水库大于等于 0.1 亿立方米、小于 1 亿立方米；大（二）型水库大于等于 1 亿立方米、小于 10 亿立方米；大（一）型水库大于等于 10 亿立方米。参见《水电枢纽工程等级划分及设计安全标准》（DL 5180—2003），北京：中国电力出版社 2003 年版，第 12 页。

② 玉溪市水利电力局：《玉溪市水利志》（内部版），1987 年版，第 7 页。

③ 根据笔者 2018 年 7 月 20 日对张浩文访谈记录整理。被访谈人张浩文，男，1941 年生，云南禄劝人，水利民工。

④ 云南省地方志编纂委员会：《贵州省志·水利志》（卷三十八），昆明：云南人民出版社 1998 年版，第 3 页。

一个高峰。

根据中央指示，从1961年起，云南农田水利建设的重点放在整顿、续建、配套和管理上。到1965年，云南“共加固中型水库工程36座，续建、配套中、小型工程500多处，灌溉面积增加了205万亩”[①]。经过几年调整，云南农田水利工程效益显著，如“陆良县的小白户公社，粮食总产量由1958年的37.8万斤增加到109.5万斤，水稻单产由300斤左右提高到700多斤”[②]。1958—1965年，云南“8年中建成大中型水库61座，使全省农田有效灌溉面积增加到85.3万公顷，占耕地总面积的30.7%（1957年为15.6%）。1963年，全省发生了几十年未遇的严重干旱，有44个县连续9个月滴雨不下，但水利设施发挥了巨大作用，粮食总产量仍高于1962年”。[③] 总体来看，与新中国成立初期相比，1956—1966年，云南农田水利建设在工程规模、数量、有效灌溉面积和发挥效益上都有了成倍增长，水利事业取得很大发展。

（三）艰难推进有收获：1966—1976年

“文化大革命”初期，云南在国民经济调整时期逐步好转的农田水利建设受到冲击，相关水利技术人员被下放劳动，一些水利机构基本处于瘫痪状态，正常的水利工作受到极“左”思想影响。1966—1968年，云南农田水利建设虽未间断，但处于低潮，进展不大。1968年后，云南各地农田水利建设逐渐兴起，中小型水利工程有所发展。

1969年2月，“据楚雄、大理、文山、玉溪、临沧五个地（州）的不完全统计，目前已上阵的劳力18万多人，上阵各种类型工程（主要是小型水利）2万余件”[④]。大理白族自治州，“在以续修为重点的同时，也新建了少数骨干工程，由于库塘的续修配套，蓄水库容随之增加，到1976年，全州库塘

① 云南省地方志编纂委员会：《贵州省志·水利志》（卷三十八），昆明：云南人民出版社1998年版，第4页。

② 陆良县水利局：《陆良县水利建设初步总结报告（1966年4月20日）》，陆良县档案馆：1-1-152。

③ 当代云南简史编辑委员会：《当代云南简史》，北京：当代中国出版社2004年版，第258页。

④ 云南省地方志编纂委员会：《贵州省志·水利志》（卷三十八），昆明：云南人民出版社1998年版，第68页。

库容达到43945万立方米，有效灌溉面积达到151.28万亩”。[①] 楚雄彝族自治州，“加固配套了九龙甸主体工程，完成了81公里长的元谋东山大沟，并扩建庆丰、麻栗树两水库为中型水库，还整治了龙川江南华、楚雄河段，修建人畜饮水工程和小型水利等”[②]。昆明市全面整治了盘龙江，建成官渡天生坝水库、富民丰收水库等。1973年，通过开展水利大检查，云南水利管理机构和管理制度逐步恢复。到1976年底，云南“建成中型水库12座，并对‘大跃进’时期遗留下来的近百处小型水利工程进行了续修配套，全省有效灌溉面积达到了1326万亩”[③]。相较于全面建设社会主义的十年，“文化大革命”时期的农田水利建设由于受到极“左”思想的影响，取得的成绩有限，但在艰难之中仍然有所收获，这与云南各族干部群众坚决抵制极“左”思想分不开。

（四）持续发展新时期：1976年至今

“文化大革命”结束后，云南在1977—1978年开展了以治水和改土为中心，山、水、林、田、路综合治理的农田基本建设，治河工程上马较多。党的十一届三中全会后，云南农田水利建设进入改革和发展的新阶段，在改革中坚持“全面服务，转轨变型”的方向，新修建工程较之前也更加重视质量、配套和管理。到1990年底，云南“共拥有建成的大型水库2座、中型水库121座、小型水库4327座、引水工程约18万处、排灌机械69.6万千瓦，水利工程年供水能力达到120多亿立方米。有效灌溉面积达到1581万亩，占耕地面积的37%，是1949年的4.3倍”[④]。随着经济社会的不断发展，政府和社会投入水利的力度逐年加大，农业抵御水旱灾害的能力显著提升。1991—2000年，“全省投入水利建设的资金达297.8亿元，是新中国成立以来投入最

① 大理白族自治州水利电力局：《大理白族自治州水利志》，昆明：云南民族出版社1995年版，第5页。

② 楚雄彝族自治州水利水电局：《云南省楚雄彝族自治州水利志》（内部版），昆明：云南人民出版社1996年版，第7页。

③ 水利部农村水利司：《新中国农田水利史略1949—1998》，北京：中国水利水电出版社1999年版，第509页。

④ 云南省地方志编纂委员会：《贵州省志·水利志》（卷三十八），昆明：云南人民出版社1998年版，第5页。

多的时期，共新建、改造加固大中小型水库729座，其中新建大中型水库26座，小型水库703座。10年中尽管自然灾害频繁，但云南农业生产一直稳定持续发展，没有出现大起大落现象。粮食产量分别于1994年、1996年、1998年、1999年跃上了1100万吨、1200万吨、1300万吨、1350万吨新台阶，2000年达1467.8万吨"[①]。

进入21世纪，云南在国家大力支持下开启了"润滇工程"，加快了以水利为重点的农业基础设施建设，相比"九五"，"十五"期间云南"建成大中小型水库181座，新增水利水电蓄水库容21.7亿立方米，净增有效灌溉面积208万亩"[②]，极大地改善了农民的生产生活条件，夯实了粮食稳产的基础。2010年是"十一五"收官之年，恰在此年云南遭遇了百年一遇的特大干旱，云南充分发挥已有水利设施的优势，加快水源工程建设，取得抗旱和水利建设的显著成效，"先后投入10.36亿元用于解决人畜饮水困难，投入6900多眼机电井，9200多处泵站。共完成'五小水利'工程40万件，建成集雨水窖、水池338个，引水堰闸19座。建设抽水站20座，配套渠系建筑物2080座"[③]。2011年，在总结抗御干旱灾害经验的基础上，云南"新开工骨干水源工程41项，新建成35座中小型水库、45万件'五小水利'工程，实施51个小型农田水利重点县建设，完成中低产田地改造357万亩，解决299万人的饮水困难和饮水安全问题"[④]，进一步提升了农业生产的综合能力。

党的十八大以来，云南农田水利建设迎来了新的发展机遇，在习近平总书记的"节水优先、空间均衡、系统治理、两手发力"十六字治水方针引领下，"滇中引水工程等5项重大水利工程和49座中型水库、180座小（一）型水库工程相继开工建设；麻栗坝、青山嘴、小中甸等3座大（二）型水库、46座中型水库、61座小（一）型水库建成投入运行；新增蓄水库容12.15亿立方米，新增供水能力18亿立方米。完成13座中型、251座小（一）型和3990座小（二）型病险水库除险加固任务，实施277项重点中小河流河段治

---

① 当代云南简史编辑委员会：《当代云南简史》，北京：当代中国出版社2004年版，第498页。

② 2006年云南省政府工作报告，《云南日报》2006年2月8日。

③ 中国水利年鉴编辑委员会：《中国水利年鉴2011》，北京：中国水利水电出版社2011年版，第353、354页。"五小水利"，即小水窖、小水池、小塘坝、小泵站、小水渠。参见《中共中央　国务院关于加快水利改革发展的决定》，《人民日报》2011年1月30日。

④ 2012年云南省政府工作报告，《云南日报》2012年2月20日。

理，建成山区‘五小水利’工程240万件，完成中低产田地改造1647万亩。12个大型灌区续建配套与节水改造和一批中型灌区建设加快推进，实施小型农田水利工程重点县6个批次涉及119个县，总投资达125.62亿元；加快高效节水灌溉建设，发展高效节水灌溉面积340万亩。共新增农田有效灌溉面积452万亩，改善农田灌溉面积600多万亩，新增节水灌溉面积448万亩，全省有效灌溉面积达2777万亩”[①]。2018年，云南“水利固定资产完成投资同比增长14.1%，引入社会资本16.86亿元参与农田水利建设管理，完成农村饮水安全巩固提升工程投资47.5亿元，645.6万农村人口受益”[②]。2019年，云南水利投资的力度持续加大，“完成投资达336.33亿元，同比增长24.2%。全省累计新开工重点水网工程63件，超额完成年度新开工50件项目任务，在建水网工程超过350件，总投资规模超过1600亿元”[③]。

总体来看，改革开放特别是党的十八大以来，云南农田水利建设进入持续发展的繁荣时期，在治水理念、投资力度、上马工程数量和类型、工程配套体系、水网工程、水库除险加固、农田有效灌溉面积、水生态文明建设、民生水利、高效节水灌溉建设、山区水利、水利公共服务能力等方面都取得了丰硕成果，呈现出前所未有的发展态势。

二、砥砺奋进：铸就宝贵经验

兴利除害，治水安邦，一直是中国共产党的民生情怀和宗旨所在。新中国成立以来，云南70年治水事业的征程，既取得了很大成绩，也积累了诸多经验。

（一）坚持党的领导、政府主导和群众参与相结合

坚持中国共产党的领导是实现农田水利建设高质量发展的核心和根本保

① 程浩：《改革开放40年：云南超额完成各项水利目标任务》，人民网，http：//yn.people.com.cn/n2/2018/1121/c378439-32311510.html，2019年11月9日。

② 王淑娟：《全省水利建设超额完成任务》，《云南日报》2019年2月11日。

③ 王淑娟：《水利工程建设稳步推进》，《云南日报》2020年2月8日。

证。中国共产党的领导，是历史的选择、人民的选择，已经与国家发展和民族前途命运融为一体。新中国成立初期，云南逐渐在乡村基层建立党支部，担负起领导农田水利建设的重任；社会主义建设探索时期，坚持政治挂帅和加强党的领导的原则，云南各级政府成立了专门的水利委员会，由一名书记担任负责人，水利工地成立指挥部，由一名书记担任指挥长，使党牢牢控制了水利发展的主动权；改革开放新时期，正是在党的领导下，云南创新治水理念，推动传统水利到现代水利的转变，尤其是党的十八大以来，在以习近平同志为核心的党中央领导下，云南统筹做好水网工程建设、水旱灾害防治、水资源节约、水生态环境治理，取得了治水事业的大发展、大跨越。正如习近平总书记所说，“坚持中国共产党这一坚强领导核心，是中华民族的命运所系”①。

政府主导是农田水利建设顺利推进的关键。1950 年后，云南经过新生政权的巩固，土地改革以及随后的社会主义改造废除了旧有的水规和治理模式，政府权力第一次延伸到农村基层，为水利建设方针政策在乡村的执行提供了条件，由此政府开始介入并主导水利建设的方向。在治水理念上，云南能严格贯彻党中央的水利方针政策；在物资经费问题上，云南能统筹协调各地方各部门之间的资源；在工程管理方面，云南能秉持“一盘棋”思维，建立一套“自上而下”的农田水利管理体系；在群众利益方面，云南能较好地处理受益区和非受益区之间、汉族和少数民族居住区之间的关系；在水利技术方面，云南能注重水利技术的推广和应用，推动技术革新等。同时，云南能很好地解决农田水利建设涉及的民工生活、施工安全、移民搬迁、伤亡抚恤等问题。

人民群众是农田水利建设的主体和依靠力量。新中国成立初期，经过土地改革，云南各民族群众踊跃投入水利建设，恢复整修了原有的水利设施，并修建了一批小型水利工程。全面建设社会主义时期，正是云南千万人民的广泛参与，各地兴修了数以万计的群众性中小型水利工程和一批骨干水源工程，使云南农田水利面貌发生了根本改变。据一位老人回忆：“那时候修水

① 习近平：《在庆祝全国人民代表大会成立 60 周年大会上的讲话》，《人民日报》2014 年 9 月 6 日。

库、造水渠，技术不行，基本是靠人挑肩背，哪有机械化，工地上人山人海，不像现在都是机械化了，那时候靠人，靠老百姓。”[①] 改革开放后，云南全面推进水利体制改革，实行民生水利、水网工程和水生态恢复治理，这些成就的取得离不开各民族的智慧和力量。因此，云南70年农田水利建设征程，正是将党的领导、政府主导同人民群众相结合才取得了突出成就。

（二）坚持与时俱进的治水理念

理念是治水事业的导向塔，会根据时代发展变化有不同表现。云南刚解放时，百废待兴，1951年的水利建设方针是“仍以防洪和灌溉为首要任务，有重点地兴办大型工程，广泛而同时有重点地发动群众性的岁修防洪及小型水利，加强管理，废除封建水规，以达到恢复和发展生产的要求”[②]。随着“一五”计划实施，云南又提出了水利“不仅要为农业服务，也要为工业服务”的思路。“大跃进”时期，云南出现了“全党动手、全民动员、大办水利”的局面，这时候的农田水利建设以小型为主、以蓄水为主、以社办为主，广泛兴修群众性的中小型水利工程；国民经济调整时期，云南农田水利根据国家制定的“巩固提高，加强管理，积极配套，重点兴建，并为进一步发展创造条件”水利方针，对“大跃进”以来的水利工程进行整修、续建和配套，并加强管理以发挥现有效益。“文化大革命”时期，云南水利工作受到极“左”思想干扰，这一时期主要在学习“大寨精神”的基础上，坚持自力更生、依靠群众、勤俭办水利，并注重工程配套和管理。

改革开放后，云南水利工作迎来了改革发展的新局面。一方面，加快水利改革的步伐，建立与市场经济相适应的水利发展和水资源管理机制，不断完善社会服务体系；另一方面，人与自然和谐相处的治水理念深入人心，水生态文明建设的重要性成为人们共识，云南逐渐实现了从传统水利到现代水利的治水思路转变。党的十八大以来，习近平总书记提出了“节水优先、空间均衡、系统治理、两手发力”的新时期治水方针，云南以这十六字方针为

① 根据笔者2018年8月2日对李家荣访谈记录整理。被访谈人李家荣，男，1937年生，云南蒙自人，水利民工。

② 云南省地方志编纂委员会：《贵州省志·水利志》（卷三十八），昆明：云南人民出版社1998年版，第38页。

引领，坚持“兴水强滇”战略，立足山、水、林、田、湖治理的整体性和综合性，将治水与治山、治林、治田、治湖有机结合起来，积极推动水利改革和践行水资源可持续利用的理念，加快推进水网工程、民生水利、法律法规和水生态治理，实现了农田水利建设的高质量发展。可以说，治水理念是否正确，在很大程度上决定着治水事业的成败。

（三）重视水利管理和技术人才的培养

管理是水利工程正常运行和发挥最大效益的中心，云南水利管理工作随着水利建设的不断推进逐步完善。1951 年 10 月，云南省政府颁布《云南省水利管理养护暂行办法（草案)》，初步建立管水用水的规章制度。1955 年，在农业合作化迅速发展的同时，云南提出“管理养护工作是解决水利设施分散经营与统一管理用水间矛盾的重要措施”，“应以依靠互助合作，并以互助合作为目标，贯彻以社、组带动群众的办法，开展养护工作”。[①] 国民经济调整时期，云南对“大跃进”以来上马修建的重点工程进行续建、配套和管理，颁布了《关于水利工程管理体制、管理制度与机构设置的意见》，还陆续印发了有关大中型水利工程征收水费，机电排灌站所有权、使用权和经营管理等方面的文件。“文化大革命”后期，云南拟定了旨在加强水利管理的文件。改革开放以后，云南水利管理有了新思路和新面貌，颁布了《云南省水利工程管理办法》，各级水管机构逐渐建立健全，管理人员进一步充实，管理体制改革不断深化，管理制度更加完善。2018 年 5 月 1 日，《云南省水利工程管理条例》正式施行，明确了水利工程管理应坚持政府主导、社会参与、因地制宜、依法管理。如今云南已建立起与社会主义市场经济相契合的水利管理模式。

技术是确保农田水利建设速度、规模和质量的关键。新中国成立前，云南水利技术较为落后，各族人民在长期的治水实践中，主要依靠传统的技术和经验，掌握现代水利技术的人才较为匮乏。新中国成立后，为适应大规模农田水利建设的需要，也为改变技术落后和人才短缺的局面，云南有系统、有领导地培训人才，推广水利科技。据不完全统计，“1951—1964 年，除由省

① 云南省地方志编纂委员会：《贵州省志 · 水利志》（卷三十八），昆明：云南人民出版社 1998 年版，第 452 页。

水利主管部门统一开办了9类为期1~8个月的短期培训班，培训学员1891人外，各县又举办由农民积极分子参加的不脱产学习3~5天的区乡小型水利指导员训练班，培训人数达4646人”①。这些人员经过短期培训学习，在一定程度上掌握了技术要领，缓解了技术人员匮乏的局面。据一位退休的水利站管理人员回忆：“当时我还年轻，不懂技术，那时去红河那边培训了将近三个月，这算是最长的，其他培训长则十几天，短则几天，主要学习一些水位测量、工程监管、安全施工等知识，都是比较简单的，通过学习培训有很大收获，起码了解了很多原先不知道的水利技术。”② 为加快水利技术人才的培养，云南又先后成立了省水利水电学校、省农业大学水利系等人才培育单位，现如今已经形成了初、中、高级水利技术人才的教育培养体系，还积极从省外吸引技术骨干，为云南水利建设提供了源源不断的人才。

（四）着力解决人民群众关心的问题

人畜饮用水和因修农田水利而需要的移民搬迁是人民群众最关心、最直接的问题。新中国成立后，云南非常重视农村尤其少数民族居住地的人畜饮用水问题，兴修了一大批群众性小型水利工程和大中型骨干水源工程。截至1974年，云南“已解决124.47万人和79.31万头大牲畜的饮用水问题”③。1978年以后，云南不断加大专项经费投入力度，大力修建重点水源工程、引水工程，帮助农村建设水窖、水塘、饮水池、土井、管道、机井等供水设施，并派专人负责管理以确保饮用水安全。党的十八大以来，云南编制了《云南省农村饮水安全巩固提升工程“十三五”规划》，持续加强民生水利工作，进一步提升群众的受益程度，“解决了784万农村人口和农村学校师生的饮水安全问题，巩固提升了718万农村人口的饮水保障水平，农村集中供水率达到

---

① 云南省地方志编纂委员会：《贵州省志·水利志》（卷三十八），昆明：云南人民出版社1998年版，第616页。

② 根据笔者2018年7月26日采访王继华记录整理。被访谈人王继华，男，1943年生，云南丽江人，水利站管理者。

③ 云南省地方志编纂委员会：《贵州省志·水利志》（卷三十八），昆明：云南人民出版社1998年版，第321页。

85%，自来水普及率达到80%”①。2019年，云南颁布《云南省农村饮水安全脱贫攻坚推进方案》，为全面解决农村饮用水安全问题做出详细规划。

移民搬迁牵涉群众的切身利益。20世纪50年代到60年代初，云南对国家兴建工程产生的占地移民，一律按政务院（今国务院）颁布的《国家建设征用土地办法》执行，对小型水利工程占用公田、本社社员土地，由社队内部调剂，而需要搬迁的移民一般安排在受益区内，政府给予一定的盖房补助。1962年，云南省水利指挥部发出《关于处理好水库占地淹没问题（和）计划蓄水的通知》，开始着力解决“大跃进”遗留下来的水库移民搬迁问题。“文化大革命”期间，移民工作受到干扰，收效不大。改革开放以后，从1982年起，云南每年安排专项经费解决小（一）型以上水库老移民安置问题。1985年后，在移民搬迁中，一方面，移民经费都列入工程概算；另一方面，侧重帮助移民进行开发性生产，以脱贫致富。进入21世纪，云南相继颁布了《云南省大中型水利水电工程建设移民安置管理办法》《云南省人民政府关于贯彻落实国务院大中型水利水电工程建设征地补偿和移民安置条例的实施意见》《云南省大中型水利水电工程移民工作管理办法》等，切实维护移民的合法权益。可以说，云南正是因为妥善地处理了移民问题，才赢得了群众拥护，推动了农田水利事业的发展。

（五）注重少数民族和民族地区的治水

云南少数民族众多，民族地区水利基础设施比较滞后，工程较为简单分散，很难抵御水旱灾害的侵袭。1950年后，在党和政府的领导下，云南少数民族地区掀起了大规模农田水利建设，政府在物资经费、劳动力调配、政策扶持、民族技术干部培训等方面给予一定的倾斜和优惠。楚雄彝族自治州的一位老人说：“原先我们这里道路不通，水旱灾害严重，老百姓吃不上水，庄稼的产量很低。土地改革，我们分到了土地，大家有了干劲，党和政府也重

① 程浩：《改革开放40年：云南超额完成各项水利目标任务》，人民网，http：//yn.people.com.cn/n2/2018/1121/c378439-32311510.html，2019年11月9日。

视水利，经过几十年的发展，旱涝保收是没有问题的，大家也喝上了干净的水。”① 另据红河哈尼族彝族自治州的一位水利民工回忆：“这里干旱厉害，粮食产量低，政府为了改变这种状况，就支持我们修建工农大沟，从外面引水过来。那时候，条件很艰苦，这条大沟前后修了很多年，一些地方是悬崖峭壁，难得很，如今大沟仍然在发挥作用，不仅农田灌溉有保障了，吃水也不愁了，能不高兴吗？”②

以文山壮族苗族自治州为例，自1958年建州至2017年，完成“水利固定资产投资302亿元，建成水库433件，总库容6.25亿立方米，总供水量9.35亿立方米，有效灌溉面积达到243.39万亩，是建州时的15倍；建成‘五小水利’工程49.29万件，全面解决和巩固提升了219万农村人口和7.27万农村学校师生饮水安全问题，农村集中供水率达到了82%”③。迪庆藏族自治州，“1990年底，全州共建水利工程2152件，其中拥有引水渠1523条，总渠长4359.57公里，灌溉面积达12.42万亩”④。到了2014年，迪庆藏族自治州水库总容量增加到0.2236亿立方米；有效灌溉面积25.29万亩，比1990年翻了一番。2018年，云南少数民族和民族地区，“共开工建设40件重点水网工程，实施8个续建大型灌区、1个重点中型灌区、178座小型病险水库除险加固、55个水土保持、57个河道治理等水利工程建设，新增和改善灌溉面积120万亩，完成356.26万农村人口饮水安全巩固提升任务”⑤。这些成就不仅从根本上改变了云南民族地区水利基础设施落后的局面，而且促进了当地脱贫致富和经济社会发展，增强了民族团结。

① 根据笔者2018年7月21日对刘中才访谈记录整理。被访谈人刘中才，男，1943年生，云南楚雄人，水利民工。

② 根据笔者2018年8月2日对李家荣访谈记录整理。被访谈人李家荣，男，1937年生，云南蒙自人，水利民工。

③ 《建州60年文山州项目建设成就显著》，文山壮族苗族自治州人民政府，http：//www.yn-ws.gov.cn/info/1121/205816.htm，2019年11月13日。

④ 迪庆藏族自治州水利水电局：《迪庆藏族自治州水利志》（内部版），昆明：云南省新闻出版局1994年版，第3-5页。

⑤《2018年云南民族自治地方水利基础设施建设成效显著》，云南省民族宗教事务委员会，http：//mzzj.yn.gov.cn/gzdt/gzdt/201902/t20190218_61672.html，2019年11月13日。

（六）推进水土保持工作，改善生态环境

水土保持既是生态文明建设的重要组成部分，也是农田基本建设的重要环节。云南地质构造复杂，水土流失较为严重，1950年前，没有专门的水土保持机构。1956年2月，云南省水土保持委员会成立，在东川、梁河、盈江等10多个县市设有常年工作机构。这一时期的水土保持主要以乡社为单位进行规划，充分发动群众，以农田水利建设带动水土保持工作，取得了一定成绩。截至1965年，“全省共治理水土流失面积4000多平方公里，年均400平方公里”①。“文化大革命”期间，云南水土保持工作基本处于停滞状态，收获不大。改革开放后，随着人们对生态环境认识的深入，云南加大水土流失治理力度，开启了以小流域为单元的综合治理，并实施水土流失重点治理工程，采取生物与水利、田间工程措施相结合，防治并重，治管结合，将经济、社会和生态效益有机结合，收到了良好成效。

党的十八大以来，云南将生态文明建设融入经济社会发展全过程，深入践行“绿水青山就是金山银山”的发展理念，以综合治理、保护修复、严格监管、强化监测、完善法律法规等为重点，发布了《云南省生态保护红线》《云南省水土保持规划2016—2030年》《云南省坡耕地水土流失综合治理规划》等。与此同时，云南扩大天然林保护范围，大力推进退耕还林、陡坡地生态治理、造林绿化、石漠化治理等重点生态工程。据统计，截至2015年，云南“累计综合治理小流域9000余条，兴建谷坊、拦沙坝1.78万座，新增拦沙库容3.48亿立方米，兴建塘坝、蓄水池等小型蓄水保土工程52.05万座，新增蓄水能力4.82亿立方米，减少土壤流失量3.9亿吨，兴修坡面水系12万公里，修筑梯田6600余平方公里，造林种草2.27万平方公里，种植经济果木林1.16万平方公里，封育治理2.44万平方公里，森林覆盖率达到55.7%，林草覆盖率达到59.7%”②。仅2019年就“新增水土流失治理面积5514平方

---

① 云南省地方志编纂委员会：《贵州省志·水利志》（卷三十八），昆明：云南人民出版社1998年版，第386页。

② 《云南省水利厅关于云南省2015年水土流失调查结果的公告》，云南省水利厅，http：//wcb.yn.gov.cn/arti？id=62951，2019年12月3日。

公里”①。通过采取各种措施不断加强水土流失治理和预防，云南生态环境得到改善，绿色可持续发展理念深入人心。

三、结论

新中国成立70年来，云南各族人民群众在党和政府领导下，农田水利建设走过了辉煌的发展历程，积累了宝贵的经验。云南从农田水利基础设施较为落后到基本形成一套防洪排涝的现代化灌溉用水体系，从群众性小型工程到以大中型骨干水源工程为主，从技术人员匮乏到形成初、中、高级教育培养体系，从肩挑背扛、人山人海的大规模劳力投入机械化、现代化的高效率治水，从较为单一的工程类型到蓄、引、提、排等多种工程相结合，从水土流失较为严重到水生态文明建设成效明显，从农村人畜饮用水困难到城乡供水安全保障能力显著增强，等等，这些成就的取得与党的领导、政府主导和人民群众的广泛参与分不开。可以说，云南在农田水利建设中逐渐走出了一条适合本省省情的发展路子。总之，云南70年的农田水利建设接续奋斗，70年的农田水利征程精彩不断，70年的治水历程为我们谱写了一篇篇精彩的乐章，不仅留下了诸多宝贵经验和有益启示，也为云南防洪安全、供水安全、粮食安全、生态安全提供了强有力的支撑和保障，更为云南脱贫攻坚和全面建成小康社会奠定了水源基础。

（原文发表在《当代中国史研究》2020年第4期）

① 王淑娟：《水利工程建设稳步推进》，《云南日报》2020年2月8日。

集体化时期昆明农田水利建设中的工效运动（1957—1960年）

1957—1960年的农田水利建设是社会主义制度建立后在中国共产党领导下进行的第一次大规模的农村基础设施建设运动。其间，为迅速完成全国水利规划目标以实现农村“水利化”梦想，进而提高粮食产量以加快工业发展，党组织动员广大群众在农田水利建设中掀起了一场提高工效的运动。这场运动扩展到全国，很多水利民工、干部、技术人员等加入其中，对当时的水利建设产生了深刻影响。所谓提高工效，就是为了迅速完成农田水利计划指标，通过诸多途径与方法如工具改革等，提高工程建设效率和速度的做法。当前，学界对农田水利建设中这场提高工效的运动关注较少①，对这场运动的来龙去脉、地方党政作用、水利民工表现及运动效果等缺乏分析探讨。本文以昆明农田水利建设实践为个案，力图对昆明农田水利建设中的工效运动进行探究及评析。

① 目前，学界对“大跃进”时期农田水利建设中的工效运动分析探讨较少。朱显灵等《我国“大跃进”时期农具改革运动考察》（《自然辩证法通讯》2009年第4期）一文，在分析农具改革运动的演变时，对水利施工工具改革进行了简要论述。朱云河《“大跃进”时期中国农村的技术革命运动》（《中共党史研究》2010年第11期）一文，从水利施工工具改革入手分析当时的农村技术革命运动，认为农村不具备开展技术革命的物质基础和技术条件。刘彦文的博士学位论文《水利、社会与政治——甘肃省引洮工程研究（1958—1962）》，从工具改革和劳动方式的改变入手分析了引洮工地上的提高工效运动，认为最终挡不住客观的现实困顿，计划也一再落空。以上成果或简单论述了水利施工工具的改革，或以一个水利工地为中心对其工效运动进行剖析，而对这场提高工效运动的来龙去脉及地方政府与水利民工的作用等有待进一步分析探讨。

一、带有政治色彩的工效运动由来

作为以农耕为主的文明国家，农业是经济社会发展的基础，而被誉为“农业命脉”的农田水利建设，在我国具有极其重要的地位，有学者认为中国历史上的基本经济区与水利事业发展密切相关。① 数千年来，勤劳朴实的中国人为发展农业修建农田水利的活动从来没有停止过，其取得的成绩可以说举世瞩目。新中国成立初期，为适应农业生产的需要，全国掀起了一场对旧式农具进行增补以及推广新式农具的运动，并且涉及水利施工中的农具。这场运动不仅初步改变了长期以来尤其是西部贫穷地区农业生产工具落后的面貌，促进了农业生产的恢复与发展，也为之后农田水利建设中进行水利施工工具改革埋下了伏笔。1956 年，伴随着社会主义改造基本完成，毛泽东在对《1956 年到 1967 年全国农业发展纲要（草案)》的修改稿和给周恩来的信中指出：“兴修水利，保持水土……要求在七年内（从一九五六年开始）基本上消灭普通的水灾和旱灾，在十二年内基本上消灭特别大的水灾和旱灾。”② 进入 1957 年，中共中央决定在全党进行反对官僚主义、宗派主义和主观主义的整风运动，展开了一场反击右派的斗争。在当时，反右是必要的，但“反右派斗争对知识分子的沉重打击，导致了‘知识无用论’的抬头，为‘大跃进’运动中普遍出现忽视和不尊重科学与客观规律的极端做法埋下了祸根，并为唯意志论的张扬提供了条件”③。这场运动让知识分子的社会地位受到了阶级斗争的挑战，很多知识分子被下放劳动，让人们产生知识和科学在政治运动与生产实践中的所谓“无用论”，这也是在“大跃进”时期广泛依靠群众，通过大辩论发动群众，进而破除对科学和知识专家的迷信进行广泛群众式的技术革新以提高工效运动的原因之一。

1957 年 9 月 24 日，中共中央、国务院发布《关于今冬明春大规模地开展

① 冀朝鼎著，朱诗鳌译：《中国历史上的基本经济区与水利事业的发展》，北京：中国社会科学出版社 1981 年版。

② 毛泽东：《新中国成立以来毛泽东文稿》（第六册），北京：中央文献出版社 1992 年版，第 4 页。

③ 王玉贵：《论反右派斗争对“大跃进”运动的影响》，《史学月刊》2004 年第 11 期。

兴修农田水利和积肥运动的决定》；10月25日，《1956年到1967年全国农业发展纲要（修正草案）》发布。在中央的号召和宣传之下，1957年11—12月，全国各地相继召开党的代表大会，贯彻中央精神，落实农业发展纲要并以大鸣、大放、大辩论、大字报的形式进行广泛的群众动员，一场声势浩大的农田水利建设运动由此拉开了序幕。其间，中央关于通过兴修水利扩大灌溉面积的指标不断提高，如“1957年8月在全国农田水利会议上提出的1958年扩大灌溉面积的指标是4408万亩……12月，国家经委召开的国家计划会议又修改为9221万亩”①。而“中国共产党在革命战争年代形成了一个传统，就是凡是上级党组织已经决定并下达的任务，下级党组织和各级干部总是保证提前或超额完成”②。因此，各省份也制定并不断提高农田水利建设指标，并投入大量的劳动力。统计数据显示，1957年，“投入水利建设的劳动力，10月为两三千万人，11月为六七千万人，12月为8000万人，1958年1月达到1亿人。空前规模的农田水利建设运动的掀起，实际上吹起了农业‘大跃进’的号角”③。在这种强有力的政治动员、过高的农田水利建设目标及群众广泛参与下，为“苦战三年”实现农村“水利化”，在水利建设工地上逐渐掀起了以政治挂帅为指引、以工具改革为主的工效运动。

二、昆明农田水利建设工效运动的开展

昆明地处祖国西南，是云南省省会，因属于欠发达地区，长期的经济技术落后使该地的农田水利基础十分薄弱，抵御旱灾能力较差，严重制约了农业发展。1957年底，在全国农田水利建设高潮掀起的背景下，中共云南省委提出“三年内为80亿至100亿立方米而奋斗”的宏伟目标。④ 为此，昆明市

---

① 傅作义：《四个月的成就等于四千年的一半》，《人民日报》1958年2月7日。

② 林蕴晖：《乌托邦运动——从大跃进到大饥荒》，香港：香港中文大学出版社2008年版，第38页。

③ 薄一波：《若干重大决策与事件的回顾（下）》，北京：中共党史出版社2008年版，第479页。

④ 中共云南省委党史研究室、云南省档案馆编：《“大跃进”运动》（云南卷），北京：中共党史出版社2004年版，第48页。

委提出，在兴修水利的过程中要“千方百计提高工效，加快速度，降低成本”[①]，并制定了“1958年兴修水利增灌面积为20万亩，冬天再苦干，到年底即可实现水利化”超越客观实际的目标。结合前面我们分析的全国形势背景，在国家高度集中的计划体制下，昆明市委、市政府经过对群众组织动员，在农田水利建设工地上掀起了一场通过政治挂帅、关心民工生活、工具改革以及评比竞赛等方式以提高工效达到按时或超额完成任务的运动。[②]

（一）坚持政治挂帅

政治挂帅是“大跃进”时期确保党领导全国事业前进的主旋律。通过政治挂帅，提高党在群众中的威望，以确保党的方针、政策等深入贯彻落实。它以坚持党的领导和社会主义方向为基础，将思想政治与技术业务相结合，“这一原则要求尽可能广泛地传播官方意识形态，努力保证政治思想推动和指导群众动员”[③]。毛泽东在1958年1月指出：“思想工作和政治工作，是完成经济工作和技术工作的保证，它们是为经济基础服务的。思想和政治又是统帅，是灵魂。”[④] 3月27日，《人民日报》发表了《政治挂帅是勤俭办企业的保证》的社论，这是媒体第一次用“政治挂帅”概念进行宣传报道。此后，在中央的重视与号召及官方媒体的传播下，“政治挂帅”这一名词被广泛地用在党的重要文件和领导人的讲话中，也是各行各业在生产建设中首先要强调和执行的，包括农村进行的水利建设。

坚持政治挂帅主要通过强化党的绝对领导地位，实现在党的领导下广大群众思想的高度统一和劳动效率的有效提升。早在1957年12月，昆明市委就发出在大兴水利中要坚持党的领导，并要求“书记动手，全党动员，发动全民全力以赴投入兴修水利的高潮”，为此成立了昆明市水利工程委员会。该

---

① 《十年苦干三年拼命为实现三年水利化七年八百斤改变农村面貌而奋斗》，1958年2月15日，昆明市档案馆，126-1-121。

② 农田水利建设中“提高工效”除工具改革外，坚持政治挂帅、开展评比竞赛、关心水利民工生活等都被认为是可以提高劳动效率的途径。

③ ［美］詹姆斯·R. 汤森、布兰斯特·沃马克著，顾速、董方译：《中国政治》，南京：江苏人民出版社2005年版，第82页。

④ 毛泽东：《毛泽东文集》（第七卷），北京：人民出版社1999年版，第351页。

委员会是直属市委领导的水利建设机构，在县、区委领导下也成立了水利委员会。各县区有书记1名，区有区长1名，乡支部有书记1名，乡要有乡长1名，公社由1名主任负责水利工作。昆明在建设工地成立工区指挥部，一般由当地党委书记或副书记挂帅，并在党委领导下开展工作。如宜良县在1959年修建英雄大沟时，成立指挥部，县委书记潘岷山亲自挂帅，县委副书记、县长普震有任指挥长，县委副书记念焜任副指挥长，抽调县委委员3人、公社党委书记3人和县科局长级干部10人加强领导。强大的阵容强有力地保证了党对英雄大沟修建的绝对领导权，不过从侧面我们可以看出地方党委的权力在此次运动中的不断扩展和强化。这样，在党的领导下，市、县、区、乡及水利建设工地通过成立直属党委领导的水利机构或工区指挥部，牢牢地掌握了此次农田水利建设的领导权，确保党的相关农田水利建设方针贯彻落实。

在农田水利建设工地坚持政治挂帅，用党的路线、政策等对群众进行思想教育以批判其保守思想，提高施工民工的积极性和建设热情，提高工程建设的高效性。“必须强调政治挂帅，各水库必须在党委领导下成立强有力的指挥机构，加强政治思想工作，破除迷信，提倡思想解放，发挥群众积极性和创造性”①，并以此向民工进行共产主义教育，提倡“人人为我，我为人人和劳动不计报酬”的共产主义风格，提高民工的政治觉悟和劳动热情。加强对党的方针政策及政治时事的学习，走群众路线。② 在金殿水库工地，建立了工区建设指挥部：“自始至终加强政治思想工作，及时分析研究群众中的思想倾向问题，开展群众性的辩论，树立正气，压倒邪气，以保证劳动积极性不断高涨。”③ 车木河水库工区指挥部早在刚成立时就非常注重政治挂帅，“加强工地党委的集体领导，加强民工政治思想教育宣传鼓动。召开党团会议，以党团员为核心，起积极带动作用，并分别召开青年积极分子会、妇女会、地富会等，各营连发动民工，在高产周及卫星日以及春节前后各个环节上，从思想上发动民工，大会套小会，从党内到党外，从干部到民工，从上到下，从下到上层层发动”④。因此，政治挂帅保证了党在国家体制中“自上而下”

---

① 《昆明市郊区水利规划草案》，1958年7月11日，昆明市档案馆，1-1-2085。

② 《昆明市水利工程委员会通告》，1958年12月25日，昆明市档案馆，1-1-2085。

③ 《金殿水库组织义务工的初步总结》，1958年2月15日，昆明市档案馆，1-6-35。

④ 《安宁区车木河水库工程工作总结》，1959年5月26日，昆明市档案馆，26-1-1289。

的领导，增强了党对基层的控制力，成为统领一切生产建设活动的前提和保障，而“加强政治挂帅，从根本上讲就是坚持党的领导”①。在党委的率领下，成立水利组织机构是掌控全局、实现组织动员群众的有效途径，通过对群众进行思想政治教育，保证在思想上的同质性，提高群众劳动的激情，有利于各项工作的顺利开展，这也不难解释通过政治挂帅能提高农田水利建设中的工效原因。

（二）关心民工生活

农田水利设施是农民最关心，也最愿意付出劳动的农田基础工程建设，农民既是受益者也是参与者，而在水利工地上直接进行施工劳动的农民则是农田水利建设的直接行为主体，我们可称其为“民工”。他们来自农民，在工程修建完之后又回归农民群体。这些水利民工直接与工程发生联系，他们在工地上生活的好坏可以说关系到工程修建的进度，如果对他们的日常生活关心不够或者他们忍受不了工地的艰苦条件，就会出现怠工、偷懒等现象，而这与当时要求的高速度完成水利规划目标是相违背的。可以说，民工生活与提高工效密切相关。对此，云南省委主管的理论刊物《创造》在 1958 年初发表的《提高水利工效的两种方法》一文中指出：“在加强政治思想工作的同时，关心群众生活，改善对水利工地的民工的生活管理，这是保持和巩固群众积极性、不断提高工效的重要物质保证。因此，水利工地上，必须积极地搞好民工生活，保证民工的健康。”② 工地民工的生活是十分艰苦的，很多工地民工每天吃两餐，饭菜十分简单，娱乐生活也十分单调，在一定程度影响了民工劳动的积极性。云南省委在批转江川县委和富民勤劳社改善水利工地伙食的报告中认为，“水利工地都是强劳动，由两餐改为三餐，这两处地方所提出的一些办法和政策，都是好的，坚持实现，对于保证劳动的积极性，保证工效，巩固和提高民工的积极性，将产生直接的积极作用”③。对此，昆明市委在领导农田水利建设过程中也是认真贯彻执行，并尽可能满足民工各方

① 于馥亭：《一定要坚持政治挂帅》，《创造》，1959 年第 11 期。

② 中共云南省农林厅党组：《提高水利工效的两种方法》，《创造》，1958 年第 5 期。

③ 《省委批转江川县委和富民勤劳社改善水利工地伙食的报告》，1958 年 3 月 5 日，昆明市档案馆，1-5-10。

面的生活所需。当然，这是在“左”的思想大潮下进行的，并且要结合本地实际。

工地的高强度劳动挫伤了民工的积极性，昆明市委要求“要主动关心群众生活。适当控制劳动强度，减少加班加点及某些不必要的昼夜营业，使劳与逸、苦战和必要的休整结合起来”[①]。不仅要控制劳动强度，也要关心民工的饮食等，“中型水库一律由一日两餐改为吃三餐，粮食不足，先吃社队储备，不足部分由国家供应”[②]。例如，昆明市西山区在水利工程建设中，对民工生活方面“粮食除定量外，由管理区每人每月补助11斤，设法解决蔬菜问题，供民工能吃上一汤一菜，适当解决油脂问题，工地设供应点，供应日用品”[③]。该区修建三家村水库工地时，“自种蔬菜20多亩，养猪7头，做到自给自足，再加上随时供应成品豆腐，每顿可以保证民工吃上两菜一汤”[④]。安宁市车木河水库在民工生活方面“工地成立了23人的业余文工团，七天开一次文娱晚会，白天适当地组织小型活动。在工地50人养一头猪，30人种一亩菜，共种菜8.5亩，养猪26头。基本做到了三热（菜热、饭热、汤热）、三水（开水、洗脸水、洗脚水）”[⑤]。富民县拖担水库工地在经过之前的高强度、大干特干和快干之后，很多民工已经疲惫不堪，为此，工区指挥部“决定每日工作10小时，睡眠8小时，10天休息1天。保证民工吃饱吃好吃热饭热菜。工地成立卫生室，生病及时免费治疗，建立供销点保证民工日用品供应，另外，在工地组织业余队排演花灯，编唱山歌、快板，五天开一次娱乐晚会”[⑥]。为保障民工身体健康，搞好工地卫生工作十分必要。在原昆明市卫生局的领导下，原昆明市卫生防疫站成立了卫生防疫巡回小组到各水库工地巡回检查卫生工作，要求各水利工地成立安全卫生小组，并提出水利工地最突出的是饮水卫生和饮食卫生，不能让民工喝生水，要搞好厨房及饮食卫生，

① 《市委关于在当前大跃进中应注意的几个问题的通知》，1958年4月10日，昆明市档案馆，1-6-40。

② 昆明市水利志编纂委员会：《昆明市水利志》，昆明：云南人民出版社1997年版，第207页。

③ 《关于当前水利工程开展情况的报告》，1959年11月18日，昆明市档案馆，1-1-2250。

④ 《昆明市西山区三家村水库工作总结》，1959年11月20日，昆明市档案馆，26-1-1288。

⑤ 《安宁区车木河水库工程工作总结》，1959年5月26日，昆明市档案馆，26-1-1289。

⑥ 《富民县拖担水库简报》，1959年1月1日，昆明市档案馆，26-1-1288。

以防食物中毒等。[1] 民工是修建农田水利的主体，工地上开展种菜、养猪、娱乐、卫生等活动都与民工的身心健康密切相关，任何一个环节出现问题都可能影响他们的劳动热情，最终影响高数字水利指标实现。当然，在一浪高过一浪的水利建设高潮下，很多工地为追求高速度，超额完成任务，在执行对关心民工生活的指示过程中肯定存在问题，大多时候只是为他们生活、劳动提供必需的基本保障。但是，值得肯定的是，昆明市委的相关文件指示及很多工地关心民工生活的各种做法在当时确实起到了一定的积极作用，通过关心民工的生活，激发他们在施工过程中的积极性及劳动过程中的高效性。在那激情燃烧的“大跃进”岁月中，他们被强有力地组织动员起来，打破地域界限，互相协助，以工地为家，在艰苦的条件下为水利建设做出不可磨灭的贡献。

（三）进行工具改革

在1957年底全国掀起的农田水利建设高潮中，很多地方为尽快完成任务，开始组织动员民工进行工具改革，以此提高工效。伴随着“大跃进”的来临及不断向前推进，在农田水利建设的高指标、高速度下，繁重的施工任务与劳动力的紧张及民工所能完成的有限工作量之间是相矛盾的。在机械化极为落后的水利建设工地上，党领导号召广大技术人员和水利民工等人人出主意、想办法进行工具改革以减轻施工重担，提高劳动效率。这场工具改革很多是在旧有的木制工具基础上进行改造，改良出了斗车、胶轮推车、地车、木船等，这些改良工具也是在民工为迅速改变农村落后的农田水利基础设施的强烈劳动激情和广大群众制造传统工具的历史经验基础上进行的，是那个年代中国农村生产力的真实反映。

相对于东部发达地区，云南“农村生产工具落后，许多地方除了一把砍刀、一把锄头之外，再也没有别的工具。这种落后现象的存在，如果单靠增

---

① 《关于巡回了解月子庄等五个水库工地卫生情况的报告》，1958年2月9日，昆明市档案馆，26-1-124。

加劳动强度和改善劳动组织，是根本无法解决问题的"[1]。昆明作为省会，虽然相对云南其他地方发达一些，但是周围县乡的农村生产工具仍然非常落后，肩挑、人背、马车、牛车等非常普遍，机械化水平很低，这样很难完成当时农田水利高潮来临之际要求的高指标、高速度任务。为此，在中央号召下，通过动员群众进行所谓"土洋结合"的工具改革，成为昆明市委积极宣传和各水利建设工地提高工效的最有效途径。"要按期完成水利建设工程，必须提高工效，而提高工效的关键首先在于大力改进工具，开展技术革新运动，在使用铁锹、斗车、推车、牛车、马车、飞斗等运输工具的基础上，努力推广和提高，消灭人挑人背。"[2] 这实际上是对原有木制工具的改进以及对传统运输工具的进一步利用，与现代的机械化水平是不可同日而语的。"千方百计大搞工具改革，凡是可能实现畜力化、车子化的工地，公社经过分析能调给的牛车牲畜马上调给，特别要抓紧对大队的督促检查，力求做到畜力化、车子化。工效争取翻一番。"[3] 在高度集中的计划体制下，这种强有力的从上到下的层层推进式动员迅速在昆明各农田水利建设工地上掀起了工具改革的浪潮。

我们以几处工地为例。松花坝水库工地成立了工具改革办公室，开办木工厂、铁工厂、水泥厂、炸药厂，各团营指定副职干部专门抓工具改革工作，负责本单位的工具改革任务。全工区已有铁木斗车169辆，自动卸土牛车164辆，自动卸土马车14辆。各土塘推行爆破与排桩取土，装土普遍使用溜土箱、漏斗、土台等。[4] 宜良英雄大沟工地"开展技术革新、大搞高工效运动，仅一个多月的苦干、巧干、大胆革新创造，革新出新式工具2300多件，实现取土石爆破、牛犁化，运土石车子、轨道、溜槽化，工效成倍提高"[5]。昆明市西山区三家村水库"在施工工程上不断地反对右倾保守，开展群众性技术

---

① 中共云南省委技术革新指导委员会编：《农具改革经验汇集》，昆明：云南人民出版社1958年版，第2页。

② 《昆明市郊区水利规划草案》，1958年7月11日，昆明市档案馆，1-1-2085。

③ 《昆明市水利工程委员会关于当前水利工作情况的报告》，1959年2月，昆明市档案馆，1-1-2250。

④ 昆明市水利局松花坝水库志编纂领导小组编：《昆明市松花坝水库志》，昆明：云南科技出版社1996年版。

⑤ 宜良县水利电力局水志办、宜良县英雄大沟灌溉管理所编：《宜良县英雄大沟志》（内部未刊稿），第4页。

革新，如已制造了绳索牵引、牛犁、爆破等”[①]。车木河水库主要抓住运土和取土两个环节进行工具改革，“石头硬土用爆破，平地软土用牛犁，提高了效率，一架牛犁土，可供45人运一天。运土方面，陡坡用括板，平地用推车，沟内用滑梯、撑杆、梭槽。其中，民工最喜欢用的是滑梯，工效高，制造简单，方便省力”[②]。这种建立在经验、激情和原有工具基础上的改革虽然不可能达到机械化水平的高效率，但在当时的国情和昆明的市情下，对提高工效、完成任务具有举足轻重的作用。一位曾在昆明梁王寨水库参加义务劳动的省级机关人员说：“这次劳动，改变了我过去盲目崇拜专家的思想，意识到真正懂得生产知识的是劳动人民。”[③] 在这场农田水利建设中，改革工具的群众性浪潮正如前文所指出的那样，一方面是由于当时过高的水利修建规划和现有的落后工具之间的矛盾；另一方面是由于在之前的反右派斗争中，很多知识分子被打成右派并下放劳动让其向广大农民学习，这无疑在那个年代里激发了群众打破迷信进行工具改革的热情。我们不能否定在工具改革过程中，受当时社会大潮影响存在一些不切实际的做法，但这种想迫切改变农村落后面貌、消除旱涝灾害的群众激情是值得尊重的，而在这个过程中积极开展评比竞赛也成为提高工效的有效方法。

（四）开展评比竞赛

毛泽东在《工作方法六十条（草案）》中提出，“如何评比？省和省比，市和市比，县和县比，社和社比，厂和厂比，矿和矿比，工地和工地比”，“鼓励互相竞赛”。《人民日报》社论号召，“如果在农业社与农业社之间，乡与乡，县与县，甚至在更大的地区之间，都能开展革命的工作竞赛，定期拿出成绩来评比，看谁的工作做得又多又快又好又省，那么农业战线就一定能得到更大的胜利”[④]。在当时的语境下，评比竞赛不仅仅局限于以上场域，也被用于同一团体或同一工地的同一劳动行为之间，目的是激发人民群众的积

---

① 《昆明市西山区三家村水库工作总结》，1959年11月20日，昆明市档案馆，26-1-1288。

② 《关于车木河水库大沟开展高工效运动的通报》，1959年12月27日，昆明市档案馆，26-1-1286。

③ 《梁王寨水库工程省级机关义务劳动大队》，1958年6月25日，昆明市档案馆，26-1-1269。

④ 《评比是个好办法》，《人民日报》1958年1月15日。

极性，实现生产战线的“大跃进”，为“赶英超美”服务。在全国广大的农田水利建设工地上，评比竞赛已经成为广大民工施工劳动的重要组成部分，也成为通过激发人的主观积极性提高工效的方法。在全国“一盘棋”方针指引下，昆明各农田水利工地的评比竞赛活动伴随着“大跃进”浪潮不断升温。

例如，昆明松花坝水库工地在开展评比竞赛中，除组织“流动红旗竞赛、定期进行评比之外，工区还召开了第一期工程首次评比领奖大会，以表扬先进，树立旗帜”①。这样也使群众的生产积极性得到尽可能的发挥。金殿水库工地的评比竞赛是“在各大队的内部中，个人之间、小组之间，以及中队之间互相展开，比干劲、比智慧”②。为进一步提高工效，昆明市水利工程委员会在 1958 年底进一步提出“各大中型水库之间开展红白旗竞赛，由市组织每半月评比一次。小型水库由区组织，各水库亦需开展竞赛”③。在随后召开的水库评比会议中，经过交流和评比，“富民县拖担、罗免、西山区三家村三座水库工作的全面开展较好，较显著，工效较高，评为先进水库，插上了红旗”④。在评比竞赛中，安宁车木河水库工地较为典型，实行评比红旗竞赛，“起初是以完成任务为中心开展互相检查评比，七天一大评，一天一小评，后阶段分成各项评比，五天一大比，其中任务大评共 15 次。工区评过三次模范，共发了奖状 250 个，红花 250 朵，口缸 123 件，毛巾 259 块”。经过评比红旗竞赛，“从开工到现在为止，发的集体奖和流动红旗数如下：流动大红旗两面、五项评比小红旗五面、其他小红旗八面，奖回家过光荣年的大红旗三面、筑坝先锋大红旗两面、发锦旗十一只”⑤。综上我们可以发现，评比竞赛的精神奖励要远大于物质激励，这与当时发扬的社会主义集体协作、大公无私奉献精神相一致。因此，评比竞赛是“大跃进”时期为相互赶超目标和超额完成计划指标而被广泛推广运用的一种通过精神激励方法挖掘个人潜力进而提高生产积极性和劳动热情的方式。这与当时的社会背景和国家体制有关，

① 《松花坝水库工区前一阶段工作小结及当前存在的问题》，1958 年 5 月 21 日，昆明市档案馆，26-1-1265。

② 《关于水库工地管理和政治思想工作的初步总结》，1958 年 4 月 15 日，昆明市档案馆，1-1-2085。

③ 《水利工作简报》，1958 年 12 月 15 日，昆明市档案馆，23-1-860。

④ 《关于召开水库评比会议的综合报告》，1959 年 1 月，昆明市档案馆，26-1-1286。

⑤ 《安宁区车木河水库工程工作总结》，1959 年 5 月 26 日，昆明市档案馆，26-1-1289。

也与水利修建的主体民工对未来美好的农村社会憧憬有关，我们不能一味否定这一打上时代烙印的痕迹，毕竟这种方式承载着很多年轻民工为之奋斗的理想，也是特殊国情的反映。

三、昆明农田水利建设工效运动评析

任何历史事件的发生发展都具有自身的规律性、场域性和两面性，我们不能用当下人的思维认识分析已经不属于现有语境下的历史事件，更不能在评析历史事件的过程中带有过度的政治性、主观随意性。因此，下面让我们尽可能地在当时的历史大潮和地域特殊性背景下对这场运动进行简要的评析。

（一）这场运动是在“左”的思想干扰之下进行的，存在诸多问题

在“苦战三年、实现水利化”的号召和不符合实际的指标下，为了完成水利规划任务，云南省委和昆明市委制定了高工效的标准：“规定一上阵就要达到六方以上，因此，在民工上去以后，必须立即抓紧提高工效这个重要环节。”① 为此，很多民工牺牲休息时间通过高强度的劳动节奏提高工效。比如，松花坝水库在1958年5月第二期工程开工后，号召“从5月20日到6月10日，苦战20天，每日坚持生产14小时”②。又如，“西白沙河省级机关第四大队为了保证按期完成坝高任务，坚持劳动18小时不下工地”③。

为提高工效，很多工地忽视了对民工生活的关心，如“老鸦关水库民工的工棚没有门，工棚两头通大洞，睡觉很冷。清洁卫生也没有搞好，有些民工因日久没洗衣服、被子，因而生虫子，没有开水喝。上村阱水库民工反映，干了一年衣服破了换不下来洗，长时间没有放假”④。工地上用土石爆破代替

---

① 《水利工作简报》，1958年12月15日，昆明市档案馆，23-1-860。

② 《松花坝水库工区前一阶段工作小结及当前存在的问题》，1958年5月21日，昆明市档案馆，26-1-1265。

③ 《昆明市委关于城市对农村支援情况报告》，1958年3月31日，昆明市档案馆，26-1-2962。

④ 《水利工作简报》，1958年12月15日，昆明市档案馆，23-1-860。

人工刨、挖等也被认为是提高工效的方法，但在高强度、高速度下，由于安全教育不到位，出现了在施工爆破中民工被炸死炸伤的情况，如车木河水库工地在1959年“2月18日晚上七点左右，杨奉春在南上塘放炮炸土，在放炮前接电雷管线时，不慎把炮搞响了，将自己炸死”①。在提高工效过程中，一些社员的床板等被平调，牛车、马车上工地也不付报酬。水利工程上不去就强迫命令。以上诸多问题是在“左”的思想干扰下为完成不符合实际的计划指标提高工效时发生的，这对施工民工的心理或多或少有一定程度的影响。有的工地还发生了民工怠工等行为，在很大程度上制约了水利工程的施工进度和工程质量。

（二）在一定程度上激发了群众的创造性，树立了一批典型，培养了一批技术人员

历史不仅是政治史、经济史、宏观叙述史，也是底层百姓史、人民大众史、个体人物史，因为所有历史都是由一个个个体创造并融合在一起的，只不过每个个体在历史的进程中作用不同而已。民工作为农田水利建设的行为主体，被组织动员起来之后，在农田水利建设中发挥了主动性和创造性，尽可能地提高工效以推进工程进度。在这个过程中，他们的技能也得到了提高，产生了一批技术人员。

在农田水利建设工地上，在指挥部的直接领导下，广大民工破除迷信，将传统经验与简易的现代技术相结合，创造了诸多水利工具。例如，宝象河水库工地施工群众充分发挥聪明才智，“铺设轻便铁轨8000米，设铁斗车104张。用75架耕牛犁土，250辆马车运土，制作石夯68个，羊角碾6个，木轮手推车2209辆，架设运土飞兜8架，排水木渡槽485米”②。除此之外，树立先进典型也被认为可以激发人们的干劲，以及人们比、学、赶、帮、超的热情，有利于群众发挥创造性。如金殿水库工区共“涌现了429名模范个人，

---

① 《车木河水库工区指挥部关于工地伤亡事故报告书》，1959年2月20日，昆明市档案馆，23-1-1038。

② 昆明市水利志编纂委员会：《昆明市水利志》，昆明：云南人民出版社1997年版，第237页。

21个先进集体单位”[①]。松花坝水库工区在第一期工程会战中共涌现先进小组4个、先进生产者55人。在提高工效的过程中，很多施工群众积极进行技术学习、改良工具等，逐渐成为工地上的技术人员。据统计，“通过兴修水利，培养了大批技术队伍，仅松花坝、车木河、沙井三个水库就培养技术人员1456人”[②]。我们不能否认很多时候群众的创造性受到时代条件的限制，但在当时全民“跃进”背景下，那些奋战在农田水利建设战线上的民工迸发出了无限的激情和创造革新精神，他们以先进典型为榜样，努力将旧有的经验和现有的技术相结合，有些民工也由此成为具有一定水准的技术人员。

（三）提高了施工工效，加快了工程进度

工效高低对于工程进度有着重要的意义。当时，昆明的农村机械化水平非常低，在“跃进”指标下，为按时完成任务，提高工效成为关键措施之一。在昆明市委领导下，通过迅速有效动员群众，充分发挥水利建设民工的积极性，采用前文论及的提高工效的相关措施，在一定程度上提高了施工工效，推进了工程进度。

如金殿水库工地刚开始“平均每人只是完成一立方”，工程进度较慢，通过政治挂帅和工具改革，工效显著提高，“平均每人达到2.3立方”[③]。而“松花坝水库批判右倾保守思想后，抓紧发动群众，改革工具，工效显著提高，每日上坝土方由1000多方跃进到5000多方，按工地总人数平均每人完成1.2个土石方。拖担水库依靠群众克服困难，水冲坝已试验成功，每人平均完成5.3土石方。水箐水库实现了畜力化、车子化，削减人挖人挑，平均工效1.6个土石方”[④]。车木河水库大沟在工程开工后，通过开展高工效运动，“平均工效由11月底的2.5方提高到9.22方（按土方工计算）。12个中队，

① 《关于水库工地管理和政治思想工作的初步总结》，1958年4月15日，昆明市档案馆，1-1-2085。

② 厉忠教主编：《“大跃进”运动》（昆明卷），昆明：云南民族出版社2006年版，第49页。

③ 《关于水库工地管理和政治思想工作的初步总结》，1958年4月15日，昆明市档案馆，1-1-2085。

④ 《水利工作简报》，1959年2月6日，昆明市档案馆，26-1-1292。

有7个中队已达到10方以上”[①]。当然，这种施工工效的提高是相对于较低的农村生产力水平来说的，是群众经验和主观能动性的进一步发挥，与通过广泛应用机械化操作提高施工工效是不一样的。

（四）成为农田水利建设成绩取得的重要助推力

在机械化水平很低的情况下，这种群众性的提高工效运动也在一定程度上推动了农田水利建设的进度，使其成为昆明农田水利建设成绩取得的重要助推力之一。昆明在1960年底总结“大跃进”近三年水利建设时指出：“由于加强了党的领导，坚持政治挂帅，大搞群众运动，大搞技术革命和技术革新，水利建设飞跃发展，三年来取得了伟大成就。全市已建成和已动工兴建的水利工程有大中型水库48座，小型水库、坝塘4047个，设计库容342990000立方米，比1957年以前全部历史所修水利9995万立方米增加了2.43倍。”[②]

当年曾参与修建安宁车木河水库的一位民工说：“那时候条件艰苦，不像现在基本都机械化了，我们当时年轻有激情，听党的话，搞那个提高工效运动就是把原先的农具修改一下，工地上有一些发明创造，有插红旗拔白旗的评比竞赛，我们多投入时间，干活时多卖点力气，工效不就提高了嘛，工程的进度肯定也就加快了。你们年轻人不知道那时的艰苦，但是我们没什么怨言，大家都想过好日子嘛，当时苦点累点但对后代有好处呀。”[③] 老人的话多么朴实，当年，他们怀着青春的激情和对美好生活的向往，在缺乏大型机械、主要靠简单农具的情况下，为改变长期薄弱的农田水利基础设施，只能依靠充分发挥主观能动性和劳动积极性，尽可能提高工效以加快农田水利建设。

四、结语

1957年底掀起的农田水利建设高潮，可以说是进入社会主义社会之后国

---

① 《关于车木河水库大沟开展高工效运动的通报》，1959年12月27日，昆明市档案馆，26-1-1286。

② 《昆明市三年水利建设基本总结》，1960年12月，昆明市档案馆，26-1-1267。

③ 根据笔者2009年3月19日采访安宁市车木河村村民王某某的谈话记录整理。

家主导下的第一次大规模农村经济建设运动，伴随着“大跃进”一直持续到1960年。而在这场运动中开展的提高工效运动虽带有时代烙印，但对于推动农田水利建设、减轻施工民工的劳动负担无疑起到了一定的积极作用。昆明地处祖国西南，这里的农田水利基础设施因历史上经济技术的长期落后十分薄弱。1957年底开始的农田水利建设，让昆明充分抓住时机，在积极响应国家号召下，制定了“跃进”式的水利指标，通过已形成的“集权式乡村动员体制”，在农村生产力水平较低的情况下，通过政治挂帅、工具改革、关心民工生活、开展评比竞赛等在农田水利建设中广泛开展提高工效运动，充分发挥群众的主动性和创造性，使农田水利建设取得了巨大成绩。当然，因时代特殊，在这场提高工效运动中也存在“左”的一些不切实际的做法等，但我们在阐述具体历史事件时应该将其放在当时的社会大背景下，放在不同的地域环境下，对事件的具体参与者及其最终取得的实效进行客观分析评述，不能因政策的失误否定执行时地域差异取得的相关成绩，也不能因政策的正确忽视执行时地域不同带来的一些问题等。总之，通过本文分析我们可以得出结论：“大跃进”时期，昆明因特殊的自然和社会环境，在这场农田水利建设提高工效运动中取得的成绩是主要的，失误是次要的，在当时的条件下，这场运动点燃了广大农村民众对新生活的激情，承载着他们那一代的青春梦想。

（原文发表在《学术探索》2019年第8期）

昆明农田水利建设评析（1957—1960年）

从1957年冬季开始，全国各地相继掀起了农田水利建设高潮，一直持续到“大跃进”结束。在此背景下，昆明的农田水利建设也逐步展开并取得了巨大的成绩。目前，史学界对这段时期地方进行的农田水利建设分析研究较少，许多问题仍存在争议。在规避争议的基础上，通过对昆明农田水利建设“大跃进”进行简要的评析，可以更好地总结教训、得出经验，为当今的现代化建设服务。1957年9月24日，中共中央、国务院发布《关于今冬明春大规模地开展兴修农田水利和积肥运动的决定》。在此决定指导下，全国各地掀起了农田水利建设高潮，并持续三年，其间取得了巨大的成绩。以下笔者对昆明在这段时期的农田水利建设做一评析，以求客观地透视这段水利建设史。

一、昆明农田水利建设的成绩

长期以来，在旱涝灾害频发的区域，农田水利可以说是农业发展之本、粮食增产之源，也是农民增收的保障。它不仅关系到广大人民群众的切身利益，也是当地经济发展和社会稳定的保证。昆明地处我国西南，降水量分布不均，旱涝极易形成，再加上山多地少，岩溶区分布较大，工农业用水相对困难，农田水利建设尤为重要。“大跃进”三年，在昆明市委、市政府的领导下，各区县坚持贯彻大修农田水利的方针，在农田水利建设中加强党的领导和政治挂帅，依靠群众，克服困难，广泛开展工具革新运动，加上各行各业的大力支援，这一时期的农田水利建设取得了伟大成绩。

“大跃进”期间，昆明在“书记挂帅、全党动手、全民动员、大办水利”

的号召下，成立了领导农田水利建设的水利工程委员会。广大农民群众打破城乡界限，无论是受益区还是非受益区，都相互支援、相互协作。在当时物质和技术相对匮乏、生活艰苦的条件下，他们不顾疲惫，不计较个人得失，甚至有人为农田水利建设付出了宝贵的生命，他们的精神永远值得我们学习。各级领导干部大都深入水利建设工地，亲自指挥，亲自劳动，带头与民工同吃、同住。城市各单位职工、广大解放军指战员等也定期投入支援水利建设高潮，为昆明农田水利建设做出了杰出的贡献。在城乡互助、工农联盟、军民团结的联合作战下，建成了以驻昆解放军为主力兴修的解放军水库，即现在的明朗水库；以省级单位和中央驻昆单位职工为主力修建的西北沙河水库；以当时海口片区厂矿工人为主力兴修的工农联盟水库，即现在的三汁箐水库；以市级机关干部及财贸系统的职工为主力修建的金殿水库。松华坝水库则是昆明工、农、商、学、兵共同合作的结果，水库当时设计总蓄水量为6640万立方米，可供10万亩的农田灌溉，水库建成后即投入使用并发挥效益。现如今，松华坝水库已成为昆明工农业和生活用水的主要来源。其间，各县区根据本地情况修建了一批引水工程，如宜良的英雄大沟，禄劝的运昌大沟、互助大沟和联合大沟，安宁的螳螂大沟、温青大沟，等等。据原昆明市农林局1960年12月统计，“全市已建成和已动工兴建的水利工程有大中型水库48座，小型水库、坝塘4047个，设计库容3.4299亿立方米，比1957年以前全部历史所修水利9995万立方米增加了2.43倍，新增大中型水干渠17条，全长412公里，新增抽水机165台，累计完成土石方2820万立方米，用去劳动日1851万个。总计全部蓄水能力4.4294亿立方米，机械提水7710立方米，长流水3999万立方米，合计5.6亿立方米；建成小型电站64个，装机容量1312瓦。全部水利设施按设计能力，每亩以用水600立方米计算，可灌溉93万亩，占耕地面积97万亩的95%，除未完工部分蓄水1.2亿立方米外，已完成蓄水工程3.2294亿立方米，今年实际蓄水1.8亿立方米”[①]。另据1997年出版的由昆明市水利志编纂委员会所编的《昆明市水利志》统计：“这次水利建设高潮以修建蓄水工程为主，经过三年努力，共建成中型水库9座，总计控制流域面积1281.8平方公里，设计总库容23061万立方米，兴利库容1.9

---

① 《昆明市三年水利建设基本总结》，1960年12月，昆明市档案馆，26-1-1267。

亿立方米，设计灌溉面积 36.86 万亩，实灌 23.85 万亩。同时建成小（一）型水库 23 座，小（二）型水库 338 座，形成了昆明市以蓄水为主的水利工程基本格局。"[①] 同时，在昆明农田水利建设中，锻炼和培养了一批水利技术人才，他们在农田水利实践中得到锻炼，并成长起来，成为以后农田水利建设的主力军。可以看出，"大跃进"三年间，昆明农田水利建设取得巨大成绩，而这一成绩是在党的领导下，广大人民群众克服恶劣地质条件和相对困乏的物质技术基础所取得的，许多大中型水利工程至今仍发挥着重要作用。

二、效用考察

从 1957 年底开始，昆明各区县通过广泛发动民众兴修农田水利，修建了许多大中小型的水库、水渠、抽水站、坝塘等，田间水利配套设施逐步完善，耕地有效灌溉面积逐年扩大，逐渐改变了传统农业靠天发展的不利因素。据统计，"1952 年全市有效灌溉面积 561591 亩，占耕地面积的 28.8%；旱涝保收面积 549661 亩，占耕地面积的 22.6%；1957 年这一比例分别是 28.6% 和 25.2%；而 1962 年分别上升到 32.8% 和 32.4%"。而另一份资料显示，"昆明市水浇地面积由 1957 年的 100402 亩上升到 1960 年的 195633 亩"[②]。可以看出，经过三年的农田水利建设，昆明市耕地的水利化程度不断提高，为农业发展和抵御水旱灾害提供了坚实的水利保障。

时至今日，"大跃进"期间修建的水利工程大部分经过整修和扩建仍发挥着巨大的作用，成为当地农业用水和生活用水的主要来源。仅以松华坝水库为例，当年修建该水库的出发点是防洪和灌溉，但经过 40 多年的整修和扩建，现在的松华坝水库是昆明市区生产和生活用水的主要来源之一，对昆明市的经济发展起到了不可替代的作用。正如当时参加修建该水库的张国宝老人所说，"现在水库建好了，我们不愁吃水和耕地灌溉用水，而且现在该水库成为昆明市最大的水库之一，不仅没有受到污染，反而是市区生产生活用水

① 昆明市水利志编纂委员会：《昆明市水利志》，昆明：云南人民出版社 1997 年版，第 135 页。
② 昆明市水利志编纂委员会：《昆明市水利志》，昆明：云南人民出版社 1997 年版，第 72 页。

的主要水源，想想当初为修建这座水库我们吃不饱睡不好，肩背担挑，起早贪黑地劳动，虽然当时感到苦，但今天还是觉得当时毛主席领导的修农田水利是明智和有远见的”①。总的来看，当时修建农田水利虽然因为各种因素存在一定的问题和缺点，但是在以后的农业发展、生活用水和抵御旱涝灾害上起到了巨大的作用，其作用一直影响到今天。

三、几点教训

在全国农田水利建设高潮影响下以及“大跃进”的推动下，昆明农田水利建设在取得巨大成绩的同时留下了许多值得反思的教训。这些教训大体归结为以下三点。

（一）计划指标过高，难以实现

制定计划指标应与本地的具体实际相结合，不应求大、求快、求多，否则会得不偿失。在全国农田水利建设高潮以及“大跃进”推动下，1957年11月，昆明市提出“在全市范围内要掀起一个兴修水利的高潮，计划兴建宝象河、杨清河、西北沙河、杨兴庄、月子庄、长坡等六个中型水库，增灌和改善农田114800多亩，发动农民兴修小型水利增灌37千亩，这样全市三分之二以上的田地都可以得到灌溉”②。1958年初，昆明市又提出“将努力争取在今明两年内实现水利化。今年昆明市兴修整修水利工程近6000件，灌溉面积达30万亩，比第一个五年计划全市兴修的水利多了两倍多，这就使得75%的田地得到灌溉。明年继续增修，确保90%的田地得到灌溉，这样雷响田变成了保水田，旱地变成水田或水浇地，基本消灭旱涝之害”③。指标之高，摊子之大，时间之短，严重脱离了昆明的具体实际情况，违背了水利建设的客观规律，导致一些水利工程只讲数量、速度和规模，忽视质量，建成即报废，

① 根据笔者2009年3月24日采访昆明市盘龙区上坝村村民张国宝老人谈话记录整理。

② 《市委关于大力支援兴修农田水利的通知》，1957年11月11日，昆明市档案馆，1-6-27。

③ 《苦战三年，根本改变郊区面貌，昆明粮食产量明年达到九百斤》，《云南日报》1958年2月23日。

极大地浪费了有限的资源，教训是深刻的。

（二）许多上马的水利工程缺乏科学规划

在高指标的压力下，一些领导干部缺乏负责的态度，没有搞好实地调查，致使许多水利工程缺乏科学的规划，对坝址的选择很草率。例如，金殿水库，在设计时为节省开挖的土方，坝址往下移了 20 多米，其南侧为白云质灰岩和砂岩的接触地带，非常容易形成漏水的地下通道，坝底渗水也十分严重，所以建成后蓄水能力很低。现如今等干旱来时，该水库几乎没有水，起不到抗旱的作用，只起到防洪的作用。又如，翠峰水库是在一个村的党支部副书记带领下用两昼夜突击完成的。这样只求规模大、速度快、完成指标任务，而缺乏具体的科学规划的做法，极易造成工程质量问题，在以后的工程建设中应引以为戒。

（三）一些做法严重地损害了群众利益

在大规模兴修农田水利建设的过程中，由于缺乏调查研究，认为农田水利建设是农民自己的事情，应该由农民自己办，国家只需要帮助一点就行了。许多中小型水利工程根据“谁受益、谁负担”的原则，所需资金几乎是由受益区的农民集资的，兴建中的社与社之间的借工还工、借分还分、借钱还钱原则很难遵守。许多上阵劳力自带工具和口粮，打破区域限制，各地进行无报酬的相互支援和协作，有的工地平调了社员的床板、门板以及公社的马车、牛车等。在高指标压力下，一些领导干部违法乱纪的现象时有发生。上述做法无疑加重了农民的负担，损害了群众的利益，很容易导致干群关系的对立，挫伤了农民参与修建农田水利的积极性。

四、经验总结

“大跃进”三年，昆明农田水利建设取得了空前的成就，也留给我们许多宝贵的经验。笔者认为，经验主要有以下三点：首先，坚持党的领导和走群众路线。昆明在农田水利建设过程中，始终坚持政治挂帅，充分发挥各级党组织和党员的模范带头作用，积极走群众路线，创造各种各样的条件以发挥群众的积极性和创造性。在市委下达的文件中，要求各水利建设工地必须“坚决在党的领导下进行工作，坚决贯彻执行党组织的决议和指示；走群众路线，树立相信群众、依靠群众的观点，有事和群众商量，做到领导、技术、群众三结合”①。只有坚持党的领导和走群众路线才能提高党的威信，改变干部的工作作风，锻炼培养大批干部，从而密切与群众的联系，进一步巩固工农联盟，可以说党的领导和群众路线是农田水利建设顺利进行的保障。其次，加强思想政治工作。思想政治工作是一切工作的生命线，是统一行动、完成目标的思想保证。在昆明农田水利建设过程中，各区县的水利工地始终加强群众的思想政治工作，根据形势发展及时分析把握施工群众的思想倾向，并不断地开展政治学习活动和群众性辩论，以提高广大群众兴修水利的思想觉悟，激发他们劳动的积极性和热情，进而统一思想认识和行动的步伐，确保工程顺利完成。可以说，在党和政府的领导下，通过加强群众的思想政治工作，为这期间的农田水利建设顺利进行奠定了思想基础。最后，广大人民群众积极参与和广泛开展工具革新运动。农民一直是农田水利建设的主力军，在1957年冬季开始的全国农田水利建设高潮中，经过各级党组织的广泛动员，逐步形成了以农民为主体，工、学、商、兵等各条战线积极参与的水利建设大军。1957年10月，中共昆明市委号召集中全市人力、物力支援农田水利建设，要求各机关、学校、团体等除老、弱、病、残外都要参加兴修水利的义务劳动。这些参与修建农田水利的广大群众，热情高涨，不怕艰苦，默默无闻地奉献，正是在他们的参与下昆明的农田水利建设才取得了骄人的成

---

① 《昆明市水利工程委员会通告》，1958年12月25日，昆明市档案馆，1-1-2085。

绩。在农田水利建设过程中，广大人民群众积极发挥主观能动性和创造性，许多水利工地开展了工具革新运动，人人干劲冲天，苦干、巧干、硬干相结合，通过自造拉耙、推车、地车、飞车等新工具，改进或修理工具使其提高功效，许多工地实现了车子轴承化、运土车子化、石头爆破化等，大大提高了工作效率，加快了工程进度，也因此培养了一批技术人才。当然，昆明农田水利建设在“大跃进”期间取得的经验远不止这些，但毋庸置疑，这些宝贵经验将作为十分珍贵的精神财富留给后人。

总结过去，展望将来，通过考察分析昆明在“大跃进”期间的农田水利建设工作，我们可以得到以下几点启示：

首先，政府应长期重视农田水利建设，并坚持搞下去。这样做可以从根本上改善昆明的农业生产条件，提高农业抵御旱涝灾害的能力，也可以为工农业用水和居民饮用水提供水源，意义是重大的。

其次，应实事求是，遵循事物发展的客观规律，充分发挥科学技术的作用。以后的昆明农田水利建设应根据本地的实际情况制定符合客观规律的计划指标，本着量力而行、符合实际的原则，通过全面规划、科学勘测、科学设计、科学施工，确保施工进度和工程质量。

最后，在农田水利建设中既要依靠和发动群众，又要坚持“以人为本”。广大群众尤其是农民，是农田水利建设的主体和直接受益者，我们应该做到利为民所谋，去发动和利用这些劳动资源，在积极走群众路线、发扬自力更生精神的基础上，主动关心施工群众的生活，积极改善施工群众的居住和施工条件，确保施工安全，做到权为民所用、情为民所系。

五、结语

目前，昆明的水利工程大多是“大跃进”期间兴建的。长期以来，它们在为本地抵御旱涝灾害、改善农业生产条件、提供居民饮用水等方面发挥了重要作用。但是，农田水利建设对政府的依赖性比较强，如果国家政策变动或资金不到位则会影响水利建设的发展。改革开放以来，随着集体经济的逐步解体，一方面，毛泽东时代的农田水利建设为农业发展奠定了良好的水源基础；另一方面，大规模的农田水利建设因单干逐渐陷入停滞，不利于农村经济的长远发展。50多年来，昆明在“大跃进”期间修建的农田水利设施虽然很多至今仍发挥着重要作用，但因年代久远，缺乏维护整修，一些水库达不到蓄水要求，一些渠道淤塞严重，长期无人问津，从长远看将会严重制约当地农业的发展。所以，在以后的社会主义新农村建设中，我们应当加大对农田水利建设的投入和兴建力度，以确保农业稳定发展。

（原文发表在《农业考古》2012年第1期）

昆明农田水利建设中的移民和伤亡抚恤问题（1957—1960年）

1957年9月24日，《关于今冬明春大规模地开展兴修农田水利和积肥运动的决定》指出，积极广泛地兴修农田水利是扩大农业生产、提高单位产量、防治旱涝灾害最有效的一项根本措施。10月25日，中共中央发布《1956年到1967年全国农业发展纲要（修正草案）》，制定了全国水利建设的十二年远景规划。在这两个文件指导下，各级政府组织领导广大群众掀起了兴修农田水利的高潮。在农田水利建设中，移民和伤亡是当时政府最关心和最重视的问题，目前学界对这方面分析研究很少。下面笔者就以云南省昆明市为个案，对此略做分析。

一、移民安置

在兴修以水库为主的农田水利建设过程中，难免会遇到淹没房屋、耕地等问题，这就涉及移民搬迁的处理问题。“大跃进”期间，昆明市政府把主要精力放在如何搞好农田水利建设、如何推进全市各行各业“大跃进”上。移民搬迁工作的具体安排由当地的公社负责，它们对这些移民主要采取分散安置在邻近村落的方式，只负责安排暂不赔偿，所以移民中有些人因不满或不适应而自行投靠亲戚朋友，有的去附近山上砍些茅草盖几间简陋的草房暂且住着。据安宁市车木河村的陈生老人回忆：“当时修水库，开始搬迁时，政府没有给我们补贴，说实在的，我们并不想搬，不搬吧，在当时就是落后分子，水库修好后我们村也就被淹没了。如果搬，我们祖祖辈辈生活在这里，到新环境不适应，再加上当时政府不给赔偿，真的左右为难。最后我们还是搬了，一些人搬到山上砍些茅草盖几间草房先住着，另一些人投靠亲友或到别的村庄租房子住，说心里话，我们是不情愿搬迁的。”① 另据盘龙区上坝村的张国折老人回忆：“修松华坝水库时，原先居住在库底的群众被疏散到附近的几个村子中，村里帮助安排房屋和土地，不过这些房子大多是不能住的土房子，地也是比较贫瘠的，这在当时已经不错了。搬迁时大家虽非自愿，但没有闹事的，只是以后生活有些困难写过信向上级反映情况。”② 两位老人的回忆是符合当时情况的。“大跃进”以后，随着国家经济的调整和好转，昆明市政府从1961年开始处理遗留下来的移民搬迁问题，主要是根据修水利时拆毁房屋的间数给予搬迁移民赔偿，其他如家具、生活用品等不做补偿，这项工作断断续续一直到20世纪80年代中期才完成。

据1963年统计，昆明市在“大跃进”期间的农田水利建设中，移民搬迁涉及当时所辖的六个区县，其中，“晋宁应迁383户1448人，拆毁房屋1389间；安宁应迁266户1186人，拆毁房屋888间；富民应迁67户244人，拆毁房屋264间；西山区应迁52户220人，拆毁房屋287.5间；官渡区应迁226户1070人，拆毁房屋625.5间；呈贡应迁28户204人，拆毁房屋86间。总计应迁1022户4412人，拆毁房屋3540间”（1962年呈贡从晋宁分出设呈贡区，1965年改为呈贡县，归昆明市管辖——笔者注）。③ 由上可知，因修农田水利，拆毁房屋之多、搬迁人数之众、涉及面之广在昆明水利建设史上是罕见的。当然，上面的数据只是某一年所做的对“大跃进”三年因修农田水利应该搬迁的移民统计。随着移民工作的全面展开，需搬迁和解决移民的问题远远大于这些数据。当时，昆明市政府因“大跃进”造成的财政困难一时无法解决移民问题，致使这些移民在随后的生产生活中遇到了不少困难。1961年，水利电力部在总结当前水利工作的报告中指出：“一个水库的移民如果没有安置好，这个水库在政治上就不能认为已经巩固建成。今冬明春，甚至今后的两三年内，凡是有移民遗留问题的地区，应把处理移民问题列为水利工作中的重大政治任务。解决移民问题的标准是使他们在新村定居下来，并使

① 根据笔者2009年3月19日采访昆明市安宁市车木河村村民陈生谈话记录整理。

② 根据笔者2009年3月24日采访昆明市盘龙区上坝村村民张国折谈话记录整理。

③《昆明市1964—1965年水库移民计划表》，1963年6月4日，昆明市档案馆，24-1-612。

其生活与生产水平不低于迁移前的实际水平。”① 同年，昆明市政府根据上级有关文件的指示精神为解决移民搬迁问题做了具体部署，从因修水利而进行移民搬迁的县区抽调大量人员，到下面公社进行全面调查以摸清移民户数、拆迁房屋间数，以此掌握需赔退的情况。昆明市政府根据调查的资料和自身的财政力量帮助各区县的移民进行逐年赔偿，赔偿主要侧重拆毁的房屋及建房所用的资金等。

“文化大革命”以前是昆明市处理移民搬迁的第一个阶段，1961—1963 年为这一阶段的前期，1964—1965 年为这一阶段的后期。前期主要解决急需处理的移民问题，当然并不彻底，有的不是全部赔退，而是只帮助解决暂时的生活居住困难。截止到 1963 年底，昆明市“已赔退安置 407 户 1165 人，建房、买房 1172.5 间，开支经费 477181 元，主要由省农林厅水利局拨给，其中公社自筹 1920 元，多数工程尚未解决”②。后期，1964 年初，云南省分配给昆明市 32.4 万元作为继续处理“大跃进”以来尚未安置的水库移民赔退问题。昆明市政府对该项经费做了统一分配，“安宁 129000 元，重点解决车木河、月子庄水库的移民；官渡 110000 元，彻底解决东白沙河已拆部分及松华坝、砂井水库的移民；西山 20000 元，彻底解决明朗水库的移民问题；呈贡 10000 元，主要解决松茂水库的移民问题”③。1964 年 4 月，水利电力部向国务院提交《关于认真制定水库移民安置规划　争取及早完成安置任务的报告》，指出，“安置移民应该从生产出发，妥善安置。应该根据国家的现实可能，解决移民的实际需要，达到帮助移民安家立业、恢复和发展生产的目的。保证移民有一定数量的房屋，建房应以节约适用为原则，一般应该按中等水平。为抓紧解决移民安置问题，从今年起将移民费统一纳入水利经费之内，应本着移民安置不好，就少搞基建的精神，尽先安置移民，以争取在两三年内分期分批地完成移民安置工作”④。该报告经国务院批准下达各地，有力地

① 中共中央文献研究室编：《新中国成立以来重要文献选编》（第十四册），北京：中央文献出版社 1997 年版，第 864 页。

② 昆明市水利志编纂委员会：《昆明市水利志》，昆明：云南人民出版社 1997 年版，第 214 页。

③ 《关于下达 1964 年水库移民建房经费指标及有关注意的几个问题》，1964 年 2 月 20 日，昆明市档案馆，24-1-612。

④ 《关于认真制定水库移民安置规划　争取及早完成安置任务的报告》，1964 年 4 月 24 日，昆明市档案馆，26-1-1418。

推动了移民工作的进程。据统计，1964年，昆明市共“解决231户，尚待解决的有560户”①。1965年，云南省又下拨给昆明市移民经费14万元，昆明市根据实际情况对这些经费做了妥善安排。截至1965年8月，昆明市移民“已妥善安置的有584户2769人，初步安置的有337户1441人，还有水库移民295户1447人没有得到安置”②。然而，已经安置的移民也没有完全定居下来，有的甚至迁出后又搬回库区居住，无疑给水库管理和移民搬迁工作增加了难度。为此，昆明市农林局在报给昆明市政府的文件中提出：“已经安置好的移民应办理手续，发给证件，以后人口增加，住房应自己解决，教育当地群众和移民加强团结，互助互济，同心协力搞好集体生产。”③ 到1966年初，昆明市为彻底解决移民搬迁问题，又下拨给“安宁车木河、月子庄水库6万元，富民花阱水库5万元，呈贡松茂水库13万元，晋宁大河、柴河、双龙、跃进等水库11万元”④。随着“文化大革命”的来临，在全国上下一心一意搞“革命”的大背景下，政府各项工作逐渐陷入停滞，遗留的移民问题也暂时告一段落。

党的十一届三中全会后，随着政治、经济体制改革逐步推进，各项方针政策得到落实。为解决改革开放前遗留的移民问题，云南省政府于1982年1月5日批转了云南省水利厅《关于处理已建成小（一）型以上水库移民迁安及水利建设中残废、死亡民工抚恤遗留问题的报告》，要求各级政府认真对待。昆明市政府积极响应，市、区、县为此成立了落实移民搬迁问题的领导小组，由专人负责。“具体工作中采取领导、知情人与移民迁安三结合的办法，逐户落实原有住房情况、过去已经处理的情况、目前遗留的问题，根据不同情况分别处理。通过三年的工作，全市共处理16件小（一）型以上水库1313户搬迁户的安置问题，原昆明市辖的6个郊县区1086户，修建房屋2323间，占原拆毁数的56%，共用去经费1351122元。”⑤ 经过3年的逐步落实，移民搬迁问题得以解决。虽然这次处理的移民搬迁遗留问题在时间上是从新

① 昆明市水利志编纂委员会：《昆明市水利志》，昆明：云南人民出版社1997年版，第214页。
② 《市农林局关于水库移民安置情况的报告》，1965年8月29日，昆明市档案馆，1-6-109。
③ 《市农林局关于水库移民安置情况的报告》，1965年8月29日，昆明市档案馆，1-6-109。
④ 《移民安置经费分配意见》，1966年3月10日，昆明市档案馆，26-1-1462。
⑤ 昆明市水利志编纂委员会：《昆明市水利志》，昆明：云南人民出版社1997年版，第215页。

中国成立后到改革开放前的 30 多年，但这些移民遗留问题大部分是“大跃进”期间修农田水利留下的。移民搬迁问题的解决密切了党与人民群众的关系，提高了我党在群众中的威信，也为以后的移民安置提供了经验和教训。

二、伤亡抚恤

在大规模的农田水利建设中，尽管昆明各地各级领导对水利建设工地上的安全问题十分重视，但限于技术条件和缺乏施工经验，伤亡事故还是频繁发生。仅从 1957 年 11 月 4 日到 1958 年 2 月 10 日就“先后发生工伤事故 18 起，死亡 4 人，受重伤 5 人，受轻伤 14 人，因生病死亡 4 人”①。另据昆明市水利工程委员会对 1958 年水利工地的安全事故统计，这一年“总计发生 13 件严重安全事故，死亡 18 人，分析事故的性质，土方倒塌导致 14 人死亡，最严重的砂井水库事故，造成 5 人死亡”②。而“1959 年 1—4 月发生工伤事故 12 起，死亡 10 人”③。在各区县因修建农田水利造成的伤亡事故中，伤亡人数最多的有以下几处工地：宜良县在修建英雄大沟时牺牲的同志有 33 人，伤残 100 多人。1958 年初上马的松华坝水库到 1959 年 8 月基本建成，初步统计“在建库过程中共伤残、死亡 78 人，其中因公死亡 14 人。由于劳动量大，上阵民工生活医疗条件差，在工地生病死亡的有 14 人，严重残疾 1 人，残疾 4 人，部分残疾 45 人”④。这些因工伤亡的人既有农民也有干部、官兵、学生。

为做好伤亡事故的处理工作，对于在工程建设中民工负伤致残导致生活困难的，昆明市委在 1958 年 2 月下达的文件中做了详细规定：“对这些人，如果符合五保条件的可由农业生产社给予五保待遇，不符合五保条件的可由当地农业生产合作社在生产、生活上给予适当的安排和照顾，经过照顾后他们的生活若再不能维持当地人民最低生活水平时，可由当地基层人民委员会

① 1958 年 2 月 15 日，《昆明市水利工程委员会通告》，昆明市档案馆，1-1-2085。

② 1959 年 1 月 20 日，《昆明市水利工程委员会关于加强劳动安全工作的通知》，昆明市档案馆，26-1-1276。

③ 昆明市水利志编纂委员会：《昆明市水利志》，昆明：云南人民出版社 1997 年版，第 210 页。

④ 昆明市水利局松华坝水库志编纂领导小组编：《昆明市松华坝水库志》，昆明：云南科技出版社 1996 年版，第 77 页。

从社会救济费内酌予救济。关于民工因工负伤致成残废要求安假肢的问题，我们的意见是为了便利他们参加劳动生产，可由原使用民工的工程单位或原使用民工的工程单位的上级主管部门出具证明介绍他们到附近的省民政部门所领导的假肢工厂安装假肢，其费用由原使用民工的工程单位负责支付。如原工程单位已经撤销，由原使用民工的工程单位的上级主管部门负责支付。”① 随着伤亡事故屡次发生，1958 年 6 月昆明市委下达了《关于兴修水利民工伤亡抚恤问题的通知》，要求各水利建设工地在“发生伤亡事故后，要根据具体情况，进行必要的慰问、追悼和抚恤。属于政府举办或民办公助的大、中型水利工程民工伤亡事故的，参照原政务院 1954 年 5 月 22 日批转内务部、劳动部关于经济建设工程民工伤亡抚恤问题的暂行规定精神，由水利工程单位给予抚恤，如原工程单位已经撤销，则由当地水利主管部门负责抚恤；按照规定，抚恤后，其家属生活有困难的，由农业社给予照顾，照顾后尚不能维持当地人民最低生活水平的，由政府酌情救济。属于群众自办小型水利工程民工伤亡事故的，可参照内务部 1954 年 3 月 6 日内优字第 87 号第二条第二项的精神，由农业社给予抚恤，若农业社基础薄弱，公益金少，无法解决的，再报请当地政府从救济事业费中酌情补助”②。该通知为农田水利建设中发生的伤亡事故抚恤问题提供了解决办法，当时各水利建设工地对伤亡事故的处理大都是根据该通知的指示精神进行的。但“由于当时施工单位经费有限，多数由施工单位解决棺木进行殓葬，有的发给 120 元的抚恤费，有不少未发抚恤费，伤者由施工单位及时送医疗单位救治，但伤愈回家后施工单位已撤销，丧失劳动能力情况未及时鉴定，基本上未发给伤残一次性补助费”③。这些问题因当时国家经济困难，再加上以后“文革”的影响，长期没有解决好，给这期间参加兴修农田水利因工伤亡的人员及其家属造成了生活上的困难。

改革开放后，随着各项政治经济政策的全面落实，云南省政府在 1982 年批转云南省水利厅《关于处理已建成小（一）型以上水库移民迁安及水利建设中残废、死亡民工抚恤遗留问题的报告》，要求彻底解决新中国成立以来在

---

① 《关于询及经济建设工程民工负伤致残抚恤后生活困难和安装假腿问题的复函》，1958 年 2 月 10 日，昆明市档案馆，23-1-869。

② 《关于兴修水利民工伤亡抚恤问题的通知》，1958 年 6 月 25 日，昆明市档案馆，23-1-857。

③ 昆明市水利志编纂委员会：《昆明市水利志》，昆明：云南人民出版社 1997 年版，第 211 页。

兴修水利中因公伤亡人员的抚恤问题。昆明市政府对此十分重视，要求各区县由水电、民政、财政等部门参加的领导小组负责处理此项工作。小组工作人员在当地乡、村的配合下，深入各水库管理所查阅档案，找当事人或知情人谈话，以落实伤亡、伤残人员的情况，包括伤亡人员名单、伤亡时间、伤亡地点、伤亡原因、当时抚养情况等。根据调查情况，在昆明市政府的指导下，各区县拨出专项资金对这些伤亡人员或其家属重新给予一次性的抚恤金和生活补助费。据统计，“全市自 1956 年以来在水利建设中伤亡致残人员共 1548 人，其中因工死亡 273 人，因病死亡 434 人。严重残疾、生活不能自理的 111 人，残疾后生活可以自理的 233 人，部分丧失劳动能力的 503 人，共开支抚恤费和生活补助费 334995 元”①。虽然这次处理的因修农田水利导致的伤亡抚恤问题是 1956 年以后 20 多年的遗留问题，但“1981 年前的伤残人员，绝大多数是在 1957—1960 年受伤的”②。到 1984 年，因“大跃进”期间修农田水利而遗留的伤亡抚恤问题全部解决，前后经过 20 多年。此项工作的圆满解决，密切了党和群众的关系，也体现了党和政府实事求是、为人民服务的精神。

（原文发表在《古今农业》2010 年第 2 期）

---

① 昆明市水利志编纂委员会：《昆明市水利志》，昆明：云南人民出版社 1997 年版，第 211 页。
② 昆明市水利志编纂委员会：《昆明市水利志》，昆明：云南人民出版社 1997 年版，第 211 页。

昆明地方政府在农田水利建设中的作用（1957—1960年）

新中国成立后，传统水利修建的范式被打破，政府从介入到主导引领着农田水利事业的发展。集体化时期，全国各地相继掀起了农田水利建设高潮，地方政府在这场运动中发挥了重要作用。如昆明市委、市政府，通过成立相关组织机构、开展舆论宣传和加强群众思想教育等方式，组织动员广大群众参与农田水利建设。在资金筹集上，昆明本着因地制宜和实事求是的精神，坚持“谁受益谁负担”的原则，采取借款、集资、捐献等办法，很好地调动了群众的积极性、参与性，一定程度上减轻了国家的财政负担。在物资供应上，昆明努力拓宽物资供应渠道，并在条件允许的范围内尽最大努力做好民工的生活保障工作。

一、组织动员

长期以来，组织动员是中国共产党的优势。毛泽东同志曾指出：“动员军民的问题，实在太重要了。我们之所以不惜反反复复地说到这一点，实在是没有这一点就没有胜利，没有许多别的必要的东西固然也没有胜利，然而这是胜利的最基本条件。”① 在长期的革命实践中，组织动员作为我党的一种行动策略和方法不断趋于成熟与完善，最终获得全国各界最广泛的支持，建立了人民民主政权。新中国成立后，中国共产党在经济建设中充分运用组织动

① 毛泽东：《毛泽东选集》（第二卷），北京：人民出版社 1991 年版，第 513 页。

员的方式，发动广大群众参与，取得了良好成绩。笔者认为，“大跃进”运动实际上是在国际、国内因素影响下，我党凭借国家的政治权威，为改变我国贫穷落后的面貌，组织动员最广泛的人民群众参加，以此调动全国各界的积极性、参与性，进而推动社会主义现代化进程的一种尝试。在揭开“大跃进”序幕的农田水利建设中，各级政府将我党在组织动员群众上的优势发挥得淋漓尽致。昆明市政府主要通过成立相关组织机构、开展舆论宣传和加强群众思想教育等方式，组织动员广大群众参与农田水利建设。下面对此略做介绍。

首先，成立组织机构加强领导。在中国共产党的历史上，每一场大的运动到来之际都要成立相关的组织机构加以领导，整风运动、镇压反革命运动、爱国卫生运动等都是这样。组织机构的成立一方面可以更好地掌握运动的领导权，另一方面可以树立权威以更好地动员群众参与。为响应中央兴修农田水利的号召，昆明市委决定成立昆明市水利工程委员会，由市委直接领导，凭借其权威性和合法性，负责动员全市人力、物力和对各项水利工程建设的领导。昆明市水利工程委员会“主任委员由昆明市长潘朔端担任，副主任委员有张毅、薛汉鼎、许兴汗、宋贵富、韩琦、曾恕怀、王绍尧等。委员会下设办公室负责日常具体工作，设主任 1 人，由王绍尧兼任，副主任 2 人，由市委农村部李志远、农林局宋贵富担任；办公室设秘书组、物资供应组；工程委员会下设五个工区指挥部，指挥部以下设秘书、财会、工料供应、工程技术、医疗卫生、保卫等组，视实际需要本着精简节约原则设置”①。从中可以看出，昆明市水利工程委员会具有相当的广泛性，基本上由昆明市各相关机构抽调人员组成，这确保了它有较强的权威性和号召力，能保证政令的畅通。昆明市水利工程委员会成立后，积极加大对兴修水利建设的宣传动员力度，多次召开会议讨论一些水利建设的重大政策性、方针性问题，对昆明市的农田水利建设布局做了整体规划，并采取分片负责的办法直接动员广大农民投入农田水利建设。除此之外，昆明市水利工程委员会还负责具体解决农田水利建设中遇到的技术性难题、筹集所需的资金和物资、对各工区制定生活保障的措施给予指导等。昆明市水利工程委员会的成立，促进了昆明市农田水利建设高潮的来临，在当时起到举足轻重的作用。

① 1957 年 11 月 7 日，《昆明市今冬明春开展水利工作计划》，昆明市档案馆，45-1-416。

其次，进行广泛的舆论宣传。实践证明，在每一次大规模的群众运动来临之前总要造出一定的舆论声势，而充分利用报纸、期刊、电台、标语等传播工具，是宣传党的方针政策和组织动员群众的一种有效手段。在一个声势浩大的农田水利建设高潮来临之时，昆明市委明确指出："在群众中要开展一次广泛的宣传活动，宣传国内外政治形势，宣传第一个五年计划的伟大成就和今后建设目标、建设方针和原则等。通过宣传活动不仅要使群众对当前政治形势及以后建设目标有正确认识，而且对于建设方针和原则也能有进一步理解。"① 为进一步明确具体的宣传方式和内容，昆明市委要求以中共云南省委宣传部在1958年1月7日发出的通知为准，该通知要求："党的宣传部门应该把一切宣传工具，如报纸、广播、剧团、电影等运用起来，在内容上，应当结合生产发展的具体情况和干部群众的思想，全面宣传'在优先发展重工业基础上，工农业同时并举'的方针，宣传实现四十条纲要、农村的社会主义前途、农业发展意义，以及如何深入开展以水利、积肥为中心的冬季生产高潮。"② 为贯彻这一指示精神，在全国各地兴修农田水利高潮的影响下，昆明市及各区县新闻媒体和群众自发组成的宣传团体积极行动起来，配合昆明市委、市政府关于在昆明市开展农田水利建设的有关文件指示，广泛宣传兴修农田水利对抵御旱涝灾害、促进农业发展、提高单位面积粮食和经济作物的产量、增加农民收入以及国家长远发展的重要意义。《云南日报》《昆明报》《创造》等报纸刊物，还定期开辟专栏介绍各地农田水利建设的经验。为更好地深入群众中宣传动员，一些共产党员、共青团员和积极分子走进农村，用撒传单、涂刷标语、召开群众集会等方式，向群众讲明农田水利建设的好处，以此激发群众的热情，鼓舞人心。通过各种方式的舆论宣传，党和政府关于兴修农田水利的方针逐渐深入人心，广大群众理解了这一方针的重要意义，因为这不仅符合他们的自身利益，也是造福子孙后代的伟大决策。这些宣传活动有助于统一群众的思想认识，有利于昆明市农田水利建设的全面展开。

最后，加强对群众的思想政治教育，以提高觉悟，统一思想。思想政治

① 1958年1月8日，《市委1958年第一季度工作要点》，昆明市档案馆，1-6-36。

② 1958年1月7日，《中共云南省委宣传部通知》，昆明市档案馆，126-1-118。

教育是执政党在意识形态的指导下，为实现当前的主要目标，提升民众参与的广泛性、一致性而对广大民众灌输以这一目标为主的思想，以求提高其政治觉悟，在思想和行动上达到高度统一。为提高群众对修建农田水利的思想觉悟，昆明市委在下达到各区县的通知中要求："要加强经常性的思想政治工作，不论干什么工作都要在群众中进行广泛的宣传动员，要反复地、不厌其烦地结合群众思想实际把道理说通、讲透，不仅要使群众懂得怎样办，而且也要让群众认识到为什么要这样办，这样办的好处有哪些，不这样办的坏处又有哪些，从而使绝大数群众的行动都能够建立在真正自觉的基础上。"① 为加强对群众的思想教育，使其更好地统一认识，昆明市委、市政府决定在全市范围开展以兴修农田水利为中心的"大辩论"，以批判右倾保守思想。昆明市沙朗乡和龙庆乡，"通过'大辩论'，对群众进行自我教育，使群众认识到土地潜力很大，兴修水利和积肥好处多，更使干部认识到群众的智慧和力量是无穷无尽的。群众经过辩论，就会自觉地行动起来"②。龙庆乡在干部思想提高的基础上以"报告会方式向群众传达省党代会的精神，并根据各队的思想情况，分别组织辩论，辩论后，社员思想提高，情绪饱满，都表示下决心搞好水利和积肥"③。经过在农村中充分辩论，"大家认为水利不是修多了，而是修少了"④。在辩论会上，一些农民进行"诉苦"，主要诉旧社会水旱灾来临时的苦、旱涝灾害限制农业发展的苦，以使人们认识到农田水利的益处。通过组织广大民众开展以兴修水利为中心的"大辩论"，提高他们的思想认识和政治觉悟，再加上广泛的舆论宣传，为昆明市农田水利建设提供了牢固的思想保障。

二、筹集所需的资金

筹集资金是任何工程在兴建前或兴建中都必须解决的问题，是工程顺利

① 1958年4月10日，《市委关于当前大跃进中应注意的几个问题的通知》，昆明市档案馆，1-6-40。

② 《发动群众辩论农业大跃进》，《昆明报》1958年1月1日。

③ 《发动群众辩论农业大跃进》，《昆明报》1958年1月1日。

④ 《充分发挥积极性立即规划和组织迎接兴修水利高潮》，《云南日报》1957年11月10日。

进行的前提条件。筹集资金的方式多种多样，一般以政府为主、民间为辅。新中国成立初期，由于国家经济建设的资金有限，农田水利基本上是兴建群众急需、力所能及的小型水利，资金一般由受益区的群众自筹解决，国家只给予有限的资金扶持。“大跃进”期间掀起的农田水利建设高潮，资金来源主要按“工程不论大小，都应该认真贯彻勤俭办水利的精神，少花钱，多办事。群众性的农田水利主要依靠群众合作社的人力、物力、财力，并且鼓励社员积极投资，国家只能作必要的补助”①。“这不仅是因为国家的财力有限，而且因为以小型工程为主的农田水利，它本身就是一种群众性的建设事业，如果不能依靠群众自己的力量来办，就不可能达到又多、又快、又好、又省的目的。”②“但国家在投资、贷款上应给予必要的支持。专县举办的中型工程，可采取工程主要部分由国家投资，渠道土石方部分由群众自办，以求能够花较少的钱，办更多的事。”③可以看出，当时在农田水利建设资金的筹集上是本着因地制宜、实事求是、量力而行、“谁受益谁负担”的原则，这样可以在一定程度上减轻受益区农民和国家的财政负担，更好地调动广大群众的积极性、参与性。

1957年冬，在全国农田水利建设高潮的推动下，昆明市属的五个区、县计划共建中型水库2座，小（一）型水库7座，小型水库22座，小型水利6000余件，整修河道10余条，并要求在1958年兴修的农田水利可以增加灌溉和改善灌溉农田31万亩。这样大规模的农田水利建设需要大量的资金投入，在当时国家财力有限的情况下，“市委提出依靠合作社、依靠群众、民办公助、勤俭办水利的方针。要求城市各行各业从人力、物力、财力上大力支持，所有土方工程由农业社自己承担，群众要自带工具、自理伙食、自盖工棚，辅之以城市人民的义务劳动，国家补助闸门、涵洞、机械等必要设备的费用”④，以后，又在下发的文件中对群众集资办水利做了具体规定，“按照多受益多负担，少受益少负担，不受益不负担的原则，要求农业社不论自筹、

---

① 中共中央文献研究室编：《建国以来重要文献选编》（第十册），北京：中央文献出版社1994年版，第571页。

② 《大兴水利必须依靠群众》，《人民日报》1957年12月15日。

③ 1957年8月，《何副部长在全国农田水利会议上的讲话》，昆明市档案馆，26-1-1240。

④ 昆明市水利志编纂委员会编：《昆明市水利志》，昆明：云南人民出版社1997年版，第196页。

贷款、补助均以社为单位，统筹解决。自筹部分可以采取从社的公积金中拨出；发动社员自动投资，本金可分期归还，但应按信用社存款付给利息；提倡以水利开展水利，由征收水费或经营养鱼等副业中支用，个体农民仍按受益程度由受益户负担等三种方式集资”①。在昆明市委、市政府的领导和相关文件指示下，“向受益区集资，直接受益的 32 个合作社按受益亩每亩集资 1.2 元，间接受益亩每亩集资 0.6 元，共集资 18.624 万元；向非受益合作社借款 14.5 万元，其中官渡区 5 万元，西山区 3 万元，龙泉区 3.5 万元，安宁县 2 万元，海口区 1 万元；向受益的工矿企、事业农场集资 8.6 万元”②。与此同时，昆明市的机关单位、工矿企业等也掀起了向农田水利建设捐款的高潮，截至 1958 年 8 月 31 日，昆明市各机关单位和工矿企业向农田水利建设捐款情况如表 1 所示。

表 1　截至 1958 年 8 月 31 日，昆明市各企事业单位捐款明细　　单位：元

企事业单位	捐款数	企事业单位	捐款数	企事业单位	捐款数	企事业单位	捐款数
298 厂	20000	漂染厂	4000	市制革厂	800	省贸易公司	7000
356 厂	25000	冶炼厂	40000	市建筑公司职工	4308.7	新华书店	1000
电机厂	8000	市粮食局面粉厂	113	公共汽车公司职工	833.66	市砖瓦厂	10000
昆明煤场	1000	西南纸烟厂	5000	民航局	500	小坝供销社	1000
市百货公司	2000	水船一社	35	南屏电影院	6000	市食品公司	1000
市机械修配厂	1000	市航运公司	100	橡胶厂	600	小坝铁农具社	1000
西南三公司	159445	云南纺织厂	20000	市自来水厂	5000	云茂纱厂	4000
电线厂	20000	水船二社	15	建云工厂	1000	安宁化工厂	10000
市机器厂	1000	云丰造纸厂	3000	市邮电局	2000	军区 9104 部队	2000

① 1958 年 1 月 1 日，《关于勤俭办水利和贯彻合理负担政策问题》，昆明市档案馆，26-1-1240。

② 昆明市水利志编纂委员会编：《昆明市水利志》，昆明：云南人民出版社 1997 年版，第 196-197 页。

续表

企事业单位	捐款数	企事业单位	捐款数	企事业单位	捐款数	企事业单位	捐款数
市供销社	3000	昆明农药厂	2000	铁路局	20000	安宁光明农场	15000
云锡驻昆办事处	5000	省民族贸易公司	3000	市建筑工会文工团	231.9	市煤建批发店	10000

资料来源：昆明市档案馆，1-1-2085。

从表1中可以看出，捐款的单位相当广泛，所捐金额也很高，反映出各行各业对兴修农田水利的支持。除以上企事业单位外，还有46个企事业单位分别捐款1000~8000元，昆明市初步统计共捐款42.78万元，充分体现了昆明市人民对兴修农田水利的热情和公而忘私的精神。这些无偿捐款都被用于正在建设中的水库、水坝、渠道等工程，在一定程度上确保了这些工程项目的顺利完成。

1958年冬至1959年是昆明市兴修农田水利的持续期，昆明市重点计划是"兴修松华坝、车木河2座中型水库和二龙坝、大坝等小（一）型水库16座，预计需国家补助150万元，其中松华坝水库全部由国家投资99万元，车木河水库由县投资20万元，其余工程均为公社投资兴建，要求国家给予补助50万元，仍采取1958年市委所定集资办法进行筹集"①。随着"大跃进"给国家经济建设带来的巨大创痛逐渐显现，中央和地方政府的财力变得十分有限，再加上群众生活十分困难，各地已无力兴办大中型的农田水利建设工程。为此，昆明市委决定从1960年开始不再上新的农田水利建设项目，主要对已兴建的农田水利工程进行扫尾和加固工作。从1957年冬季到1960年，昆明市委"实际拨给984550元的水利补助费，采取借款、集资、捐献等办法集资107.704万元，共206.16万元"②。这还不包括群众自己筹集的资金。虽然昆明市在农田水利建设的资金筹集上采取了不同的方式，但其资金来源是有保障的，基本满足了上述农田水利工程项目的兴建和完成，其功绩是巨大的。

① 昆明市水利志编纂委员会编：《昆明市水利志》，昆明：云南人民出版社1997年版，第197页。
② 昆明市水利志编纂委员会编：《昆明市水利志》，昆明：云南人民出版社1997年版，第196页。

三、物资供应

在国家计划经济体制下，修建农田水利所需的物资基本上是由国家拨给的，通过由下而上按计划所需申报，再由上而下按计划分配供应。在“大跃进”期间的农田水利建设高潮中，昆明市委、市政府努力拓宽物资供应渠道，依靠昆明市各单位以及各工矿企业的捐助和自行订购，基本满足了修建农田水利工程的各种物资需求。

在全国农田水利建设即将展开的1957年冬，全国供销总社发出通知，要求：“各地供销合作社在今年冬季加强生产资料的供应工作，支援今冬明春的农业生产高潮。兴修农田水利所需的大量钢铁器材、水泥、木材、毛竹和标片等物资，各地供销社必须在当地党政统一领导下，协同有关部门，精打细算，合理分配。”① 为贯彻这一指示精神，昆明市供销社先后多次召开基层主任会议，对在兴修农田水利中供销部门担负的任务做了传达，要求各基层单位根据自己所在地的具体情况，做好兴修水利所需物资的供应。农田水利建设刚开始，在昆明市水利工程委员会领导下，所需的钢材、木材、水泥、炸药等物资除向相关工矿企业订购外，很多都是根据事先的计划由省内供应的。但由于这场农田水利建设规模大，所上项目多，难免会在物资供应上存在不足或产生一些新情况和新问题，某些物资的需要和供应之间可能会发生矛盾，为此“解决这个困难和矛盾的主要办法必须是依靠广大群众，在需要上本着节俭的精神，首先依靠群众和地方力量，尽量就地取材，就地供应；在使用上，应精打细算，节约使用，并积极寻求替代品，利用废旧材料进行加工”②。昆明市委也发出了《关于大力支援兴修农田水利的通知》，广泛号召各单位、工厂企业在勘测设备、施工器材、运输工具等方面给予支援。该通知一下达，昆明市的各单位、工矿企业纷纷行动起来，掀起了向农田水利建设捐献各种物资的高潮。据报道，“建筑工程部西南三公司、省交通厅机械筑路处、省水

① 《加强冬季生产资料供应工作》，《云南日报》1957年11月12日。

② 《多方面组织物资力量支援水利建设》，《云南日报》1957年12月10日。

利局等许多单位抽调了大批机械设备支援兴修水利，其中仅拖拉机一项就达12部”[①]。“昆明工学院准备抽调包括水利、地质、测量等方面的技术人员约20人和18台水泵、电动机、通风机以及测量仪器支援水利建设；昆明铁路局争取支援10公里长的铁轨给水库工程运输水泥；铁道部第二设计院第三勘测总队除了抽调钻探机、经纬仪、水平仪等器材支援水利工程外，还准备帮助解决水利建设中地质方面的困难问题；昆明市交电公司准备支援马车6000部；昆明石油批发站计划明年第一季度支援水库工程所需的水泥600吨，另外还准备支援拖拉机、推土机用的柴油、汽油和润滑油。”[②] 这些无偿物资的支援，充分体现了社会主义大协作、大团结精神，也体现了广大民众迫切需要改变农村面貌、改善农业生产环境的愿望，为正在进行的农田水利建设顺利完成做出了贡献。

为进一步满足水利工程建设的物资需要，1958年，昆明市委发出《关于发掘库存物资潜力，大力支援水利工程的紧急通知》。该通知旨在发动所有物资生产和使用单位开展清仓工作，把不急需的物资如水泥、炸药、推车等都拿出来支援水利建设。“清仓物资由商业部门按价收购，计划分配物资按调拨价，市场采购物资按市场价，然后由市水利工程委员会统一分配到各工地，由各工地付款。为此，市委成立了清仓领导小组，由市委书记处书记郭少川任组长，工交、商业、财贸等部门参加，通过清仓调剂解决了不少工地的紧缺物资，推动了水利建设。”[③] 为了更好地使用这些物资，昆明市水利工程委员会还不定期地对各工地进行物资管理大检查，建立了严格的物资管理和领取制度。

1960年，随着国家经济困难的加剧，昆明市没有上新的农田水利工程，因而对物资的需求大大降低。但持续三年的农田水利建设，在昆明市委、市政府的直接领导下，以及各行各业大力支援下，各区、县所上马的农田水利工程所需的物资基本得到满足，保证了这些工程项目的顺利完成。

---

① 《拿出技术设备支援水利建设》，《云南日报》1957年12月21日。

② 《抽出人力物力支援水利建设》，《云南日报》1957年12月23日。

③ 昆明市水利志编纂委员会编：《昆明市水利志》，昆明：云南人民出版社1997年版，第202页。

四、生活保障

在工程建设中，生活保障工作十分重要，它是工程顺利进行的前提，也关系到施工人员的切身利益。农田水利的兴建基本上是在郊区野外施工，尤其是在“大跃进”期间掀起的农田水利建设高潮中，成千上万的群众为了响应党中央号召，自带工具和口粮，到野外山区参加水利工程建设，这就使生活保障工作成为工地的头等大事。为减少工地伤亡事故，降低疾病发生率，保证广大民工有可口的饭菜，有充足的休息时间，各水利建设工地在昆明市委、市政府的领导下，在当时条件允许的范围内，尽最大努力做好工地的生活保障工作，以确保民工有饱满的精神参加水利工程的修建。

首先，做好安全卫生工作。在大规模的农田水利建设中，安全工作始终是第一位的。昆明市在刚开始修建农田水利工程的过程中，由于一些工地没有设专门的安全检查机构，工地领导思想麻痹，缺乏对一些存在安全隐患的施工工具和环境的检查，忽视对民工的安全教育，再加上民工自身的安全知识有限，伤亡事故不断发生，严重影响了广大民工的情绪和施工进度。为尽可能地做好工地安全工作，昆明市委、市政府于1958年初下达《市委关于加强水库工地安全工作的通知》，指出：“各地领导必须认真加强安全工作，加强对民工及义务工的安全教育，制定必要的安全制度，改善安全设施。要求做到各中型水库工区，必须设置专门机构管理安全工作，并要有专人负责，大队、中队设安全检查组，小队设安全检查员，小型水利工地也要有人专管安全。安全检查组、检查员的任务在于向群众进行安全宣传，并且经常检查发现生产中的安全隐患问题，积极提出改进意见。安全检查员在工地上班前对土塘、道路、机具等都要检查是否有不安全的情况；对群众中有违反安全操作的必须立即制止，对未装有安全保护设施的车辆、机具，一律停止在工地上使用；严格禁止挖神仙土。凡是发生事故的地方，均必须及时报告，并分析产生事故的原因，提出改进措施，及时向群众进行解释和教育，吸取教训。"① 在该通知的指导下，各水利建设工地相继建立了安全检查机构，结合本工地实际制定了安全制度，对广大民工进行安全教育以提高他们的安全警惕性，有些工地还不定期地开展安全竞赛和群众性的安全检查。以上措施的实施尽可能地把伤亡事故发生率降到了最低点，使广大民工能在相对安全的环境中施工。

工程刚开始时，水利建设工地并没有设卫生室和医务人员，一些民工生病或受伤只能跑到较近的公社医院进行诊治，这就延误了治疗的最佳时间，造成了不必要的遗憾。为做好工地的卫生工作，确保民工的身体健康，顺利完成工程施工任务，昆明市卫生局要求各卫生单位组织医疗力量，携带相关药品、器械到各水利建设工地进行卫生安全检查并成立医务室。1957 年 12 月 27 日，卫生检查团分赴宝象河、金殿、西北、沙河、长坡、杨兴庄、月子庄等水利工地进行卫生检查并建立医务室，开展卫生工作。通过巡回检查，发现了许多问题并提出了整改意见：要求工地的饮用水坚持用漂白粉消毒，对食堂炊事人员进行卫生教育，工棚要注意卫生和保暖，及时晾晒被褥，厕所定期清理消毒等。在整改意见指导下，各水利建设工地基本上建立了群众性的卫生组织，加强了对民工的饮食、饮水、居住环境等的消毒工作，以期降低一些疾病的发病率，提高民工的身体免疫力，同时使一些有病或受伤的民工得到及时诊治，从而提高了民工的出勤率。

其次，保证充足的休息时间。充足的休息时间是保证体力、精力充沛的必要条件，应该把劳与逸，苦战、夜战和休息娱乐相结合，这样才能保持群众的劳动热情，从而使工程建设顺利进行。当 1957 年冬农田水利建设来临时，昆明市各区县都制订了不符合当地实际的水利建设计划，为完成这些高指标的水利建设计划，参加修建水利工程的群众一天要干 12 个小时以上，有时为突击任务则达到 18 个小时。在兴建金殿水库的施工中，所谓"自动加班加点已经成为风气，普通工作在 12 个小时以上，为了提前完成筑坝任务，后来普通劳动都达 18 个小时，市区机关大队曾连续干了 30 个小时不下工地"②。另据当年参加修建车木河水库的老人回忆："刚开始建水库时，我们几乎是每

---

① 1958 年 2 月 19 日，《市委关于加强水库工地安全工作的通知》，昆明市档案馆，26-1-2962。

② 1958 年 4 月 15 日，《关于水库工地管理和政治思想工作初步总结》，昆明市档案馆，1-1-2085。

天从天刚亮一直干到深夜，中间除了吃饭休息大约1小时外，其他的根本没时间休息，一天也就睡5小时左右。就是一直干活，当然更谈不上放假了。后来上面有文件下达，说是一天要保证8小时的睡眠休息时间，但在‘大跃进’特定的环境下，我们工地还是照样一天施工12小时，当时真的很苦很累。”① 如果这样不顾群众休息，靠拼时间、拼体力进行高强度的施工，那么农田水利建设的高潮肯定持续时间不长。为此，昆明市委、市政府多次下发文件，要求各水利工地一定保证广大民工有充足的睡眠时间。

1958年4月，昆明市委下达了要求各级领导干部、各工地负责人主动关心群众生活的通知，明确指出：“加班加点、昼夜苦干，也只是为了突击某一项紧急任务采用一下，而不可能作为我们经常性的工作方法，如果长期这样搞下去，弄得过分疲劳，就会影响群众健康，热情和干劲也就难以持久……各级党的组织在大跃进中均必须主动关心群众生活，合理安排作息时间，保证必要的学习和休息，组织适当的文化娱乐活动，在正常规定和节约原则下改善职工生活福利条件，适当控制劳动强度，减少加班加点及某些不必要的昼夜苦战，使劳和逸、苦战和必要的休整结合起来。”② 随后，昆明市委又要求“无论城市、农村，首先必须保证每天睡眠8个小时。农村在一般情况下每天劳动8个小时，农忙时不超过12个小时，每个月休息两天”③。在以后的施工中，各水利建设工地基本上是按照昆明市委、市政府的文件要求进行，在不影响工程进度的前提条件下，适当地控制民工的劳动强度，延长其休息时间。有些工地还成立了业余文工团，不间断地开展文娱活动以丰富民工生活。这些方式或多或少地减轻了广大民工的劳动压力，缓解了他们紧张的施工情绪，但在当时特定的历史条件下，很多水利建设工地的民工劳动强度还是挺大的。

最后，解决广大民工吃饭问题。民以食为天，解决广大群众的吃饭问题始终是国家的头等大事，也是他们在参加劳动中确保体力充沛的必要条件。“大跃进”期间，上千万群众投入农田水利建设，他们的吃饭问题成为工地的

---

① 根据笔者2009年3月19日采访昆明市安宁市八街镇车木河村村民王占海老人谈话记录整理。

② 1958年4月10日，《市委关于当前大跃进中应注意的几个问题的通知》，昆明市档案馆，1-6-40。

③ 历忠教主编：《大跃进运动》（昆明卷），昆明：云南民族出版社2006年版，第316页。

头等大事。起初，参加水利施工的民工用粮是自带的，由农业生产合作社负责包干，超过定额部分在农业社内部解决。1957年12月，昆明市委在下达的通知中规定“义务劳动人员要办好粮食转移手续，由粮食局指定距工地最近的供应点供应，超过定量部分，按实际需要，由工地统一申请增加供应……农民原则上由农业社包干，可视国家物资情况，申请批准给予部分补助”①。这在一定程度上缓解了当地农业社的压力，保证了工地用粮。为改善民工伙食，各工地还纷纷组织民工种植蔬菜，养殖生猪。“西山区三家村水库工地自种蔬菜20多亩，养猪7头，做到自给自足，再加上随时供应成品豆腐，每顿可以保证吃上两菜一汤。”② 虽然以上措施能在一定程度上解决广大民工的吃饭问题，让其吃饱吃好，但限于当时的物质条件，各水利建设工地上的民工吃饭条件仍比较艰苦，许多人还是吃不饱，不过他们坚持了下来，保证了所上水利工程的顺利完成。

总之，在持续三年的农田水利建设高潮中，昆明市委、市政府不断加强领导，在积极关心广大群众生活的基础上，组织大批农村劳动力和城市义务劳动力参与，在当时物质条件有限的情况下，基本保证了农田水利建设所需资金和物资的供应，为上马的农田水利工程顺利进行和完成做出了巨大贡献。

（原文发表在《青岛农业大学学报》（社会科学版）2010年第1期）

---

① 昆明市水利志编纂委员会编：《昆明市水利志》，昆明：云南人民出版社1997年版，第206页。
② 1959年11月20日，《昆明市西山区三家村水库工作总结》，昆明市档案馆，26-1-1288。

典型农田水利工程的修建

——以松华坝水库、车木河水库和英雄大沟为例

一、松华坝水库

松华坝水库位于昆明市北郊，距市区15公里，坝址在松华山的凤岭与蓬峰之间，主要拦蓄盘龙江的水，防止发生水灾时对市区的威胁。该水库于1958年动工修建，1959年8月1日建成，是“大跃进”期间昆明市所建的最大的中型水库。

盘龙江是流经昆明市的主要河流之一，发源于嵩明县境内，全长95.3公里，每年的6—10月为河流的雨季，降雨量占全年的70%以上，这时极易酿成水灾，威胁松华坝以下昆明市区的安全。为根治盘龙江的水患，历朝历代的统治者和广大劳动人民都进行了不懈的努力，取得了很大成绩，但并没有从根本上消除水患。新中国成立后，党和政府非常重视水利建设，各地相继掀起了整治大江大河的高潮，这就为根治盘龙江水患修建松华坝水库创造了条件。1956年，云南省水利局在其提出的“昆湖流域规划的初步意见”中把松华坝作为4个建库的坝址之一，昆明市建设局为此编写了《修建盘龙江（松华坝）水库的方案意见书》。1957年，云南省水利局批准同意修建松华坝水库，以期根治长期以来的盘龙江水患，解决昆明市区的工农业和生活用水问题。随后，昆明市建设局委托昆明水电设计院对松华坝水库坝址的地质进行了勘探工作，并把结果上报昆明市委。1958年1月21日，昆明市委根据这次勘探结果决定“首先修建松华坝水库，将来分级开发根治盘龙江”，并向云

南省委提交了关于在盘龙江上修建松华坝水库的报告。经云南省委同意，昆明市委批准成立了昆明市松华坝水库工区指挥部。该指挥部主要负责松华坝水库的组织动员、工程修建、进行资金和物资的分配等，主任为焦德海，副主任为王条心、尹惠、李再新等。该指挥部下设办公室、土木室、医务室、广播室等，办公室下辖总务组、财务组、物资供应组、技术组、安全保卫组、渠道组。工区指挥部的工作人员主要从市级机关和官渡区的机关单位抽调组成。由此，在“大跃进”的推动下，昆明市拉开了兴建松华坝水库的序幕。

1958年1月29日，松华坝水库的施工工作开始准备。昆明市松华坝水库工区指挥部动员龙泉区邻近松华坝水库5个乡的民工共400人，修整龙头街至上坝的原有道路，并新建了由上坝到施工现场的道路。3月25日，水库输水涵洞进口和出口同时动工开凿，“上阵技工12人，民工107人，安装轻型出渣铁轨600米，斗车4部，手推车20张。整个开凿工作在广大民工不分昼夜的艰苦施工下，历时4个月，日进尺平均3.33米，提前于7月底完工。在这期间，竖井开凿也于6月15日开工，7月底完工。隧洞衬砌9月3日开工，11月底完工。在施工中，广大民工艰苦奋斗，有的人在洞内放炮被烟熏倒，醒后又继续干，不能直立操作就躺在地上干”①。从3月到11月，经过8个多月的紧张施工，铺修了直通松华坝水库工地的道路，为水库主体工程的修建打下了一定的基础。12月11日，昆明市松华坝水库工区指挥部召开誓师大会，开始了大坝、副坝、溢洪道等主体工程的修建，也以此动员一切可以利用的劳动力，使其精神饱满地投入施工。指挥部“抽调官渡区龙泉、前卫、先锋、阿拉等各公社和市一、二、三农场的民工共5551人，组成了3个民工团。会后掀起了施工高潮，当时的运输工具有牛车600辆，轻便铁斗车800辆，敷设轻便铁轨2公里，木船31只，自制飞兜20架”②。由此可以看出，当时修建水库物质技术相对落后，基本上要靠肩背、挑、抬等原始方式，但广大民工仍然热情高涨，精神饱满。为更好地管理和提高工作效率，指挥部根据军事建制中的团、营、连等编制这些民工，对其进行军事化管理。时值冬季，他们自带工具，不怕严寒风雪，住在极简易的工棚内，在安全保障相

① 昆明市水利局松华坝水库志编纂领导小组编：《松华坝水库志》，昆明：云南科技出版社1996年版，第19、20页。

② 昆明市水利志编纂委员会编：《昆明市水利志》，昆明：云南人民出版社1997年版，第220页。

对较差、饮食卫生条件艰苦的情况下，仍然坚持每天施工10小时以上，以保证当天任务的超额完成。施工中，各团、营、连等积极开展社会主义劳动竞赛，定期评比，授予获胜者荣誉证书和光荣称号，通过这种方式提高广大民工的积极性和建设热情，确保任务的圆满完成。1959年，在中央号召技术革命的影响下，松华坝水库工区也于1月成立了工具改革办公室，提出了“大搞技术革新，消灭人背人挑”的口号，并指定相关干部专门抓工具改革工作。在此背景下，工地民工充分发挥主观能动性，自制了自动卸土牛、马车，装土使用溜土箱、土台等，卸土使用溜土槽、杠杆等，在一定程度上提高了工效，推进了工程进度。

松华坝水库的修建得到了广大民众和各机关单位的支持帮助。在物资和器材上，各单位和工矿企业进行了无偿支援，基本做到了要什么给什么，要多少借多少，保证了施工的正常进行。1959年4月，为了加快水库建设速度，以尽快赶在雨季前把水库建好，中国人民解放军炮兵第四师的官兵1000余人赶来支援，进行义务劳动。30日，在市水利委员会的组织下，市级机关干部40人，盘龙、五华区抽调干部100人，建设局修公路的民工500人和市属中学师生1000人轮流参加水库的义务劳动。进入雨季后，“市级机关干部，财贸系统职工，五华、盘龙、官渡等区的机关干部和一部分厂矿职工，响应省、市委的号召，组成了义务劳动大军参加松华坝水库的兴建工程。昆明第一师范学校、第二卫生学校、工业专科学校、医士专科学校、林业学校、水利学校、公路工程学校、师院附中等11所学校的2700多名师生，也奔赴水库工地义务劳动了7天”①。可以说，松华坝水库的胜利建成是城乡互助和广大群众积极支援无私奉献的结果，充分体现了社会主义大团结、大互助、共前进的协作精神。

经过工地民工的紧张施工和各单位的广泛支援，1959年5月1日，松华坝水库举行了放水典礼。7月19日，大坝回填工作顺利完成。工区指挥部在8月1日召开了水库竣工大会，中共昆明市委员会、市人民委员会发来贺信以示祝贺。至此，松华坝水库工程基本完工，其完工情况如下：坝高47米，坝轴长152米，底宽291.75米，顶宽7米；迎水坡比为2.5、3.0、3.5，平均

① 厉忠教主编：《大跃进运动》（昆明卷），昆明：云南民族出版社2006年版，第52页。

为 1 : 3；背水坡为 2.0、2.5、2.75，平均为 1 : 2.5；库容总量 6832 万立方米。[①] 水库的规模要比新中国成立前云南省最大的谷仓水库大 26 倍，蓄水量超过了昆明市 1957 年建的宝象河、月子庄、金殿等八座水库容量总和的 50%，这是昆明水利史上前所未有的成就。松华坝水库自开工至 1959 年 8 月止，“共用去 1167765 个工日，其中干部、群众、部队出义务工 122501 个工日。在整个建设工程中共涌现 77 个先进单位，1036 名先进工作者，5 人被批准加入中国共产党，15 人加入共青团，创造、改良工具 24 种……国家向该水库工程建设投资 96.43 万元，受益区社队投资 14.2 万元，其中一农场 6000 元，二农场 1 万元，三农场 3 万元，先锋公社 3.5 万元，龙泉公社 2.6 万元，前卫公社 3.52 万元，合计总共对水库投资 110.63 万元。当时修水库的民工由国家每日补贴 0.4 元伙食费，其余均回队评工计分，如按当时国家定额标准计发民工工资，工资部分折合 149.5 万元，实际工程造价应为 260.2 万元。施工用去水泥 6450 吨，炸药 130 吨，钢材 49 吨，石灰 500 吨，钢闸门 90 吨，木材 212 立方米，铅丝 750 公斤”[②]。在当时国家经济困难的环境下，松华坝水库是在党和政府正确领导，受益区和非受益区的广大农民积极参加修建，市各行各业员工和单位企业无偿捐献大批资金及物资进行支援的情况下顺利竣工的，广大干部群众识大体、顾大局，充分发扬了团结协作的社会主义风格，工程凝结着昆明市人民的血汗。正如当时一首诗歌反映的，“过去松华坝，河水不听话，泛滥成灾淹田地，人民受害大。立夏栽早秧，江河咧开嘴，泡田要靠天下雨，两眼都望穿。要水没有水，不要水成灾，一年四季为水忙，昼夜不安眠。来了共产党，拨云见青天，领导人民兴水利，伏龙除水怪。党的指示下，实现水利化，水库修在松华坝，人人干劲大。万人齐上阵，同心把山挖，隧洞四百一十米，打好导流渠。人民力量大，运土上大坝，大坝四十七米高，七月完成它。灌溉十万亩，发电三千瓦，林舞鱼跃赛花园，人民乐无涯。感谢共产党，感谢毛主席，修好水库松华坝，英明又伟大”[③]。

松华坝水库的建成，“彻底根治了‘春插滴水如金，夏秋河水泛滥成灾’

---

① 官渡区地方志编纂委员会编：《官渡区志》，昆明：云南人民出版社 1999 年版，第 206 页。

② 昆明市水利局松华坝水库志编纂领导小组编：《松华坝水库志》，昆明：云南科技出版社 1996 年版，第 21–22 页。

③ 1959 年 9 月 3 日，《昆明市官渡区十年水利建设成就报告》，昆明市档案馆，26–1–1288。

的盘龙江和金针河，控制了盘龙江和金针河百年一遇的特大洪涝灾害”①。以后，松华坝水库又进行了扩建和加固，如今已经成为库容2.19亿立方米的大型水库，成为昆明市区工农业和生活用水的主要来源之一，对当今昆明市的经济发展起着举足轻重的作用。修建松华坝水库的功绩可以彪炳史册，名垂千古。

二、车木河水库

车木河水库是“大跃进”期间昆明市所建的最大的中型水库之一，位于现今安宁市西南部车木河与八街子河交汇处，控制径流面积189.7平方米，蓄水量为1605万立方米，灌溉农田16000亩。该水库是集防洪、灌溉、养鱼、发电等于一体的综合性水库，也是当地生产生活用水的主要来源。

车木河水库库区属侵蚀溶蚀中山丘陵地，地势三面高，适宜修库蓄水。1957年，昆明市决定在该处兴建水库后，遭到了当时位于库区底的车木河村大部分村民反对，“我们车木河村，土地肥沃，四周环山，老百姓生活在当时要比附近其他村庄富裕，村子每年向国家交18万多斤公粮，我们在当时是反对在这里修水库的”②。经过宣传动员后，车木河村村民最终还是同意了。随后，由昆明市水利工作大队对该坝址进行水文分析和勘测设计，经昆明市水利工程委员会批准同意后，1958年8月20日，安宁区成立了车木河水库工程指挥部。为加强组织领导，该指挥部由安宁区区长张祖熙任主任，党如斌、冯跃芝任副主任，下设工程处、秘书处、政治处等，各处又分设小组进行分工。该指挥部主要负责宣传动员、劳动力组织、筹借和安排资金、搞好后勤工作等。为保证物资能顺利地运到工地，在车水河水库工程指挥部的组织动员下，1958年8月28日，从白登、象石、太平三乡抽调民工316人，用33天的时间修成了通向水库库区的交通干道两条，此外，挖导流渠一条，对一部分砂碎料和正坝坝基做了清理工作。“11月20日，红旗公社190人，跃进

① 厉忠教主编：《大跃进运动》（昆明卷），昆明：云南民族出版社2006年版，第61页。
② 根据笔者2009年3月19日采访昆明市安宁市八街镇车木河村村民陈生谈话记录整理。

公社311人，燎原公社62人，共计563人，12月20日增加到红旗公社593人，跃进公社660人，燎原公社62人，共1315人”[①]投入水库的施工，以后又从附近的公社相继抽调几百名民工，到1959年4月，民工总数为2516人。“抽调的民工自带工具、口粮，实行‘组织军事化、行动战斗化、生活集体化’。在工区指挥部下编为2个团、1个直属石工连，工区副主任兼任团政委，每团分设两个营，委派正副营长和指导员。”[②]因为这些民工大都是从事农业生产的农民，所以工程刚开始，他们认为修水利没前途，出工迟收工早，纪律松弛。据当时参加水库修建的老人回忆：“刚开始施工时，条件很苦，大都用挑、担、背等方式进行开挖，个别民工思想情绪并不稳定，所以出现了一些磨洋工、偷懒、装病等现象，随后指挥部对民工加强了管理，进行了思想整顿，这才有所好转。”[③]为加强对民工的管理，工区开展了对广大民工进行政治思想教育的活动，成立了党支部，发动党员和积极分子起模范带头作用；在施工休闲时召开民工会议进行思想教育和辩论，并根据不同时期的不同工程项目提出不同的鼓舞人心的口号；工区各级领导还与民工同吃、同住、同劳动，以期通过这些措施，从思想和行为上稳定他们，确保工程建设顺利进行。

其间，以农具改革为中心的技术革命也开展起来，可以在一定程度上解决劳动力紧张的问题，提高劳动效率，对水库施工至关重要，不仅加快了工程的进展速度，而且对减轻民工的劳动强度、提高民工的积极性有所帮助。为此，在工区领导的组织下，通过批右倾保守思想，开展了各种方式的高工效运动。在工地上“开展红旗竞赛，按土方任务、民工生活、耕牛管理、工具改革、安全卫生等分别成立5个检查委员会，起初是以完成任务为中心开展互相检查评比，七天一大评，一天一小评；后阶段是各项与各项评比，五天一大比，其中任务大评共15次”[④]。按土方任务来算，“达到10方以上的中队奖给流动红旗，送喜报；达到10方以上的个人给予表扬，发给现款奖金”，“工具改革也掀起来了，抓住取土和运土两个主要环节，取土方面，石头硬土

---

① 1959年5月26日，《安宁区车木河水库工程工作总结》，昆明市档案馆，26-1-1289。

② 昆明市水利志编纂委员会编：《昆明市水利志》，昆明：云南人民出版社1997年版，第257页。

③ 根据笔者2009年3月19日采访昆明市安宁市八街镇车木河村村民王占海谈话记录整理。

④ 1959年5月26日，《安宁区车木河水库工程工作总结》，昆明市档案馆，26-1-1289。

用爆破，平地软土用牛犁；运土方面，陡坡用括板，平地用推车，沟内用滑梯、撑杆”①。为配合开展高工效运动，“先后调来耕牛487头，马23匹，马车10辆”。待工程快结束时，“安全卫生检查评比已进行了12次，耕牛评比了5次，民工生活检查评比了3次，工具改革评比了3次”②。工区把工效高的原因归为“政治挂帅，干部做到了三同；运土全部牛犁化；赶车协作化；取土牛犁化；对土塘固定、牛固定、车固定；对保守思想进行批评，张贴标语口号等”③。当时，在生产条件落后的情况下，通过在工区开展高工效运动，使劳动效率得到提高，在一定程度上减轻了广大民工的劳动强度，锻炼和培养了一大批技术人员，从而推进了施工的进程。

在“大跃进”的特殊环境下，为加快工程进度，尽快发挥水库作用，车木河水库建设采取了一边测量、一边设计、一边施工的方法，按照边筑坝边蓄水边受益的方针，从1958年8月28日工程开始准备到1959年5月26日水库主坝完成为止，共271天，“累计出工226837个工日，以实到工地总人次累计253800个工，其中土方工166033个，石方工3300个，杂工38757个，生产工合计226837个，非生产工18747个。正副坝完成压实方157971立方米，正坝按设计完成，坝高25米，副坝设计高12.5米，只完成8米”④。这时，春耕已经开始，水库主体工程基本建成并受益，在车木河水库工程指挥部的批准下，大部分民工回家参加春耕生产。后来，农村形势变得十分困难，车木河水库工程的大规模修建也随之结束，只留下一部分民工进行整修。以后，随着国家经济状况的好转，又对车木河水库进行了加高、加固。1963年9月，对溢洪道重新整修；1978年，又对副坝进行了加厚、加高，达到了原先设计的12.5米。水库建成后成立了车木河水库管理所，以便于对水库进行管理和利用。

现如今的车木河水库已经成为安宁市主要的饮用水来源地之一，为当地的生产生活做出了巨大贡献。但随着农业生产和生态破坏带来的负面影响逐

① 1959年12月27日，《市水利工程委员会关于车木河水库开展高工效运动的通报》，昆明市档案馆，26-1-1286。

② 1959年5月26日，《安宁区车木河水库工程工作总结》，昆明市档案馆藏，26-1-1289。

③ 1959年5月26日，《安宁区车木河水库工程工作总结》，昆明市档案馆藏，26-1-1289。

④ 1959年5月26日，《安宁区车木河水库工程工作总结》，昆明市档案馆藏，26-1-1289。

年增加，车木河水库也面临着水环境污染及周围生态环境破坏等问题，值得欣慰的是，当地政府已经开始加强对车木河饮用水水源地的保护。

三、英雄大沟

英雄大沟位于宜良县内，是阳宗海灌区西河渠的主要子渠，渠首在汤池镇可保村，渠尾至南洋镇陈家山，渠道沿宜良坝子西部山腰南下，主要灌溉坝子西面海拔在1700米左右的农田。该工程自1959年12月开工修建，到1960年6月5日基本完工，以后又经过加固续修，全长达60公里。它是在“大跃进”的推动下宜良县兴建的渠身最长、工程量最大、任务最艰巨的引水工程，凝结着宜良县人民的心血和汗水。

在全国农田水利建设高潮的带动下，为充分利用南盘江和阳宗海的水源，早日实现宜良县的水利化，宜良县委、县政府在对农田水利建设进行全面规划的基础上，提出了修建英雄大沟的设想。在报经昆明市委、市政府同意批准后，1958年7月，宜良县开始进行英雄大沟的勘测设计工作。经过几个月的勘测设计，粗定渠线从宜良坝子西部山腰南下至狗街公社县属花园林场，全长86公里。1959年5月，宜良县委批准成立了新西河工程指挥部，由县委书记潘岷山亲自挂帅，县委副书记、县长普震有任指挥长，副书记念焜任副指挥长。同时，抽调三个县委委员、三个公社党委书记和县科局长级干部10人任指挥部成员，主要进行劳动力的调配和负责筹备施工。但直到这时仍有一些领导同志对该工程的修建表现出不理解，持怀疑态度，他们认为没有足够的资金和充分的技术支持，加上工程量又大，所以无法组织施工。为批驳他们的观点，县委书记潘岷山在召开的指挥部会议上做了长篇发言，他强调指出：“这次会议就是要解决一些人的右倾保守思想问题。有右倾保守思想的人惧怕工程量大，他们说，几十里悬崖峭壁，几百万工日，几百万钞票，哪里去找？他们怕字当头，因循守旧！我们在座的指挥员，尤其是共产党员和共青团员，要反右倾，鼓干劲，冲锋上阵，勒紧腰带，一年时间挖开这条沟，把阳宗海水引到狗街去!"[①] 经过潘书记的鼓舞动员，加上会上激烈的讨论，一些人的顾虑被打消了，为该项工程的兴建统一了思想和认识。随后，根据相关文件精神，新西河工程指挥部对该项工程采取了按受益区分段包干的办法进行施工。“从可保村东、铁路三孔桥取水口至倒虹吸管进水口渠段和倒虹吸管工程由蓬莱公社承担，倒虹吸管出口至四号隧洞出口段由红旗公社承担，四号洞出口至六号洞出口段由五星公社承担；以上三段的倒虹吸管、隧洞、渡槽等工程的施工，技术性强、难度大，由三个公社的常年施工队承担；以下为群众性突击渠段，六号洞出口至岩泉寺（渠道里程23.5公里）渠段由蓬莱公社动员群众和城区机关、单位、学校突击，岩泉寺至中黄堡村西（渠道里程38公里）渠段由驻宜良部队突击，以下至张官营（渠道里程48公里）渠段由五星公社动员群众承担。”[②] 通过分工，明确了各公社、单位的责任，有利于调动不同公社群众进行协作的积极性，加快了工程建设的步伐。1959年11月10日，新西河工程指挥部组织蓬莱、南洋、狗街等地的民工1000余人到工地上修路、搭建工棚、准备石料等，以此为英雄大沟的全面会战做充分准备。

1959年12月，修建英雄大沟的会战全面展开。成千上万人自带工具和衣被在工地上分段施工，他们不怕艰难，风餐露宿，昼夜轮流苦干，始终保持着高涨的热情。县委领导对该工程极为重视，他们亲临工地现场指挥，连开县委会都在工地上进行。英雄大沟的修建得到了宜良县各单位、工厂企业的广泛援助。12月20日，宜良县第一、第二中学的师生组成五个慰问演出队分别到工地上的五个民工大队中进行慰问演出，他们还帮助民工补洗衣服，并将自己种的蔬菜和学校养的猪送给民工，以改善他们的伙食。1960年1月，驻宜良部队派出指战员1000余人义务地投入到紧张的施工中。2月中旬，宜良县中小学教师自发组成3000余人的队伍参加工程建设。广大援助人员的参加极大地鼓舞了民工的热情，大大推进了工程的建设进度，工地数十公里人山人海。在施工过程中，曾先后组织两次一万余响的开土炸石，被群众称为“万炮运动”。在工程指挥部的组织下，广大民工积极发挥主观能动性，个个

① 宜良县水利电力局水志办编：《宜良县英雄大沟志》（稿），第3页。
② 宜良县水利电力局水志办编：《宜良县英雄大沟志》（稿），第3页。

出主意，人人想办法，大搞工具改革，仅一个多月就革新工具2300多件，在一定程度上实现了取土牛犁化，运土车子化、轨道化、溜槽化等，大大提高了劳动效率，加快了工程进度。

英雄大沟以六号隧洞开凿和水晶坡西北摆衣河段木质倒虹吸管安装最为艰苦。六号隧洞是全渠隧洞最长的一个，洞长555.6米，由五星公社的南洋管理区承担，后又从圭山调来一批能吃苦的少数民族，南洋打进口段，圭山少数民族打出口段。施工中，起先因放大炮炸，致使山垮了许多，岩石破碎，地下水顺裂隙不断流出，由此造成大量稀泥阻塞，延误了施工。以后又采用了小炮，用边炸边支砌的办法才使情况有所好转。洞中曾3次塌方，有一次洞顶塌下10米多长，7人被堵在洞内，经数小时抢救才把人救出。整个六号隧洞花了半年多时间才打通完成。摆衣河段的“倒虹吸管安装任务由蓬莱大队担任，摆衣河底到渠顶高80米，倒虹吸管进出水口相距128米，按规定管道进出水口水面高差5米，管子倾斜70度，用栎树木条拼成总长200米、内径0.8米的圆筒，500多名民工昼夜轮班苦战，用麻绳、木杠、铁撬，靠顶、扛、推、拉，在阳宗海电厂提供的14吨吊车的配合下一节一节地连接起来”。[①] 因倒虹吸管是木质的，难免以后会腐烂，影响工程质量，故1973年换成了铁铸的管子。当时曾有民歌：“英雄大沟英雄开，不是英雄不敢来；英雄大沟党领导，无党领导修不开。”[②] 以此赞颂广大民工不怕艰难险阻、顽强拼搏的精神和共产党的正确领导。大沟于1960年5月底修通至南洋的张官营，1961年6月第一次试水，蓬莱乡受益面积4000余亩。1962年12月正式通水，以后又断断续续进行修建和加固，至1971年1月渠尾延长到陈家山，到1984年受益水田达到了8000余亩，水浇地2000余亩，为当地的农业发展提供了充足的水源。

英雄大沟总体工程的修建前后经过十多年，经初步统计，“共炸土石243.1万立方米，砌石45.57万立方米，投入304.6万个工日，投资298.8万元，所用的人力多属义务工，或由生产队派，由生产队计工分。完成渠道长60公里，渠道底宽1.4米、深2米、水深1.5米，宽1.9米、高2.25米的隧

---

① 宜良县志编纂委员会编：《宜良县志》，北京：中华书局1998年版，第173页。

② 宜良县志编纂委员会编：《宜良县志》，北京：中华书局1998年版，第173页。

洞6个，共长1267.1米。内径0.8米的铁铸倒虹吸管1件，长186.57米。还有拦河闸和进水闸各一座，沿渠溢虹口70座，渡槽4座，放水斗门50座，共有建筑物130多件。渠道取水口闸底海拔高程1756.4米，原设计水流量每秒3~1立方米，实际输水流量是每秒1.5~0.5立方米，受益农田1.25万亩”。[①] 英雄大沟的成功修建得到了省市党委、政府的重视和支持，获得了全县党政部门、机关单位、工矿企业以及广大群众的无私支援，是宜良县水利史上的奇迹，是宜良县人民的伟大创举。在经历半个世纪后，英雄大沟还是宜良县农业用水的主要来源，这充分说明当时兴建该项工程是造福子孙后代的英明决策。

① 宜良县水利电力局水志办编：《宜良县英雄大沟志》（稿），第16-17页。

乡村振兴战略视野下农田水利建设的服务地位与建议

乡村振兴战略是党中央着眼于决胜全面建成小康社会和解决“三农”问题的重大决策部署，是全面深化农村改革和农业农村发展的重要支撑，也是巩固党的执政基础的必然要求。农田水利建设是为农业生产和农村居民生活服务的水利事业，在乡村振兴战略实施中理应采取多重路径继续夯实基础，突出其服务性地位，这不仅是落实乡村振兴战略的题中应有之义，也是实现乡村振兴战略的重要保障。2017 年 10 月 18 日，习近平总书记在党的十九大报告中提出实施乡村振兴战略。乡村振兴战略是新时代以习近平同志为核心的党中央对“三农”问题的高度重视和亲切关怀的结果，是建设中国特色社会主义美丽乡村的必然要求，体现了乡村在决胜全面建成小康社会和实现伟大复兴中国梦中的基础性地位。水利历来是治国兴邦的大事，是农业的命脉，是粮食增产的基础，是农村生产的支撑，是百姓生活的保障，也是改善生态环境的重要手段，它不仅关系到粮食安全、供水安全、生态安全和乡村稳定，也关系到农业、农村、农民的长远发展，因此，农田水利建设是乡村振兴战略中不可或缺的重要组成部分。

一、农田水利建设在乡村振兴战略中的服务性地位

水利兴则农业稳，农田水利建设主要通过修建大、中、小一系列水利设施，包括蓄水、引水、提水、排水等工程以服务“三农”事业的发展，作为公共性资源，在实施乡村振兴战略中，理应充分发挥其应有的服务价值，体

现“命脉”的基础地位。

其一，服务乡村粮食生产。粮食是百姓生活的头等大事，是“三农”问题的核心所在，也是国家安全和社会稳定的基础。水利是粮食生产的命脉，其增产与否，最大的立足点在于水利基础设施是否完善，如果没有良好的水源和水利配套工程支撑，粮食增产就无从谈起。党的十八大以来，我国的粮食产量逐年增加，并且连续四年超过0.6万亿千克，其中，水稻、小麦、玉米三大谷物自给率保持在98%以上，粮食人均占有量达到450千克，已经高于世界平均水平，实现了粮食的基本自给，粮食的综合生产能力也取得了实质性飞跃。这些成绩的取得，一方面得益于党的惠农政策和科技服务水平的提高，另一方面受惠于农田水利建设取得的成绩。据统计，仅2016年，全国就完成30处大型灌区和40处大型灌排泵站的更新改造，新增高效节水灌溉面积2182万亩，同时在田间渠系配套、小型水利工程、雨水集蓄利用和河塘清淤整治等方面取得了良好成绩，这些有效改善了农业生产条件，增强了农田抵御自然灾害的能力。所以，继续推进全国农田水利建设，夯实乡村水利基础，对于粮食的持续增产非常重要。

其二，服务乡村生产生活。生产生活是乡村持续发展和繁荣的基础。乡村活动基本围绕日常的生产生活展开，包括农民的吃穿住用行、庄稼的种植收割、牲畜的繁育养殖等，这些活动的开展基本上与大自然的规律相契合，是一种人与自然的和谐共生，其中离不开充足水源的保障，离不开水利设施的支撑，可以说农田水利与乡村的生产紧密相连，也与广大农民的生活健康密切相关，如果没有水，乡村生产生活就会趋于停滞。以西南地区喀斯特地貌的典型代表贵州为例，这里工程性缺水较为严重，一些地方长期受到水旱灾害的侵袭，乡村生产生活条件较为艰苦，农业用水和居民饮用水匮乏而限制了当地的发展，因此，水利建设在这里显得尤为重要。例如，安顺市平坝区的夏云、天龙及十字乡片区2.63万农村人口、5100亩农田和上万头牲畜的饮用水一直比较困难，影响着百姓的生产生活，有些居民因此长期处于贫困境况。2015年底，石朱桥水库建成后，周围农村居民的生产生活和农田灌溉用水得到保证，也从中得到了切实的利益，不仅粮食增产了，自身的生活条件也得到显著改善。由此可见，水利建设是保障乡村生产生活正常运转的重要条件。

其三，服务乡村水环境治理。乡村水环境是一个较为完整的系统，与居民的日常生产生活融为一体，体现着人与自然的共生共存。近年来，在全国各地工业化步伐不断加快的节奏下，乡村水污染问题日益凸显，尤其是农业生产中化肥和农药的广泛使用，严重侵袭着乡村的土地和空气。农村相对分散的地理分布也使人畜粪便、生活垃圾、清洁污水等难以集中收集处理，对当地的河湖生态系统存在破坏性的影响，直接威胁着居民的身体健康，制约着经济发展。当下，一些地方出现的“癌症村”，实际上就是水质遭受严重污染惹的祸。可以说，水环境治理，是乡村可持续发展和居民安居乐业的保障，也是生态文明建设的重要组成部分，其中，水利建设在中间起着保护和修复作用，同时，还可以为居民的饮用水安全提供保障。以贵州省铜仁市思南县塘头镇为例，该镇闸门坎拦河坝建成后，通过对水的调节，河道两旁绿树成荫，河水碧波荡漾，河中鱼儿喜悦穿梭，人们生活的环境得到了良好改善，饮用水安全问题妥善解决，不仅经济发展了，居民的健康也有了保障，生态治理成效显著。

其四，服务生态文明水美乡村。在工业化不断发展和污染日益严重的今天，生态文明更能衡量乡村的价值，凸显乡村的地位，它以尊重自然和敬畏自然为基础，在生产生活上体现着人与自然的融洽。区别于城市的繁华和越来越突出的环境问题，乡村展现的是田园山水、花香鸟语的自然风貌，优美的生态、清澈的水源和蓝天白云蕴藏着美丽的乡愁。当下，在城市化步伐不断加快的背景下，乡村的衰落以及出现的生态污染和水利设施荒废，严重制约着乡村的再次繁荣。在铸造生态文明水美乡村的篇章里，农田水利建设呈现的是碧绿的河流、优美的梯田、欢悦的鱼儿、绿树环绕等。全国各地围绕着生态水美乡村的建设，涌现了一批批具有特色的“水美乡村”，如河南省在构建水美乡村过程中，要求有效灌溉面积占耕地面积比重达90%以上，70%以上河道水质达到水功能区目标或景观用水标准等。这里面起关键性作用的就是乡村水利建设，通过水利建设，整修河道、绿化岸堤、增加灌溉、解决用水、兴修梯田等，体现的是一种人与自然的和谐。所以，生态文明水美乡村的建设，农田水利起着重要的承载作用。

其五，服务乡村水利扶贫。水利扶贫是精准扶贫工作的重要组成部分，它把促进贫困地区经济发展的水利基础设施建设作为主攻方向，尤其是把民生水利作为扶贫工作的重点，与贫困居民的生活密切相关。水利扶贫要解决的不仅是当地的水利设施建设，还包括人畜饮用水、防灾减灾和小水电发展等问题。滇桂黔石漠化地区是水利扶贫工作的重点，这里地质地貌较为复杂，岩溶发育较为典型，水土流失分布广泛，工程性缺水较为严重，加上该地本身属于欠发达地区，水利建设的条件较为艰苦，尤其是边远乡村的饮用水问题一直受到党和政府的关注。这些贫困地区耕地灌溉率低、农田水利基础设施落后，严重制约着当地发展。通过不断强化水利扶贫，加强大中型灌区续建配套与节水改造，保障农村饮用水安全，并在有条件的地方新建蓄水工程，以继续增加灌溉面积，同时加快建设小型农田水利，如蓄、引、提和高效节水灌溉工程等，都将为欠发达地区的乡村脱贫提供重要的水利保障。为此，水利部先后组织编印了《全国水利扶贫规划》《全国水利定点扶贫专项规划》《全国水利扶贫规划滇桂黔石漠化片区水利扶贫实施方案》《贵州省铜仁地区水利扶贫试点规划》等 10 个水利扶贫规划或重点项目实施方案。这些规划和方案作为水利扶贫的纲领性文件，为各地的水利工作发挥着重要的引领作用。同时，我国还将实行水利扶贫三年行动，到 2020 年全面解决贫困人口饮用水安全问题，贫困地区水利基础设施公共服务能力将接近全国平均水平。

二、乡村振兴战略视野下农田水利建设的几点建议

党的十八大以来，农田水利建设取得了巨大成就，全国净增有效灌溉面积 7000 万亩，改善灌溉面积 3.1 亿多亩，新增高效节水灌溉面积近 1 亿亩，新增粮食综合生产能力约 500 亿千克。在保障饮用水安全上，继解决 2.5 亿多农村人口饮用水安全问题、超额完成“十二五”规划任务后，又启动实施了农村饮用水安全巩固提升工程，农村居民饮用水安全保障水平进一步提高。基本形成了工程措施与非工程措施相配合的综合防御体系，最大限度地减轻了水旱灾害损失。当然，因为地域发展的不平衡和自然条件的限制以及历史上的欠债，全国农田水利建设仍然存在很大的短板和不足，需要各级政府和领导干部与广大群众继续努力，在习近平新时代中国特色社会主义思想的指

导下进一步加快农田水利发展步伐，为实现乡村振兴继续夯实农村公共服务性资源建设。

第一，处理好顶层设计和乡村水利规划的关系。顶层设计着眼于全局和长远，这是国家农田水利发展的战略布局，而乡村规划侧重基层，更详细和具体，两者相辅相成，前者指导和引领后者的展开。关于农田水利建设的顶层设计，国家历来高度重视，中央连续出台了多个文件，着重强调其在农业发展中的基础性地位，并针对存在的问题提出了诸多指导意见，而习近平总书记也多次指出要加大对农田水利建设的支持和投入力度。当下，一些地方缺乏总体的乡村水利规划，有的则偏离了国家顶层设计的总体布局。整体来看，乡村水利规划因实践性比较强，各地具体情况不同，既不能盲目追求超越客观的目标，也不能视野狭隘且缺乏操作性，理应在国家顶层设计的基础上经过大量调研摸底而制定，只有这样才能对农田水利建设的开展具有良好的指导意义和实践的可行性。

第二，坚持政府主导农田水利建设。作为一种公共性的物品，农田水利设施具有服务性、大众性、公用性、非竞争性等基本特征。农田水利建设需要组织动员相当的人力、物力、财力和整合相关部门之间的资源来完成，这就需要政府的主导以便进行统筹协调。政府具有整合资源的强力性、动员群众的有效性、后勤保障的坚实性、服务大众的无私性、提供公共设施利用的非营利性等特点。因此，结合农田水利设施的特征，通过政府强有力的组织和主导，不仅能进行大规模的农田水利基础设施建设，而且能对这些完工的水利工程进行科学合理的管理以发挥效益，最终更好地服务大众。新中国成立以来近 70 年的水利建设事实充分说明，政府在农田水利建设（包括资金投入、政策引领、制度制定等）中起到关键性的主导作用，即使在剥离某些历史时期“左”的思想干扰和浓厚的政治色彩后，这种主导地位在今天市场经济条件下也是适用的。

第三，明确农民的受益主体地位。农民是农田水利的直接受益者和参与者，早在革命根据地年代，中国共产党就在冬闲时间把农民组织起来进行水利工程的兴修。新中国成立后，党和政府不断发动农民群众进行水利建设也成为农村工作的重要一环，每到冬季和春季的农闲时间，诸多农民被集体这一纽带组织起来，战斗在农田水利建设的第一线，为我国水利事业的发展做出了巨大贡献。改革开放以来，在实行家庭联产承包责任制的基础上，农民同样为农田水利建设付出了汗水和辛苦劳动，各地整修和兴建了无数中小型水利工程，融合蓄、引、提等各种类型，保障了当地的工农业发展和粮食增产。进入新时代，乡村面貌和农业结构都发生了变化，粮食增产的条件也有了诸多改变，但农田水利的基础和农民的受益主体地位并没有根本改变。所以，在实施乡村振兴战略中，应该进一步明确农民在农田水利建设中的受益性，采取多种措施调动他们在水利工程修建和管理养护中的积极性。

第四，探索多元化的农田水利建设融资机制。水利投资一般分为政府、民间团体、公司企业的资金投入，在原有的计划经济时期以政府为主。在改革开放后的市场环境下，水利投资的渠道逐渐呈现多元化。农田水利作为公共性服务资源，与农业发展、粮食安全和农民的切身利益密切相关，因此，政府的投资理应占主体地位，可在此基础上探索多元化的融资渠道。一方面，借助乡村振兴战略的实施，国家应继续加大对农田水利的投入力度，尤其是西部农村的水利建设，整合各类支农涉水项目的资金，做好水利扶贫；另一方面，积极吸引公益性或非公益性的团体以及公司企业等加入乡村水利建设，放低准入门槛，并给予一定的政策优惠，让更多的民间资本参与进来，这样也可以减轻政府和农民的资金投入负担。

第五，做好农田水利工程的管理维护。管理是农田水利工程发挥效益的核心，也是实现工程可持续利用的前提保障，一个水利工程能否发挥应有的价值关键在于管理工作。改革开放以来，我国的农田水利事业取得了长足发展，但是乡村水利在管理中仍然存在一定问题，如管理人才匮乏，工程的所有权并不明晰，管理机构设置不合理或者不健全，日常的维护很多废弛，有的工程毁坏垮塌严重等，这些致使灌溉效益大大降低，浪费了资源。笔者在云南、贵州两省调研时也发现基层水利设施管理不到位，尤其是村级管理的一些渠道因无人维护而处于半瘫痪状态。因此，在农田水利建设中必须做好管理工作，比如，设置科学合理的管理机构，尤其是完善乡村水利的管理组织，建立健全相关的管理规章制度，明确工程的所有权和管理权，充分吸引管理人才并发挥其作用，同时增强管理人员和群众爱护水利工程的意识，并积极培育灌溉、排水、防洪、供水等专业化队伍，做好工程的日常整修和维护。因此，农田水利管理工作应在适应市场环境的条件下走出一条符合乡村实际需要的、科学合理的道路。

第六，充分发挥村组织或民间团体的桥梁作用。新中国成立后，农田水利建设依靠集体的强大组织动员力，取得了很大成绩。改革开放以来，随着人民公社的解体和家庭联产承包责任制的实行，在资本不断凸显的市场经济环境下，农民的个体意识显著增强，集体在农田水利建设中的地位明显呈弱化趋势，前者的参与性大打折扣，这也导致原有的一些水利设施荒废或者垮塌。由此可见，作为公共服务性资源，农田水利的集体地位毋庸置疑。今天，村组织和民间团体越来越成为联结地方政府与农民的纽带，它们在乡村水利建设中可协调劳力、土地、资金、管水、用水、维权等，"可以协助水利经营机构与农户对接，扩大集体的灌溉面积，代理水利经营机构收取水费，维护村社内的小型农田水利设施，进而减少大中型水利经营机构的管理成本，使村社内的小型农田水利设施与大中型农田水利设施实现无缝对接，有效降低农业灾害的成灾率"①。

第七，吸引水利人才服务乡村。"实行更加积极、更加开放、更加有效的人才政策，推动乡村人才振兴，让各类人才在乡村大施所能、大展才华、大显身手。"② 农田水利建设的关键在于人才，在新时代环境下，应该鼓励更多水利人才投身乡村建设，服务水利事业。可以不断建立和完善相关的人才激励机制，研究制定较为符合乡村实际的政策措施和管理办法，鼓励水利人才服务乡村发展；可以乡情乡愁为纽带，不断引导和支持水利公司、水利学者、水利工程师、官员干部、水利专业的大学生和研究生等，通过下乡担任志愿者、创业办厂、资金支持、政策咨询、规划设计、科技帮扶等方式服务乡村水利；还可以结合"三区"（边远贫困地区、边疆民族地区和革命老区）人才支持计划，吸引水利专业大学生担任"村官"工作，建立学校与乡村之间的人才培养与合作机制。总之，让更多水利专业人才参与乡村水利事业，不仅能提升农田水利建设的技术和管理水平，而且能为当地的振兴做出贡献。

综上所述，乡村振兴战略是一项伟大的工程，需要全国上下共同努力，

---

① 孙良顺：《小型农田水利设施供给机制的困境及路径选择》，《南通大学学报》（社会科学版），2016 年第 1 期。

② 《乡村振兴战略规划（2018—2022 年）》，《人民日报》2018 年 9 月 27 日。

如今我们已经迈入中国特色社会主义新时代，在以习近平同志为核心的党中央坚强领导下，聚焦实施乡村振兴战略，决胜全面建成小康社会的关键阶段，通过继续探索多种路径，大力推进农田水利建设，加大民生水利建设力度，可以充分发挥水利在生态文明建设中的基础作用，为实现乡村振兴保驾护航。

贵州篇

生态文明视野下贵州水文化的思考

生态文明建设是中华民族永续发展的千年大计，党中央一直高度重视。近年来，国家的生态环境日益改善，生态文明理念在全社会也逐渐树立。为进一步推进生态文明建设，习近平总书记在党的十九大报告中指出："必须树立和践行绿水青山就是金山银山的理念。像对待生命一样对待生态环境。实行最严格的生态环境保护制度。"① 水文化是人们在不同时期与水的斗争中，通过修建水利工程、进行图腾崇拜、祭祀水神、管理水的方式，形成的对水的认知理念等物质和精神的成果总和，是一种积极地与自然斗争形成的文化。水生态文明作为生态文明的重要组成部分，对于提升人们的文明理念、推进环境治理和树立良好的生态形象具有重要意义。贵州水文化较为丰富，作为国家生态文明建设试验区，厘清贵州省水文化的发展脉络，深入挖掘和保护好当地的水文化资源，对建设水美贵州，迈入生态文明新时代有很高的价值。

一、贵州水文化的分期

贵州少数民族众多，这里喀斯特地貌较为典型，自然条件较为复杂，降水量比较丰富，长期以来，人们在与自然进行斗争的过程中，修建了大量的水利工程，保存了诸多与水相关的遗址、工具、文书、祭祀仪式等，形成了丰富的、具有当地特色的水文化。为便于了解和梳理贵州水文化的发展脉络，

---

① 习近平：《决胜全面建成小康社会夺取新时代中国特色社会主义伟大胜利》，《光明日报》2017年10月28日。

笔者从历史时间段进行分期，包括古代时期、近代时期、改革开放前、改革开放后四个阶段。

第一个阶段为古代时期，这是贵州水文化孕育和形成期。贵州地处我国西南，地形条件较为复杂，开发相对较晚，在与水的斗争中起步也相对较晚，人们在对水的认知、管理方式和规章制度建设等方面比较滞后，该时期修建的水利工程也比较少。当下的史料中，关于贵州水利最早的记载始于《史记·西南夷列传》，其中有“西南夷君长以什数，夜郎最大……此皆魋结，耕田，有邑聚”。从有耕田的记载，可以推断出有原始的农田水利以及进行工程修建的工具等，可以说这是贵州最早见于史书的与水利有关的活动。而在兴义发掘的西汉墓中，出土的池塘田园模型，内有灌渠纵横交错，表明早在汉代这里就有灌溉设施了，也反映出该时期人们治水的理念。随后的三国两晋南北朝以及唐宋时期，贵州的水利活动不断发展，尤其是宋元时期，外地移民的涌入带来了兴修水利的技术，促进了这里的开发，这些相对先进的技术成为贵州水文化的重要组成部分。到了明代，贵州的政治地位不断提升，屯田制在该地推行，据记载，该时期修建的水利工程遍及当时的 17 个府、州、县，工程有 38 处，朝廷还专门设置官员兼管水利，这些水利工程和管理人员的设置充分说明了水利在这个时候已经有了较大发展。到清代前中期，贵州传统的水利设施有了更大进步，当地政府采取了一些奖励兴修水利的措施。这时候，一些专门介绍水流分布及水利技术的书籍出现，如贵州学政洪亮吉写的《贵州水道考》等，这些书籍成为其水文化发展的见证。直到近代中国大门被打开为止，贵州水文化一直是缓慢发展的，随着当地的不断开发，其文化内涵逐渐充实，也可以说该时期是贵州水文化的传统孕育和形成期。

第二个阶段为近代时期，这是贵州水文化传统与现代撞击的转变过渡期。鸦片战争后，中国沦为半殖民地半封建社会，国家的大门被打开，贵州虽地处西南但也受到了冲击，一直到新中国成立前，长期的战乱和农村的凋敝，水利不兴，农业不前，传统的水文化也受到强烈的冲击。该时期，伴随着西方一些较为先进的水利技术和管理理念的引入，贵州传统水文化融入了新的因素，开始了向现代的转变。尤其是抗战时期，伴随着东部大量水利机构的内迁，一些掌握近代水利技术的人员开始在贵州勘测设计工程。这时候，贵州的水利建设开始运用水文、地质、设计等科学技术。同时，大量的水文站在贵州建立，运用近代水利技术，如茅口、黄果树、威宁、花溪等站，打上了先进水利技术的标签。在管理方面，1938 年，农田水利贷款委员会成立，其是全省性的水利行政机构。在教育方面，1944 年，贵州省立高级工业学校代办水利短期职业训练班，毕业学生 16 名，这些毕业生成为具有近代水利思想的一批人。总体来看，近代是贵州水文化伴随着科学技术的引进，在社会动荡撞击下，艰难地由传统向现代的一个转变或者说过渡期，同时初步增加了水文化的多样性，丰富了其内涵。

第三个阶段为改革开放前，这是贵州水文化转折和发展的新时期。新中国成立后，贵州随着全省解放迎来了水利发展的崭新时期。从新中国成立初在传统水利建设的基础上起步，经过“大跃进”和“农业学大寨”两个历史阶段，贵州水利事业发展迅速，一批批大中小水利工程从无到有大范围修建，增加了灌溉面积并很大程度上解决了居民饮用水问题。其间，贵州不仅组织建立了从省到乡的各级水利行政机构，对较大的水利工程进行管理，制定和规范了水利管理和施工的规章制度，而且继续采用较为先进的勘测、设计、水文、测量等技术，还组建了水利学校，建立了一批水利技术队伍等，这些新的因素融入是对传统水利的彻底改变，也是对传统水文化的升华。尤其该时期少数民族传统的水文化在现代水利技术和理念的冲击下发生了转化和提升，进一步丰富了内涵，一些具有民族特点的水文化仪式如祭祀、祭神等也逐渐消失。整体上看，毛泽东时代虽然贵州的水文化中间受到“左”的因素影响，但其水利建设、管理理念、机构设置、政策制度制定、先进技术运用、人才培育、工具革新等相对新中国之前是一个大发展大进步时期，而这期间形成的水文化相较于传统来说也是一个巨大的转折提升。

第四个阶段为改革开放后，这是贵州水文化在继承原有的基础上凭借新的社会条件不断发展的新时期。党的十一届三中全会后，贵州迎来了水利事业发展的新阶段，在改革的大潮和先进技术及机械工具的推广利用下，一大批水利骨干工程在复杂的地貌条件下修建成功，诸多水电站拔地而起，解决农村居民的饮用水工程也全面开花快速发展，贵州的水土保持工作也有了新的进展，水利管理机构和行政机构在改革中不断完善职能，与时代相契合的水利制度和条例不断颁布，水利管理的方式与市场经济相挂钩以适应新形势的发展等。同时，喀斯特地貌条件下，人们开始注重对水文化的开发、保护和利用，建立了一批自然生态区，并把生态文明理念融入水文化发展中，不断丰富其内涵，逐步打造了一批具有时代特点和民族特征的水文化保护区和旅游区等。可以说，通过水利事业的改革发展，改革开放后的贵州水利建设有了一个巨大的飞跃，与之相联系的水文化也在变革中继续发展。尤其是进入21世纪以来，水文化作为生态文明建设的重要组成部分，日益受到政府和社会的重视，贵州也非常注重在水利建设过程中形成的水文化保护，注重挖掘和开发已有的水文化，在水美生态贵州的创建中，水文化的地位将会更加突出和重要。

二、贵州水文化的分类

水乃生命之源，万物之本。水文化有着广泛的社会性，历史的悠久性，内容的精博性。[①] 不同时代、不同社会和不同群体，人们对水的利用及治理理念不同，由此形成的水文化也带有一定的地域性、时代性和民族性。笔者认为，广义上讲，一切与水有关的人类活动都可升华为水文化，它包括物质和精神两个层面；狭义上讲，水文化侧重于人们与水的互动中产生的意识理念、书籍传承、规章制度、政策章程、科学教育、祭祀崇拜等精神层面。本文所指的水文化既包括物质方面如工程、遗址、机构、工具、技术等，也包括精神方面如水书籍、水理念、水风俗等。贵州喀斯特地貌典型，虽然这里的开发相对较晚，但水文化较为丰富，尤其是少数民族众多，水文化带有鲜明的民族特色，因此，为充分体现贵州水文化的特征和明晰水文化的丰富内容，本文整体上把其概括分为三个种类：一是物质层面的水文化；二是非物质层面的水文化；三是融合前两者的少数民族水文化。少数民族水文化虽被前两者包括，但为体现这里民族众多而创造的丰富文化，本文单独把其归为一类，这样更能体现贵州水文化的特点。

首先，物质层面的水文化。物质层面的水文化是看得见、摸得着的，是

① 李宗新：《浅议中国水文化的主要特性》，《华北水利水电学院学报》（社会科学版），2005年第1期。

人们改造和利用水的外在体现，主要包括在长期的水利发展史上形成的已有或者现有的工程遗址，包括蓄水、引水、提水、井水、泉水等人类兴建或整修的水工程，也包括在治水过程中产生的一系列工具如水车、戽斗、桔槔、水转翻车等。从工程角度来看，贵州有各种各样的水利工程，如以蓄水工程为主的水库、水塘，比较出名的有阿哈水库、花溪水库、红枫湖、百花湖等，其中修文岩鹰山水库是人们在与喀斯特地形做斗争的过程中形成的运用拱坝技术的典型工程；引水工程如历史上桐梓县境内的松坎堰、小龙灌溉工程，新中国成立后修建的羊昌河引水灌溉工程等；提水工程如一些机灌站，其中使用了机械和电力提水工具；还有一些倒虹吸管、坝址、塘堰、水井等，这些工程无论是在历史上还是现实中，无论是已成为遗址还是正在发挥作用，都可视为物质性的水文化。当然，与这些工程相联系或者人们在与水的斗争中使用的工具，包括传统工具如水车、筒车等，现代工具如水轮泵、机械装置、引水泵等，也都是物质层面的水文化。这些物质层面的水文化具有历史性、长远性、地域性和时代性等特点，蕴藏着人们改造和利用水资源的理念，既能体现时代的进步，又能展现地域或者民族的特性，也能从中寻找出人类治水的历史经验，其中不同时期的水工程是物质层面水文化的核心，它们至今仍然间接或直接地对人类利用水资源产生很大影响，亟须维修和保护。

其次，非物质层面的水文化。非物质层面的水文化侧重于精神形态方面，主要指水利发展史上形成的与人类治水意识有关的理念、书籍、碑刻、政策、规章、音乐诗歌、水传说、水祭祀、水风俗、艺术雕刻等，充分展现了人类文明进步的价值。本文之所以把碑刻归属于非物质层面的水文化，是因为碑刻是人类水活动的记录，是一种精神的典籍，如乾隆年间刻立的《大水田堰碑》、桐梓县松坎堰石刻等，承载了人类治水的记忆。水利书籍是水文化的关键组成部分，记载了人类与水斗争的历史，包括水资源分布、治水理念、经验教训和技术工具改造运用等。贵州水利史上产生了诸多水利典籍，如徐霞客的《盘江考》，洪亮吉的《贵州水道考》，罗文思的《堰说》《堰法》《塘说》《塘法》等，这些书籍承载着人们治水的记忆，是人们治水经验的总结和凝华，对于传承水文化历史有重要的作用。尤其是近现代以来的水利书籍，伴随着治水理念和水利技术的进步更是数不胜数。而一些政策或者形成的制度等，代表着不同时期人们的治水思想，如 1940 年制定的《贵州省各县农田凿塘蓄水防旱办法》、1945年制定的《贵州省各县兴办小型农田水利办法》，新中国成立后形成的各种丰富的规章制度和政策方针等都是水文化的重要组成部分，指导着不同时代、不同地域人们用水、管水的理念。至于治水过程中形成的诗歌音乐，也是反映人们能战胜水、利用水为百姓服务的一种精神文化，如“大跃进”“农业学大寨”时期，贵州在修建水利工程中产生的诸多诗歌和音乐，展现了人们在喀斯特地貌条件下与水做斗争的精神斗志，蕴藏了人定胜天的思想，是一个时代水文化的特征体现。

最后，少数民族水文化。水文化具有民族性，体现一个民族在长期与水的斗争中形成的物质和精神方面的活动。贵州少数民族众多，民族文化丰富多彩，其中，水文化也是民族文化的重要组成部分。因此，为体现贵州水文化的自有特征，与当地文化相契合，本文单独把少数民族文化作为一类进行论述。这里的少数民族在与水进行斗争的过程中也产生了丰富的物质和非物质水文化，不仅是民族文化的一部分，也是贵州水文化的重要组成部分。当然，不同民族生活习惯、耕作方式、居住环境、信仰风俗等不同，其水文化也有自身的特色。如侗族大多居住在铜仁地区，靠山泉、山塘灌溉稻田，有着独特的水文化，民俗中的“敬龙神”，修建的风雨桥，口口相传的水记忆，以及当下在聚居的地方修建的水利工程，包括侗寨中的水井、鼓楼、田畴等都带有鲜明的民族特色。布依族主要居住在南盘江、北盘江等江河流域的黔南和黔西南地区，以稻作为主要生产方式，基本临水而居，形成了关于滴水滩的传说、要水龙活动以及祭祀中与水相关的仪式等，体现了本民族水文化的历史传承。苗族主要分布在黔东地区，以大杂居和小聚居为主，主要种植水稻，对水的重视度较高，这里有关于洪水滔天的神话传说与“水鼓节”等，承载着民族的记忆。而南江河的祭水文化则是生活在南江两岸的苗族、布依族、仡佬族等在每年春夏之交举行的祈水祭水仪式，展现了人们对水、对自然的敬重。还有彝族“支嘎阿鲁湖祭水”，主要由设祭坛、迎取圣水、诵读《祭水经》、献牲、祭神、跳支嘎阿鲁湖水神舞、送水神等组成，展现了水作为本民族的生命之源的重要地位。除此之外，还有其他当地的少数民族水文化，这些民族水文化异常丰富，具有历史的传承性、地域的不同性、民族的多样性、时代的延伸性等特征，其中主要以神话传说、建筑方式、居住特点、祭祀仪式等展现出来，往往带有一定的神秘色彩。可见，少数民族水文化是贵州水文化的重要组成部分，丰富了贵州水文化的多样性，也更加凸显了贵州水文化不同于其他地方的民族特点，所以，对其进行很好的保护和开发传承有着重要的历史与时代价值。

三、贵州水文化的保护

水文化是生态文明建设的重要组成部分，对其进行有效的保护和开发对于传承文明、提升人们的生态理念、尊重和遵循自然规律等有很好的启示意义与现实价值。贵州水文化丰富多彩，不仅有地域性，还有民族性，在新时代条件下，可以凭借建设水美贵州和生态贵州的机遇，对其进行有效的保护和开发，以此提高人们的生态文明意识。

第一，充分重视水文化的价值。水文化体现了人们改造利用自然的文明理念，只要我们充分肯定水文化的历史价值，水文化的传承、开发和繁荣就会得到进一步提升，长期形成的治水理念和治水经验也会在新的时代条件下得到发展和升华；只有我们充分尊重水文化的现实价值，才能有助于培养人们敬畏自然，敬水、爱水、节约用水的环保意识，形成人与水和谐共处的生活方式。

第二，加快贵州水文化的分类以及抢救维护工作，尤其对历史上形成的水利工程遗址、水利典籍、水祭祀仪式、碑刻契约、法律诗歌等的保护。在分类的基础上进行有重点、有计划的保护，对于其中体现时代价值和社会进步以及对人们生活产生重大影响的水文化应格外重视。现在一些民族水文化申报省级非物质文化遗产，说明人们在这方面的保护传承意识不断增强。

第三，制定和完善明确的管理制度和章程。当下，关于水文化保护方面的制度、章程相对较少，相关的政策和机制不完善，尤其是在当今市场经济的冲击下，一些有价值的历史水文化因为缺乏相应的保护政策而被破坏、流失。所以，完善管理制度和章程是有效保护水文化不受侵害的前提与保障。只有完善相应的制度、章程，才能理顺关系，整合各地的水文化资源，更好地抢救、维护及开发、利用。

第四，强化宣传。信息化时代，宣传是提高知名度，加大保护力度的重要手段，充分利用网络媒体对不同层次、不同民族、不同身份的人进行广泛宣传，包括新闻媒体、互联网、水文化进校园进课堂等宣传方式，可以让水文化更好地融入人们的日常生活。同时，加大对水文化的研究力度，整合贵州的高校及科研机构，建立一支水文化研究的专职队伍，逐步形成具有地域特色和民族特性的水文化研究体系。

第五，加大资金、物力和人力的投入，抢救那些即将遗失的水文化。水文化尤其是历史上形成的体现人类进步和时代价值的水文化，对于传承文明有重要的作用，但由于现实和人为因素，一些水文化，尤其是少数民族水文化中一些与之相关的传说、书籍、祭祀仪式等逐渐淡出人们的视野，亟须对它们进行抢救和保护。为此，在资金和物力、人力方面应该相应地加大投入，可以建立水文化建设专项基金和一支专业性强的保护队伍。

第六，提升政府在保护水文化中的行政执行力。根据我国国情，政府是水文化抢救保护的守护神，从制定规章条例到提供资金支持，从规划指导到开发利用，从筹建机构到管理保护，从资金投入到开发利用，政府的执行力时刻影响着水文化的保护和传承。与此同时，政府还可以凭借权威，整合不同单位资源和协调不同部门之间的利益，让其充分地参与到水文化的保护和开发中来。

第七，建立一批水文化博物馆和展览馆。在一些水文化相对集中，尤其是少数民族水文化较为繁荣的地方，建立博物馆和展览馆，可以很好地开发和保护物质尤其是非物质水文化，让更多人了解和认识水文化的发展历程。当然，如果条件允许可以把这些博物馆及展览馆建设成为高校社会实践和观摩基地，通过组织参观学习，提升当代大学生对本地水文化的认知水平。

进入新时代，水文化已经作为生态文明建设的重要组成部分进入人们的视野，并受到越来越多的人关注和重视。贵州地处我国西南，地貌条件复杂，少数民族众多，这里的水文化不仅内容丰富，多彩多样，而且具有浓厚的地域和民族特性。由于当地相对落后，原生态的水文化保存较为完整，通过整体对这里的水文化进行宏观层面的分类，不仅有助于建立完善贵州水文化保护利用的制度体系，而且对于推动贵州水文化建设和打造生态贵州和水美贵州有重要的现实人文价值。

（原文发表在《农业考古》2018 年第 1 期）

新中国成立初期贵州农田水利建设的历史经验

贵州省水资源丰富，因地质条件和历史原因，在新中国成立前的漫长岁月中，农田水利建设绝大多数是农民自发的，这些水利设施规模小、工程简陋且效用率低，很难起到旱涝保收的作用。新中国成立后，党和政府高度重视农田水利建设，贵州的农田水利建设迎来了发展的春天。新中国成立初期是贵州农田水利建设初步发展阶段，据统计，到“1957 年底，全省灌溉面积达到 409.4 万亩，比 1949 年增加了 43%，平均每年增加 17.6 万亩”①。其间，贵州省的农田水利建设不仅取得了非常大的成绩，而且积累了很宝贵的水利建设经验。

一、党和地方政府高度重视

毛泽东早在 20 世纪 30 年代的革命根据地建设过程中就提出“水利是农业的命脉，我们也应予以极大的注意”②。中国人民在共产党的领导下，建立了新生的人民政权，为农田水利建设创造了良好的条件。新中国成立初期，各省成立了水利机构，配备了相关的水利技术人员，贵州省也成立了农林厅水利局，专门抓、管本省的水利建设，各地县也成立了水利机构，县还专门设立了农田水利科，有专门的水利干部领导。1956 年 6 月，贵州省农业厅水

① 贵州省地方志编纂委员会：《贵州省志·水利志》，北京：方志出版社 1997 年版，第 8 页。
② 毛泽东：《毛泽东选集》（第一卷），北京：人民出版社 2008 年版，第 132 页。

利局在省委、省政府的关心和支持下，升格为贵州省水利局。局设有办公室、监察室、人事科、农田水利工作队等，局属单位有查勘队5个、测量队4个及地质钻探队、工程队、贵阳水利学校。贵州省水利局的设立为大规模开展农田水利建设运动提供了更加坚强有力的组织保障。但贵州属于欠发达省份，投入农田水利建设的资金、物资和劳动力等有限，水利技术人员相当缺乏，在一定程度上限制了贵州水利事业的发展。新中国成立初期，一方面，贵州根据实际情况，把水利工作的重点放在整修和恢复旧有的水利设施上，如1950年底续建完成的第一处水利工程贵阳中曹司引水工程和1952年4月完成的续建惠水涟江引水工程等；另一方面，贵州省政府向各地发放水利专项贷款并举办水利培训班，培训大量的水利技术人才。农村互助合作运动兴起后，贵州省委、省政府根据中央发展水利的政策指示，制定了适合贵州水利发展的方针，即“在各级党委、政府的统一领导下，依靠互助合作，深入发动组织群众，大力发展群众性的小型农田水利。根据需要与可能，择要兴建费、省、效、宏的单位工程，逐步减轻水旱灾害，保证农业生产不断增长，积极巩固互助合作，为农业增产及社会主义改造服务，加强管理养护工作，重点试办，稳步发展机械提水事业，重视山区防洪、排水及水土保持工作。水利工作的中心是兴修小型水利”①。从贵州省委、省政府制定的水利发展方针政策可以看出，在当时兴建农田水利工程遵循了实事求是、因地制宜的原则，做到了量力而行、尽力而为。为全面摸清贵州省水利工程建设的前期工作，贵州省水利局在省委、省政府的关心领导下又组建了查勘组，分赴各专区进行水利工程的选点和勘测设计，并对一些中小河流进行规划，为水利工程的兴建提供了第一手勘测资料。

贵州省委、省政府适时根据省农田水利建设的情况指导各地水利工作，这些工作不仅包括宏观层面方针政策的制定，而且包括监督具体水利工程的修建和管理等。在农田水利建设中，安全卫生工作、水利工程管理占有十分重要的地位，贵州省委、省政府对此高度重视，多次做出明确指示，要求各地、县在农田水利建设过程中高度重视，并且制定了《贵州省群众性农田水利工程安全施工操作规程》《贵州省群众性农田水利工程管理养护办法》等相

① 1955年2月7日，《在全省水利、林业、气象工作会议上的报告》，贵州省档案馆，93-1-6。

关规定，目的是确保农田水利工程在安全有序的条件下进行并在建成后发挥效用。1955 年农田水利建设高潮来临后，“各级党委进一步加强了领导，建立健全了各级水利机构，指定了专人负责，为开展大规模的兴修水利运动提供了组织保证”[①]。党和政府是领导广大群众兴修农田水利的中流砥柱，正是有了党和政府的坚强领导和高度重视，才确保了各地水利工程建设的顺利进行。新中国成立初期，贵州省农田水利建设取得了非常大的成绩，整修和兴建了一批农田水利工程，为贵州农业的发展提供了保障，也为以后的农田水利建设奠定了基础，这些成就的取得是党和政府的高度重视与直接领导，以及广大群众积极参与的结果。

二、依靠群众，走群众路线

发动群众、依靠群众、团结群众，从群众中来到群众中去，是我党一贯坚持的路线。我党正是由于在长期的革命斗争中坚持依靠群众、走群众路线才得到了广大人民的支持，进而取得国家政权。在国家建设的新时期，依靠和团结广大群众是经济和社会发展的基础，是我党的力量之源和执政之基。农田水利是群众性的工作，广大群众不仅是兴修农田水利的主体，也是水利建设的直接参与者和受益者。新中国成立初期，贵州省绝大部分人口分布在农村，他们靠天吃饭、靠天保收的局面没有改变，农田水利建设地位变得非常重要，广大群众热情支持和广泛参与。其间，贵州省根据自身的地质条件和需要广泛发展群众性的小型农田水利，积极走群众路线，发动并团结广大群众，在小型农田水利建设中取得了巨大的成绩。“农田水利是群众性、技术性的工作，必须深入而广泛地贯彻群众路线的指导原则，依靠广大群众无穷的智慧和力量，在群众自觉、自愿的基础上来举办。若站在群众之上，指手划脚，不相信群众，工作自然失败。从思想上来热爱群众，大胆相信群众，依靠群众，处处考虑群众的利益，广泛地把技术交给群众，系统地把群众的

---

① 1956 年 6 月 4 日，《贵州省 1956 年春季水利工作总结及今后工作意见》，贵州省档案馆，6-1-254。

经验总结起来，加以科学分析，提高一步，再交流推广到群众中去。”[①] 仅1955年冬到1956年春“全省有116.6万多青年投入兴修水利运动，组织了8770个突击队”[②]。正是由于广大群众的踊跃参与和强烈的拥护支持，贵州才在新中国成立初期的农田水利建设中取得巨大进步，不仅团结了省内的各少数民族，而且巩固了工农联盟，为贵州粮食稳产增产和随后迎来的农田水利建设新高潮提供了条件，奠定了基础。事实充分证明，在兴修农田水利过程中，只有依靠群众、走群众路线，才能推动农田水利建设的发展，进而提高我党在群众中的威信，巩固我党的执政之基和力量之源。

三、重视水利技术队伍建设，注重水利教育

水利技术队伍是农田水利建设的引航员和中坚力量，没有一支良好的水利技术队伍，就不可能建成一批效能高、质量好的大中型水利工程。新中国成立初期，贵州省从事水利技术的专业人员很少，据统计，“1950年7月，省农林厅水利局职工共44人，其中干部24人，工人20人。1954年底，省农林厅水利局职工共452人。其中干部359人，工人93人。内有专区农田水利工作队人员202人（编制在省局）”[③]。虽然经过几年发展，1954年贵州省农林厅水利局职工的素质要比1950年有很大的提高，但这些从事水利的职工中干部占绝大多数，一线的水利技术人员相当匮乏，远远不能适应在农村兴起的兴修农田水利高潮，而解决这一问题最有效的途径就是开展水利职工和水利干部的培训，举办一些水利学校，培养水利专业人才。贵州省委、省政府根据自身的实际情况和客观需要高度重视水利技术队伍建设，责成各级水利部门开展各种类型的水利短中长期培训班，同时积极支持水利教育的发展。“1951年，贵州省农林厅水利局根据西南军政委员会指示和全省水利建设的实际需要，制订了水利干部培育计划，并着手筹办全省水利工程测量技术人员

① 1955年2月7日，《在全省水利、林业、气象工作会议上的报告》，贵州省档案馆，93-1-6。

② 1956年6月4日，《贵州省1956年春季水利工作总结及今后工作意见》，贵州省档案馆，6-1-254。

③ 贵州省地方志编纂委员会：《贵州省志·水利志》，北京：方志出版社1997年版，第417页。

和小型农田水利工程指导员训练班。同年9月15日，水利工程测量专修班在贵阳开办，学制一年，参加专修班学习的62名学员，都是高中毕业或具有同等学历的社会青年。”① 这些被培训的水利人员之后成为贵州省水利系统的骨干力量。在培育水利干部的同时也开展对水利辅导员及农民水利技术人员的培训。所谓水利辅导员，即在水利工作第一线、半脱产、有一定文化水平的农民、党团员等水利积极分子，“水利辅导员熟悉地方情况，与群众有密切的联系，并且有一定的工作经验和文化水平，是水利工作中主要的技术力量。应加强组织领导，有计划有步骤地进行培养，不断提高他们的技术水平”②。同时“大力培训农民基层水利人员，以加强技术指导，保证工程质量。在目前我省技术力量薄弱的情况下，遴选在群众中有威信且对水利工作又热心的农民积极分子、合作社社员、党团员等，采用实地学习或办训练班的方式，讲授水利政策及水利基本常识，以培养农民自己的技术人员”③。到1955年初，“据不完全统计，全省共训练了农民水利技术人员4100多人”④，并决定“1955年全省训练不脱产农民水利基层人员，共计6800名（原列5000名包括在内），吸收半脱产农民水利辅导员790名”⑤。水利辅导员和农民水利技术人员与广大农村群众联系紧密，他们大都来自农村，对农村的农田水利建设情况和群众的思想动态等有很好的了解，在农田水利建设中起到了举足轻重的作用。新中国成立初期，在贵州省水利技术人员缺乏的背景下，通过培养大量的水利辅导员和农民水利技术人员，为当时及以后的水利事业发展奠定了人才基础，提供了一定的技术条件。

培育、培训水利干部和水利技术人员见效快、成本低，但从长远看，贵州必须有专门的学校或者设立水利专业等，以培养一代又一代的水利技术人才。在新中国成立之前，贵州受过高等教育的水利技术人才主要来自省外和本省高等院校土木工程系的毕业学生。新中国成立初期，贵州没有专门的高

① 贵州省地方志编纂委员会：《贵州省志·水利志》，北京：方志出版社1997年版，第399页。

② 1956年8月，《贵州省水利局党组关于1956年第二届全省水利会议情况和今后工作意见的报告》，贵州省档案馆，93-1-258。

③ 1955年2月7日，《在全省水利、林业、气象工作会议上的报告》，贵州省档案馆，93-1-6。

④ 1955年2月，《贵州省五年来水利工作总结和1955年工作任务》，贵州省档案馆，40-3-3706。

⑤ 1955年2月7日，《在全省水利、林业、气象工作会议上的报告》，贵州省档案馆，93-1-6。

校设立水利专业，其水利人才的培养主要靠中等专业教育。“1955年贵阳农校开设农田水利专业，招生一班。1956年初，创建贵州省贵阳水利学校，原农校农田水利专业并入水校。”① 贵州省贵阳水利学校是1956年初经贵州省水利局报经省人民委员会同意兴建的，是贵州第一所水利中等专业教育学校。此后，贵州的水利中等教育进入了一个新的发展阶段。贵州虽相对落后，地质条件复杂，交通不便，但在农田水利建设中的思想理念、发展思路并不落后于其他地区。贵州省委、省政府高瞻远瞩，实事求是，从贵州农田水利建设的实际出发，培训了大量水利干部、水利辅导员和农民水利技术人员，并高度重视水利教育事业的发展，开办了专门的水利职业教育学校，这些都为新中国成立初期贵州省农田水利建设创造了条件、提供了保障，也为以后的农田水利建设高潮铺设了道路、奠定了基础、指明了方向。

四、积极开展水利技术革新

新中国成立初期，我国水利技术及水利工具等比较落后，而贵州地处西南，长期以来发展落后于东部省份，其水利技术和工具相对于东部省份来说还要原始些，大多靠人挑、人背、人挖、人担。伴随着群众性小型水利的开展，针对如何提高效率，加快农田水利设施的整修和兴建成为很急迫的任务。贵州各地在农田水利建设中充分依靠群众、走群众路线，及时总结丰富多彩的群众经验，并在群众中开展技术革新运动，以最大限度地发挥广大群众的智慧，各地群众在农田水利建设中创造和改进了很多工具。比如，“锅底河水库工程，用双轮双铧犁松土，提高工效20倍。填土采用石牛（平碾）提高工效2倍。运土采用牛车马车也大大节省了劳动力，并提高了工效。石方爆炸采用放大炮，提高工效4倍。独山黎家寨水库采用带槽石磙碾压，提高工效4倍，并推广了挂钩挑土，提高了工效。松桃、兴义等地在艰险地方放炮采用低煤灰节约了引线，并保证施工安全”②。又如，“大量推广就地取材的办法，

① 贵州省地方志编纂委员会：《贵州省志·水利志》，北京：方志出版社1997年版，第392页。
② 《大中型单位工程施工工作总结》，1956年6月5日，贵州省档案馆，6-1-254。

用木管、瓦管、竹管来代替山塘、水库的料石卧涵管，有效解决了石工缺乏的困难，加快了工程进度。遵义南白区水利模范创造了倒土不放撮箕、不弯腰的活钩倒土法；清镇县群众创造了鱼鳅具，都大大提高了工效”①。以上仅仅是一些具有典型代表性的地区进行的水利工具革新，在其他地区的水利工地上也不时看到广大群众用自己革新的工具进行劳动，提高工作效率。当时，水利技术的革新主要在中小型的水利工地上展开，是群众在原始的水利工具基础上通过自发参与、积累经验、相互学习等进行的，成绩是巨大的，不仅逐步改变了原始的水利技术条件，而且大大提高了工效，加快了水利工程的进度，为农田水利建设做出了贡献。开展水利技术革新的事实进一步证明了：只有相信科技、创新技术、依靠并团结群众，农田水利建设才能取得大进步。

贵州农田水利建设在新中国成立初期形成的历史经验不仅仅是以上四点，在贵州省委、省政府高度重视和支持下，各地政府和水利部门充分依靠群众，发挥广大群众的主观能动性，开展水利技术革新，并不断培养水利技术人才，为下一步农田水利建设高潮的来临做了良好的准备，也为以后贵州农业发展、粮食增产提供了一定的水源保障。

（原文发表在《赤峰学院学报》（汉文哲学社会科学版）2012 年第 4 期）

① 《贵州省 1956 年春季水利工作总结及今后工作意见》，1956 年 6 月 4 日，贵州省档案馆，6-1-254。

新中国成立初期贵州农田水利工程的质量与管理

农田水利工程的质量与管理直接影响着工程效益的发挥，决定着工程的使用年限。事实证明，凡是农田水利工程质量和管理好的，其综合效益就高，使用年限就长；反之则差。农田水利工程的质量和管理工作相辅相成，缺一不可，质量是生命，管理则是延长工程使用年限的最有效方法。新中国成立初期，贵州农田水利工程的质量与管理工作虽然存在着一些问题，但经过及时总结经验和教训，取得了较大进步，积累了一些有价值的经验。

一、新中国成立初期贵州农田水利工程的质量问题

新中国成立初期，为改变贵州农田水利建设落后的局面，做到农业旱涝保收以提高粮食产量，同时解决山区群众的饮用水问题，在贵州省委、省政府的高度重视和领导下，贵州开展了大规模的群众性农田水利建设运动，这场农田水利建设运动的重点是恢复和整修原先的水利工程，并建设一些中小型的工程。百年大计，质量第一，质量是农田水利工程的生命，质量不过关，不仅浪费人力、物力和财力，而且会产生安全问题，影响下一步的工作。贵州省委、省政府一直高度重视农田水利工程的质量问题，多次做出指示并在其领导下制定了相关的规章制度；各级地方政府和水利建设工地也成立了专门的机构负责农田水利工程质量的巡回检查工作。但是，根据相关部门统计，新中国成立初期，贵州农田水利建设在取得成绩的同时工程质量差也是不可回避的问题。“据都匀、修文、贵筑等 34 个县 5230 处工程的检查，符合质量

标准的工程只占56.9%；已经失败或不起作用的工程占5.4%；有垮漏现象不符合工程质量要求的占37.7%。一般蓄水工程蓄水量和抗旱能力低，凤冈县六里乡21口塘，每亩田只能得水77公方，抗旱15天，距抗旱40天的标准相差很远。有的地区有草率收兵的情况，没有做好扫尾工作。这些典型事例，说明我省农田水利工程质量差，是一个普遍性的问题，若不迅速设法加以改修和整修，不仅不能充分发挥其灌溉效能，洪水一来还可能造成人为的水灾。大中型单位工程亦有同样情况，三穗14公尺的高架渡槽，天柱、松桃的石渠均于防水时坍塌；江口30公尺长的木架在试水时发生断折，造成很大损失。”①

由此可以看出，虽然贵州省委、省政府等高度重视农田水利工程的质量问题，但在建设的过程中仍然存在着许多问题，原因主要有以下几点：首先，全国刚解放，广大群众迫切要求改变贵州长期以来农田水利落后的局面，因此，贵州各地在农田水利建设过程中盲目地追求数量，只求速度和规模，而忽视质量；其次，一些水利干部追求政绩，忽视效益，把质量和速度对立起来；最后，贵州当时农田水利技术力量十分薄弱，加之喀斯特地形的限制，工程建设的难度较大。

通过贵州省农田水利工程质量的检查，针对存在的质量问题，贵州省委、省政府高度重视，责令各级地方政府对发现的问题进行整改、整修，进一步规范农田水利工程的质量标准和验收检查工作。“通过检查，凡工程质量符合标准者，应予以验收，并建立工程验收卡片；对于不合规格的工程，暂时不予验收，提出改进意见，组织群众进行整修。所有不合格的工程在7月底以前通过整修，使其达到应有的标准。”② 新中国成立初期，贵州省农田水利工程虽然存在一些不符合要求的质量问题，但在省委、省政府的直接领导下，通过成立质量检查机构，对贵州省的农田水利工程进行验收，对不合格的质量工程进行了整改；再加上这期间的农田水利工程基本是整修和恢复原有的工程，所以，这时期贵州省农田水利工程通过检查、整修等，其质量在一定程度上是可以确保的。

---

① 《贵州省1956年春季水利工作总结及今后工作意见》，1956年6月4日，贵州省档案馆，6-1-254。

② 《贵州省1956年春季水利工作总结及今后工作意见》，1956年6月4日，贵州省档案馆，6-1-254。

二、新中国成立初期贵州农田水利工程的管理

从古至今，历朝历代在和平的环境下都非常注重农田水利的兴建，并能认识到水利工程管理工作的重要性。可以说，工程管理工作的好坏决定着农田水利工程的使用年限和综合效益的发挥，对保证粮食增产、夯实农业基础地位有着重要意义。改革开放前，农田水利工程的管理体制分为国家管理和集体管理两大类，国家管理的工程主要由当地政府主管部门负责，集体管理工程则由受益队、村、社或乡组织管理。贵州的农田水利工程管理工作起步比较早，1950 年底，针对续建的中曹司引水工程成立了中曹司工程管理所，这是新中国成立后贵州省建立的第一个水利工程管理单位。1951 年 11 月，贵州省农林厅水利局颁布《贵州省农田水利工程管理养护规程草案》，指出："灌区于工程完竣后，当视工程范围之大小，单独或联合若干工程设立管理所，由政府派人组织或由受益群众组织。各管理机构之主要任务为：规定各渠水量之分配比例及用水顺序并管理其用水；渠道及建筑物之岁修、抢修；灌溉机械之使用及养护；水文测验及呈报；调查用水户之增减及水权的转移等。"① 随着贵州省农田水利建设的开展，原贵州省农林厅水利局开始设专职干部负责农田水利管理养护工作，并要求各专区派专职干部 1 人负责管理养护。由此可以看出，从兴修农田水利开始，贵州省委、省政府及各级水利机构就十分注重工程的管理和养护工作，这对农田水利工程综合效益的发挥及管理人员的素质提高具有很强的指导意义。

1953—1956 年是我国社会主义过渡时期，贵州农田水利建设也伴随着农业社会主义改造和农业合作化逐步推进，在 1955—1956 年掀起了一个小高潮。其间，因为一些地方片面追求农田水利工程的建设速度和规模，忽视了工程管理工作，造成了一些无法挽回的损失。"几年来，对管理养护工作不够重视，存在着'重兴修轻管理'的错误思想，因而'有水无人管、垮漏无人修、贷款无人还'及'上边淹死、下边干死'不合理的现象仍然严重地存在，

① 贵州省地方志编纂委员会：《贵州省志 · 水利志》，北京：方志出版社 1997 年版，第 183 页。

未能发挥工程应有的最大效能。从贵筑县北衙、新壮、云锦、白云4个乡的检查来看，共有塘75口，其中已有管理养护组织机构及专人放水的仅占工程总数的33.3%，因此全起作用的仅占42.7%，半起作用的占26.7%，不起作用的占30.6%，75口塘，本可蓄水145765公方，但因管理不善，现仅蓄水55380公方，工程利用率38%。”① 上面仅仅是对几个乡的抽查得出的结论，如果这一现象扩大到全省，可想而知忽视工程管理带来的后果。针对农田水利工程管理存在的问题，贵州省委、省政府及水利局高度重视，在总结前几年经验、教训及深入调查的基础上，在1956年召开的春季水利工作总结会议上提出“省水利局准备成立灌溉管理机构，把大中型灌区、群众性水利工程、机械提水、水力发电等各项工程统一管理起来，各专县市应成立灌溉管理组或专人负责此项工作。群众性农田水利工程的管理养护工作，首先要求区、乡应有人专管或兼管，各农业生产合作社社内应设立管理养护组织，并按社内工程数量和分布情况找出专人负责社内经常性的蓄水、保水、用水、配水和工程的养护工作，由社内评给合理工分，涉及两个社以上的工程由受益社选派代表成立联合管理机构，这是做好灌溉管理工作的首要关键”②。紧接着，贵州省又制定了《贵州省群众性农田水利工程管理养护办法》，对群众性的农田水利工程管理进一步细化。由此可知，贵州省在新中国成立初期农田水利建设过程中是一直高度重视工程管理工作的，并针对各地存在的问题，制定了相关管理章程和规定，使农田水利工程管理工作在实事求是、因地制宜的基础上规范化、制度化，这在当时的条件之下实属不易，也为以后的水利管理工作提供了经验，铺好了路子。

三、历史经验总结

今天，在我们的农田水利建设过程中也存在着质量和管理方面的问题，

---

① 《贵州省五年来水利工作总结和1955年的工作任务》，1955年2月，贵州省档案馆，6-1-254。

② 《贵州省1956年春季水利工作总结及今后工作意见》，1956年6月4日，贵州省档案馆，6-1-254。

许多工程忽视质量成了豆腐渣工程；忽视管理工作导致大量人力、物力浪费及效益低下。从历史中探寻经验，从历史中窥视事物发展轨迹，能更好地为现实服务。新中国成立初期，贵州农田水利工程质量及管理工作虽然存在着一些问题，其自身的经济技术和思想理念相对东部省份比较落后，但能在农田水利工程质量及管理中取得较大成绩和经验是值得肯定的。其间，关于农田水利工程的质量及管理工作的经验主要体现在以下几个方面：第一，农田水利工程质量和管理养护工作同等重要，应高度重视、不可偏废其一。质量贯穿工程建设的始终，管理工作则决定工程后续的使用及效益发挥的大小，质量是根本，管理是血液。只强调质量而忽视管理，农田水利工程的使用年限及效益发挥程度就会大打折扣；反之，只注重管理忽视质量更谈不上工程后续的使用。质量和管理工作同等重要，应始终贯穿农田水利工程修建及后续利用的始终。第二，成立精简有效的组织机构分别负责农田水利工程的质量监督和管理工作。农田水利工程的质量和管理应有专门的组织机构负责，不应纸上谈兵、不务实而务虚。精简且高效的组织机构能确保工程质量及后续效益的发挥，贵州省在新中国成立初期通过成立各级水利管理机构及质量检查组等负责农田水利工程的质量及管理利用，取得了较好成绩，也确保了上级指示及方针政策的落实。第三，科学合理的规章制度是确保工程质量和提高管理效率的先行官。科学合理的规章制度能使农田水利建设在高效、科学的轨道上进行。新中国成立初期，贵州省农田水利建设能取得较大的成绩与省委、省政府直接领导并求真务实地制定相关规章制度是分不开的。因此，我们在继续推进农田水利建设的同时，通过调查分析、因地制宜和实事求是，制定科学合理的规章制度，以确保工程质量和提高工程管理水平，使农田水利建设科学化、规范化、制度化。

（原文发表在《重庆科技学院学报》（社会科学版）2012 年第 7 期）

新中国成立初期贵州农田水利建设论析

农田水利建设是农业发展之基，是粮食增产和农民增收之需。新中国成立初期，贵州在相对落后的情况下，在省委、省政府的高度重视和领导下，通过整修和恢复原先的农田水利基础设施，兴建了一大批农田水利工程，并取得了较大的成绩，积累了丰富的治水经验，对我们今天农田水利的发展有着重要的启示意义。水是人类生存最基本的条件，也是经济和社会发展的基础之一，是不可替代的重要自然资源，人类对水的认识和利用也伴随着社会的进步不断发展。历朝历代的统治者一直把水资源的开发、治理、利用作为治国安邦的大业。新中国成立后，在中国共产党的领导下，我们对水的认识推进到一个新的高度，在水利建设的征程中取得了骄人的成绩，为国民经济和社会文化的发展夯实了基础。新中国成立初期，贵州的农田水利建设作为全国的缩影，为以后贵州经济和社会发展及下一个农田水利建设高潮的来临创造了条件。

一、背景考察

农田水利是防治旱涝灾害的重要工具，是农业发展、农民增收的关键，也是经济和社会发展的重要基础，可以缓解旱情、涝情，扩大保收田的比重，增加粮食产量，提高农民收入。新中国成立初期，我国的农业生产条件很落后，靠天吃饭的局面没有彻底改变，广大农民生产生活水平很低。为巩固政权、发展农业、提高粮食产量等，党和政府一直高度重视农田水利建设，毛泽东主席提出“要根治淮河”，以确保广大人民的生命和财产安全。1952 年 2

月15日，政务院通过的《中央人民政府政务院关于1952年农业生产的决定》指出，“为保证提高单位面积产量，必须广泛发展水利，并战胜各种自然灾害”①。在当时的农业生产条件下，要提高粮食产量，发展水利尤其是小型水利是必备的条件。1953年，我国进入向社会主义过渡的时期，互助组、合作社开始建立并推广，这时的农田水利建设重点是“开展群众性的各种小型水利，并切实整顿现有水利设施，发展其应用效益方面”②。为完成第一个五年计划关于农田水利的任务，国家对各省的农田水利建设增加了投资和贷款，推动了1955年冬到1956年春农田水利建设高潮的来临。可以说，新中国成立初期，全国各省的农田水利建设是在我国农业生产条件比较落后、旱涝灾害频繁发生的背景下，在党和政府的高度重视和直接领导下进行的。

贵州处于我国的西南部，地质条件复杂，以山地、喀斯特地貌为主。贵州降水总量虽然非常丰富，但地区之间分布不均，且省内水土流失严重，导致水旱灾害频繁发生，农业生产条件十分落后，农村人畜饮用水十分困难。新中国成立之前，贵州的农田水利建设一直在艰难的条件下进行，发展十分缓慢，水利基础设施非常薄弱。据统计，“到1949年为止，全省塘库总蓄水量只有2133万立方米，蓄、引、提各类水利工程总计有效灌溉面积为206.5万亩（包括浸水田74万亩），其中保证灌溉面积148万亩，仅占当时全省稻田面积的12.1%，其余基本上是‘靠天吃饭’的‘望天田’”③。新中国成立后，针对贵州农田水利建设十分落后的局面，贵州省委、省政府高度重视，农田水利建设也进入了一个崭新的发展时期。总之，新中国成立初期，贵州农田水利建设是在全国水利建设的大背景下，贵州省委、省政府在充分认识当地农田水利建设的历史及实际情况的基础上进行的。

---

① 中共中央文献研究室编：《建国以来重要文献选编》（第三册），北京：中央文献出版社1992年版，第75页。

② 中共中央文献研究室编：《建国以来重要文献选编》（第四册），北京：中央文献出版社1993年版，第256页。

③ 贵州省地方志编纂委员会：《贵州省志·水利志》，北京：方志出版社1997年版，第6页。

二、取得的成绩

新中国成立初期，贵州省各级水利机构并没有完全建立起来，从事水利技术的人员很少。其间，贵州的匪患比较猖獗，省政府的工作重点是巩固政权，恢复和发展国民经济，因此，水利工作的重点是恢复整修旧有的水利设施。到1952年底，贵州基本完成了旧有大小水利工程的整修和续建。1953年，贵州开始了初步发展中小型水利工程建设，贵州省水利局根据水利部提出的“大力发展群众性农田水利，根据需要与可能择要兴建费省效宏的单位工程”的指导方针，开始了水利骨干工程的建设，并对省内的河流进行普查和规划。据统计，“截至1953年底，共计完成灌溉和排洪等大中型水利工程六处，小型农田水利部分共整修了水库、塘、井、坝、堰、渠道、筒车等37849件，受益面积共155万余亩。国家对我省水利建设投资达114亿余元，贷款161亿余元”①。这些水利工程的整修对于增产稻谷、发展农业、改善广大农民生活具有积极的作用。进入向社会主义过渡时期，贵州根据自己的实际情况制定了农田水利发展规划和指导方针，以发展群众性的中小型水利工程为主，同时适时兴建一批大型的水利骨干工程，仅在1954年“全省普遍兴修整修了各种各样群众性的小型农田水利工程73742处，新修工程34417处，整修工程39325处，续办了大中型排水、灌溉工程共6处”②。群众性农田水利工程修建投资成本低、劳动力丰富、成绩显著，农民群众也比较拥护，对推动粮食增产，加快农业社会主义改造有着巨大作用。伴随着农业社会主义改造和农业生产合作社高潮的来临，1955年冬到1956年春农田水利建设也掀起了新中国成立以来的第一个高潮。据贵州省1956年5月做的统计，“群众性农田水利截至5月25日，已完成各种兴修和整修工程17.3万处，扩大灌溉面积312万亩，为全年计划任务的104%，为我省第一个五年计划扩灌指标的86.7%，完成改善灌溉面积57.2万亩，为全年计划任务的37.75%。完成群众

① 《贵州四年来水利工作总结与今后方针任务》，1954年1月23日，贵州省档案馆，6-1-133。

② 《贵州五年来水利工作总结和1955年工作任务》，1955年2月，贵州省档案馆，93-1-6。

性防洪排水工程16659处，受益面积24.2万亩，为全年任务的161.35%。截至5月15日的不完全统计，已完成了初步控制水土流失面积32.31平方公里，占计划任务的3.33%”①。此外，贵州开始兴修一批大中型水利工程，如兴义锅底河、独山黎家寨等灌溉工程；还创办了水利技术学校，于1956年成立了贵阳水利学校，培养水利专业技术人员等；各级建立与健全了水利机构，为继续进行大规模农田水利建设提供了组织保证。新中国成立初期，贵州农田水利建设的成绩是值得肯定的，不仅初步形成了以小型水利工程为主，中小结合和以蓄水为主，蓄、引、提、排、塘等各类水利工程结合的局面，而且扩大了田地灌溉面积、增加了粮食产量、改善了一部分山区居民人畜饮用水困难的局面，为下一个农田水利建设高潮来临及以后的国民经济和社会发展奠定了初步基础。

三、移民和伤亡抚恤

移民是农田水利建设过程中非常重要的内容。在农田水利建设过程中，难免会遇到淹没房屋、耕地等问题，这就涉及移民搬迁的处理。新中国成立初期，国家的工作重心是巩固政权和恢复发展国民经济，当时的水利移民工作带有浓厚的政治色彩，各地采取的移民安置的方法及补偿标准不一。许多地方的移民思想不稳定，生产生活受到了不同程度的影响，给以后的移民工作遗留下了问题。贵州在新中国成立初期进行的农田水利建设主要是恢复和整修旧有的水利设施并在此基础上兴办一些中小型的水利工程，涉及移民的水利工程比较少，大多涉及淹没的土地及其补偿。其中，“解放后兴建的第一座小型水库修文县盐井冲水库，1954年2—9月建成，其淹没补偿工作由区、乡、村干部负责，淹没的7亩田、40亩土，从受益区内调剂解决，搬迁2户房屋则动员受益户帮助修新住房，并从工程款中给每户50元补助”。“兴义锅底河水库涉及移民228户，人数1026人，耕地1629亩。”② 当时，移民所需

① 《贵州省1956年春季水利工作总结及今后工作意见》，1956年6月4日，贵州省档案馆，6-1-254。

② 贵州省地方志编纂委员会：《贵州省志·水利志》，北京：方志出版社1997年版，第176、180页。

经费主要从工程建设费中划拨，具体的移民拆迁及安置工作主要由当地政府及工程施工单位和受益的村或社负责，它们对这些移民主要采取分散安置在邻近村落由受益户帮助盖房等方式，一些被淹没或占用的耕地基本由受益户和被占地户协商自行解决，再加上补贴相对较少，导致有些移民生活困难，思想不安定。不过整体来看，在当时贵州经济较落后的境况下，加上这一时期移民数量较少，其整个移民安置工作还是取得了成绩并积累了一定的经验。

伤亡抚恤也是农田水利建设过程中的重要内容，也是施工群众最关心的问题之一。在新中国成立初期的农田水利建设中，贵州省各级政府对水利建设工地上的安全问题十分重视，但限于技术条件差和缺乏施工经验，伤亡事故还是频繁发生。仅1955年，“据不完全统计，本年4个多月来共发生伤亡事故20次，死伤工人43名，其中死亡12人，为1954年全年死亡数的240%；负伤31名，占1954年全部负伤人数的75.5%”①。从1955年冬季大规模农田水利运动开展到1956年初做的材料统计：“1年来，全省共有53个县发生伤亡事故144次，伤亡人数共达334人，其中死亡45人，重伤79人，轻伤210人。”② 发生事故的原因是多方面的，其中，个别领导忽视安全卫生教育和组织工作、技术条件有限、施工群众安全意识淡薄及一些水利工地安全设施不达标等是主要原因。对伤亡群众的抚恤问题，当地政府及水利施工单位相当重视，尽可能地安抚伤亡群众家属的心理。当时，贵州各地方水利建设工地对伤亡工人的抚恤一般是根据国家在1954年颁布的《关于经济建设工地民工伤亡抚恤问题的暂行规定》进行的，但具体的赔偿标准因自身的经济条件不同而不同。采取的方法一般是对死亡的工人安葬并对其家属进行救济；对负伤的工人送医院治疗并支付医疗费，根据负伤的程度给予一定的补贴并对生活有困难的家属给予适当的帮扶等。比如，清镇新店区鸭甸乡水利工地发生事故后，“县委当即组织了调查组，赶赴该乡对发生的事故进行了检查，对死者家属进行了慰问，对生活贫困者发放了100元的抚恤金。动员该农业社对死者做了安埋，花费了200元。对死者班明珍的吃奶小孩和陈德珍的4个小

① 《关于注意工程安全卫生工作的通报》，1955年6月2日，贵州省档案馆，93-1-78。

② 《关于农田水利工程施工伤亡事故的检查报告》，1956年3月3日，贵州省档案馆，93-1-258。

孩由该社找专人抚养。对伤者4人，区委当即专派医生人员对伤者进行了医治"①。又如，遵义县对伤亡抚恤做了规定，"今后再有伤亡，各级领导明确责任，在24小时内上报县，由县转报上级政府，有关区乡领导亲自慰问家属并负责买棺材安埋，做好一切善后工作。生产生活有困难者，要由合作社或其他受益户适当照顾，一定要解决"②。如何解决伤亡抚恤问题不仅关系到农田水利工程能否顺利完成，更关系到党和政府在人民群众中的威信和地位。在当时经济条件有限的情况下，贵州省各级地方政府及水利施工单位尽可能地拿出适当资金解决伤亡问题，针对伤亡家属的帮扶工作也做得比较到位，因此，总体上稳定了施工群众的思想，也赢得了民心，确保了随后农田水利工程的顺利推进。

四、历史启示

我们回顾新中国成立初期贵州省农田水利建设的过程，目的是从中寻找历史的经验和启示，更好地为今天的农田水利发展服务。新中国成立初期贵州农田水利建设带给我们的启示主要有以下三点：首先，应充分认识到并高度重视农田水利建设在农业发展及国民经济建设中的地位。水是生命之源、生产之要、发展之需，而农田水利是农业发展、粮食稳产增产的基础，也是农民增收、地方经济发展的保障。历史和事实充分证明，农田水利建设搞得好的时期经济和社会发展就快，反之就减速甚至影响社会稳定。今天，我们农田水利建设的条件要比新中国成立初期优越许多，各级政府应该充分认识到农田水利建设在国民经济和社会发展中的地位，把其摆在优先发展的战略位置。其次，农田水利建设必须实事求是，因地制宜，遵循事物发展规律。农田水利建设有较强的规律性，不同的地质条件下有不同的规律可循。我国地貌类型多种多样，高原、盆地、喀斯特地貌及平原地区的农田水利建设有

① 《对清镇新店区鸭甸乡水利伤亡事故的检查报告》，1956年8月10日，贵州省档案馆，93-1-368。

② 《遵义县关于兴修水利运动中连续发生伤亡事故的紧急通报》，1956年3月3日，贵州省档案馆，93-1-368。

自身的规律和特点，因此，各地要根据自身的实际情况和发展需要因地制宜地制定规划任务及方针政策，以遵循农田水利建设的规律。最后，以人为本，妥善解决农田水利建设中遇到的群众性问题。以人为本，为人民服务是我们党的宗旨。广大人民尤其是农民群众是农田水利建设的主体和直接受益者，在农田水利建设的过程中，地方政府及施工单位应主动关心施工群众的生活，积极改善他们的居住和施工条件，确保施工安全。同时，妥善处理施工过程中涉及群众利益的移民及伤亡抚恤问题，真真切切为群众服务、为群众谋利益，这样才能密切与群众的关系，提高我党在人民群众中的威信，进一步巩固党的执政之基。

（原文发表在《铜仁学院学报》2012年第2期）

关于加强贵州省水利建设的思考

水利是农业发展的命脉，是经济和社会发展的重要基础。贵州省有92.5%的面积为山地和丘陵，而有一半以上的地区是典型的喀斯特高原山地，这些地区虽然降水量丰富，但降水很大一部分流往地下，地表存不住水，因而工程性缺水和部分居民的饮用水问题一直是制约贵州经济和社会发展的瓶颈。

一、加强贵州水利建设的重要性

水是生命之源、生产之要、发展之需，水资源对现代经济社会发展越来越重要。贵州省年降水量在850~1600毫米，水资源蕴藏量十分丰富，人均占有水资源量比全国平均水平要高，但水利工程供水量仅为92亿立方米，仅占全国的1.5%，人均供水量仅相当于全国平均水平的59.2%。丰富的水利资源没有充分地利用起来。

近年来，我国频繁发生水旱灾害，2010年秋季至2011年春季，山东、河南等地发生了百年难遇的严重大旱，而2009年7月到2010年4月，贵州发生的夏、秋、冬连旱，持续时间之长、涉及范围之广、影响程度之深，也是历史上罕见的。在大旱面前，水利设施的脆弱，农业抵御自然灾害能力的低下充分暴露出来。贵州省因特殊的地理环境，干旱、洪涝、低温、冰雹等自然灾害几乎每年都会在不同地区不同程度地发生，尤其旱灾是威胁贵州省发展最广的灾害，往往造成农作物的大面积减产。西南特大旱灾的事实证明，水利建设常抓不懈并切实取得成绩的地方，抗旱灾能力强；反之，十分脆弱。

因此，推进贵州省水利建设是抵御旱涝灾害的重要抓手。

加强水利建设是加快贵州经济社会发展的基础条件。贵州因特殊的地理环境，水资源开发利用难度大，工程性缺水和部分居民的饮用水问题一直是制约贵州经济和社会发展的瓶颈。通过加强水利建设，可以为贵州实现经济和社会的可持续发展奠定良好的基础。

加强水利建设是发展贵州农业的需要。水利是农业发展的命脉，是农村经济发展的重要支撑，也是实现农业可持续发展的基本条件。目前，贵州很多地方的水利设施老化失修，有些地方缺少大中型的水利枢纽工程，在旱灾、涝灾面前农业发展显得无能为力。从长远来看，没有水利事业的发展就不可能从根本上实现贵州的农业现代化。

加强水利建设是保障民生的需要。新中国成立以来，虽然贵州在水利建设方面取得了巨大的成绩，但如今一部分地区生态环境变得十分脆弱，沙漠化程度逐渐加深；农业发展仍然靠天吃饭；随着经济的发展，城镇居民生活和工业用水量逐步增加，部分地区群众的生产和生活饮用水仍然困难。这些事关民生的问题汇集在一起实际上就是一个“水”字。因此，通过大力发展水利建设，可以更好地解决以上问题，从而保障和改善民生。

二、贵州水利建设中存在的问题

贵州大规模的水利建设兴起于新中国成立之后，经过60多年的建设取得了巨大的成绩，有力地推动了贵州经济和社会的发展。但我们应该清醒地认识到，贵州水利建设仍然存在许多急需解决的问题。

第一，农村基础水利设施不完善、不配套。农村基础水利设施是农业发展的必要条件，也是提高粮食产量、改善农民生产生活条件的保障。现在，贵州省相当一部分农村的水利设施修建于20世纪五六十年代，这些水利设施普遍存在设备破损老化、配套不全等问题；即使是新建的许多中小型水利工程，也存在着设计不合理、质量不过关、服务功能退化等问题；一些边远山区还远没有建立起与农业发展、居民生活相配套的水利工程。为何存在这些问题呢？一方面，贵州山地多，地形条件复杂，水利建设的难度大；另一方面，部分基层官员忽视民生工程建设，大搞政绩形象工程，对农村的水利建设不管不问，更谈不上开展大规模的水利建设或整修。从长远来看，农村基础水利设施的不完善会从根本上制约贵州的农业发展，不利于新农村建设。

第二，没有形成良好的管理体制。贵州的水利建设虽然取得了长足进步，但与水利建设相配套的管理体制还没有完全建立或没有科学地完善；部分地区管理人员素质低，不懂业务，管理只是流于形式；有些地方的大中型水利设施自建立起就没有设置专门人员管理维修或者人员配备不齐；甚至某些地区出现了偷取水利设施砖块、钢管等破坏水利设备的现象；水利设施在农村地区的管理水平往往要低于城市。因为管理不到位，很多水利工程没有达到原先设计的标准，更有些水利工程修完后没有投入使用就宣布作废了，浪费了大量人力、物力和财力。良好管理体制的形成对于解决上述问题会起到积极的作用，随着贵州水利事业的发展，应建立科学、合理、安全的水利管理体制，只有这样才能推动贵州水利建设的跨越式发展。

第三，水利投入存在困境。水利投入包括资金、劳动力、土地、大量物力等投入，其中，政府的财政投入是最主要的。贵州省历届政府非常重视水利建设，注重水利发展的投入，但因自身经济条件有限，很多时候都侧重经济发展的基础设施投资，对水利建设的投入远远不能满足水利发展的需求。改革开放以来，随着包产到户的实行，改革开放前的水利建设为一家一户的农业生产奠定了良好的水源基础，但通过大规模发动群众进行的水利建设逐渐陷入停滞。现在农村很多青壮年劳力到外面打工，他们不愿再回到农村生活，因而也不关心农村的水利建设，他们单方面认为搞水利建设是政府的事情，与自己无关。这就形成了一种现象，一方面，政府想加大水利建设的投入，但困于财政有限，找不到充足的劳动力；另一方面，很多农村劳动力因报酬低不愿去兴修水利或者不积极参与。实际上，不仅贵州面临水利建设在财政和劳动力投入上的困境，当今中国水利发展也受其制约。所以，必须解决政府在水利建设上的财政投入问题，调动广大群众参与水利建设。

三、发展贵州水利事业的几点建议

2011年中央一号文件《中共中央　国务院关于加快水利改革发展的决定》指出，要把水利工作摆在党和国家事业发展更加突出的位置，着力加快农田水利建设，推动水利实现跨越式发展。笔者认为，可以从以下几个方面入手进一步推进贵州水利建设的跨越式发展。

首先，大力发展农田水利建设，从根本上改善农村水利设施不完善的局面。农田水利基础设施建设对提高农业生产力发展水平、增强农业抵御旱涝灾害的能力、增加农民种田收入、解决农村居民的饮用水问题等具有不可替代的作用。贵州属于欠发达地区，工业化水平低，很多地区仍然以农业为主，财政收入的很大一部分来自农业，而农业发展又因本地农田水利建设的相对滞后得不到用水的根本保障，农业发展靠天吃饭的格局没有根本性的改变。贵州作为水资源丰富的大省，应该充分利用有利的自然条件，扬长避短，始终把农田水利建设摆在水利发展的突出位置，因地制宜，修建一些中小水利工程，积极支持各地兴建“五小水利”工程，努力解决农村居民的饮用水问题，有条件的地方可以发展节水灌溉等。通过大力推进农田水利建设，解决农业生产和居民饮用水问题，改善广大农民群众的生产生活条件，进而提高农业抵御自然灾害的能力，这是走农业可持续发展道路的必要条件。

其次，提高水利管理水平，创新管理体制。贵州水利建设在新中国成立尤其是改革开放以来取得了很大的成绩，但有很多水利设施在兴建以后存在无人管理或管理不到位的问题，由于长期忽视管理维修，一些水利设施老化失修严重，起不到蓄水或引水的作用，在旱涝灾害来临时显得无能为力，这种现象在农村的水利基础建设上尤为突出。所以，在继续推进水利建设的同时，对水利的管理要跟上，通过不断完善管理体制，创新管理模式以提高管理水平。要加强水利工程建设管理，强化工程质量管理、安全管理、资金管理，着力提高投资效益，打造经得起历史和人民检验的精品工程。要加强农村水利建设管理，建立健全农村水利分级管理机制、多元投入机制、长效管护机制，提升农村水利建设管理水平，改变一些地方“重建设、轻管护”的状况。要落实最严格的水资源管理制度，确立水资源开发利用控制、用水效率控制、水功能区限制纳污三条红线，加快节水型社会建设，促进水资源优化配置、高效利用和有效管理。

再次，继续加大水利建设的投入力度。从全国的角度来看，国家对水利建设的资金投入虽然每年都有增加，但幅度有限，满足不了水利发展的需要。从贵州本身来看，自身的财政收入有限，也不可能拿出充裕的资金来发展水利事业。水利投入应该包括政府的资金投入、群众的劳力投入、各地社会组织的物质或精神投入等，其中，资金投入和劳力投入是主体。贵州省劳动力资源丰富，完全可以充分利用这一优势发展水利，同时地方政府可以吸收金融机构或民间资金对水利的投资以解决自身财力有限的问题，也可以充分发挥税收、价格等在水利资金筹借上的积极作用。总之，政府作为水利建设的主体，应该充分利用好市场因素，逐步改善水利投入的体制和机制，最大限度地加大水利建设的投入力度。

最后，提高水利队伍人员的整体素质。水利建设具有专业性、技术性，这就对水利工作人员的素质提出了要求。贵州因是欠发达地区，自身的水利队伍人员学历偏低，专业文化水平不高，很多基层人员生活困难，更谈不上知识水平的提高，一些水利技术人员不愿到基层服务，因为待遇和条件相对较差，东部省份优秀的水利科技人员也不愿到贵州发展。贵州水利建设的难度大、困难多，非常需要一批素质高、业务精湛、甘于奉献的水利科技人员。为此，我们应加大对基层水利工作人员的技能培训；制定引进优秀专业技术人员的优惠政策，完善人才评价、激励机制；积极支持地方高校或技校开设水利类专业，鼓励广大水利专业人员服务水利发展的第一线。通过这些措施提高贵州水利队伍人员的整体素质，让他们为贵州水利建设的更好、更快发展做贡献。

（原文发表在《理论与当代》2011 年第 10 期）

贵州农田水利建设论析（1957—1960年）

1957—1960年的农田水利建设是在中国共产党领导下进行的第一次农村经济建设运动。这场运动中，贵州在喀斯特地貌和经济技术落后的状况下，通过广泛动员群众和周密的组织规划取得了骄人的成绩，初步改变了该省农田水利设施长期落后的局面，但由于这场运动是在“左”的思想指导下进行的，农田水利修建过程中存在突出的问题，教训深刻，应进行历史的反思。作为建立在农业基础之上的文明古国，我国的水利事业从传说中的大禹治水开始历经了几千年的发展，取得了骄人的成绩，积累了丰富的治水防灾经验，这也使中国的农业文明一直走在世界前列。纵观传统中国农田水利发展历程，主要呈现出水利兴修的连续性、不同地区的差异性、工程类型的多样性、工程管理中国家和乡村基层的分离性等特征。近代以来，由于列强的侵略、长期的战乱和现代经济技术的落伍，我国农田水利建设基本处于停滞状态，一直到新中国成立之后这一局面才得以彻底扭转。

新中国成立初期，在中国共产党的领导下，通过在农村进行土地改革和农业社会主义改造，传统农村权力的组织形式和存在的村社社会结构趋于崩溃，国家权力第一次延伸到乡村基层，这为快速有效地动员群众进行大规模的农田水利建设提供了条件。为迅速地提高粮食产量推进农业发展，同时也为工业发展积累资本，1957年9月，《关于今冬明春大规模地开展兴修农田水利和积肥运动的决定》颁布，在中央的有力掌控和相关文件政策的引领下，掀起了全国范围的第一次大规模农田水利建设高潮，这也是我党在社会主义制度建立之后领导的第一场全国范围的农村经济建设运动，运动伴随之后的“大跃进”一直持续了三年多。贵州省的农田水利建设就是在这一背景之下展开的，经过近三年的修建，取得了巨大的成绩，但存在一些问题值得反思。

一、成绩巨大、影响深远

农田水利是农业之本，是粮食增产的保障，是国家联系农民的纽带，直接与农民群众的切身利益挂钩。贵州省农业发展长期落后的一个重要原因就是农田水利基础设施的薄弱，而这与该地典型的喀斯特地貌是分不开的。贵州省虽然降水总量丰富，但特殊的地理环境造就了该地工程性缺水严重。新中国成立前，贵州因交通封闭、经济技术落后等，农田水利建设一直是在极其艰难的困境中发展的。据统计，“1949 年年底，全省防洪减灾能力极其薄弱，蓄水工程总库容仅有 2133 万立方米，农业有效灌溉面积仅有 13.77 万公顷，其中保证灌溉面积 9.87 万公顷（占当时全省稻田面积的 12.1%）”①。落后的农村水利设施长期制约着贵州的农业发展。新中国成立后，“中共新政权经过征粮、剿匪的血与火，以阶级斗争的武器，在西南社会深深扎下了自己的根基”②。通过土地改革和向社会主义过渡，中共政权牢牢地控制了贵州省的乡村基层，这为在国家主导下该省在农村广泛地掀起农田水利建设运动准备了条件。1956 年，社会主义改造完成后，水利部在制定水利建设方针时指出，1957 年应该是“在现有的基础上，接受成功的经验和失败的教训，既要避免盲目冒进，又要防止右倾保守，积极稳步地继续前进”③。但这一方针在进入 1957 年之后，由于国内和国际形势发生变化而改变，最明显的就是 1957 年 9 月和 10 月，《关于今冬明春大规模地开展兴修农田水利和积肥运动的决定》和《1956 年到 1967 年全国农业发展纲要（修正草案）》连续发布，提出“要求在 12 年内，基本上消灭普通的水灾和旱灾。要求在 12 年内，把水田和水浇地的面积，从 1955 年的 3.9 亿亩扩大到 9 亿亩左右。灌溉设施的抗旱能力，按各地不同情况，分别提高到30~50 天”④。为响应中央号召和迅速实现

---

① 水利部办公厅等编：《水利辉煌 60 年》，北京：中国水利水电出版社 2010 年版，第 259 页。

② 华东师范大学中国当代史研究中心编：《中国当代史研究（一）》，北京：九州出版社 2011 年版，第 266 页。

③ 水利部办公厅编：《1949—1957 年历次全国水利会议报告文件》，1957 年版，第 299 页。

④ 中共中央文献研究室编：《建国以来重要文献选编》（第十册），北京：中央文献出版社 1994 年版，第 640 页。

《1956年到1967年全国农业发展纲要（修正草案）》指定的目标，从1957年底到1960年全国农田水利建设高潮一直没有间断，贵州农田水利建设长期落后的局面就是在此期间取得了自建省以来的第一次全面改变，为之后农业的发展初步夯实了水源基础。

在全国形势的推动下，1957年底，贵州省委、省政府积极响应中央号召，在水利工作会议上提出要"打破保守思想，加强领导，党委书记要亲自动手，具体指导，深入动员，批判右倾思想，挖掘潜力"[①]的誓言，贵州农田水利建设就是在这个豪迈的誓言中拉开了序幕，紧接着就是制定水利事业的初步规划纲要。这个规划纲要是在结合国家政策方针的基础上拟定的，其中指出了自身的水利发展方针，即"水利事业的发展，应以小型工程为主，积极发展中型工程，结合流域治理与开发，修筑必要的可能的较大工程，小型水利工程，修山塘、水库、渠坝、开渠、修排水沟等应由农业合作社自办"[②]。在全国和贵州省水利方针的指引下，贵州各地广泛地宣传动员群众参与到这场史无前例的农田水利建设中。农民作为农田水利建设的直接参与力量，在经过政府政治动员和宣传后，大批的劳动力被组织调配，广大群众打破了长期以来存在的地域界限，不同村庄、乡县等在迅速实现水利化的目标指引下相互支援和彼此协作。这些被组织起来的劳动力在轮流去各地参加会战的过程中暂时性地消除了宗族、家族、家庭、村庄等传统的概念，他们在技术落后、条件艰苦、工具简陋的境况下，争先恐后地不顾个人疲倦和得失，为农田水利建设洒下了青春的热血，甚至有人为此献出了宝贵的生命。因此，我们今天在享用那个时代留下来的水利工程时不应忘记前辈无私奉献的精神。为推动农田水利建设，政府也号召城市广大职工和单位筹集物资和资金等积极地支援农村水利，有的城市职工、学生、军人等还被组织起来参加农田水利建设的义务劳动，他们互相合作、支援的团结精神值得我们借鉴；其间，一批领导干部积极地深入乡村农田水利的工地一线，亲自制定相关政策，与群众同吃、同住打成一片，体现了我党为人民服务的宗旨。正是在全省干部群众不分身份、地域、民族等差异的带动下，短短几个月的时间，农田水利就取

① 《农田水利工作简报》，1957年11月9日，贵州省档案馆，6-1-306。

② 《贵州省水利事业初步规划纲要》，1958年1月，贵州省档案馆，6-1-392。

得了长足进步。到1958年6月，“据不完全统计，全省已有大小工程百余万处，坑涵300余万个，灌溉面积达2520余万亩，占耕地面积的79.4%，其中500亩以上的骨干工程，不完全统计，有1611处，灌溉256万多亩，蓄水工程749处，灌溉119万余亩，引水工程862处，灌溉137万余亩”①。在大规模修建农田水利高潮的推动下，各村、乡、县等的劳动力打破了地域界限，这为人民公社的举办创造了条件。1958年7月，中国成立了第一个人民公社即嵖岈山卫星人民公社，在几个月的时间里，全国农村迅速地实现了公社化，使我国农村基层结构又发生了一次变革。人民公社不仅是社会主义基层的政权组织，也是负责群众生产生活，工、农、商、学、兵相结合的基层单位，这也使无偿调配农村劳动力和组织大规模协调修建农田水利工程的会战成为可能。据贵州省统计，全省农田水利到1959年初“共完成土石方8.7亿公方，投入劳力6.5亿，新修工程1328828处，扩大灌溉面积1580万亩，按人口平均每人约有水田和水浇地1.68市亩，完成机械灌溉20站，防洪排涝受益面积438万亩”②。其间，由于农村大量的青壮劳动力被组织参加水利等修建，群众的生产生活受到不同程度的影响，有些地方开始出现饥荒和浮肿病现象。毛泽东等在肯定“三面红旗”的前提下对“大跃进”暴露出的问题进行了逐步纠正，贵州农田水利建设也在经历两年多的持续高潮后到1959年底有所减缓。1960年，中央发出水利建设指示，“今冬明春的水利建设，只搞续建工程和配套工程，不搞新建工程”③。持续三年的农田水利建设高潮告一段落。10年后，贵州省在编纂水利志时是这样描写该时期农田水利修建情况的：“全省200多万劳力奔赴水利工地，两年内累计投入近1.8亿个劳动工日，移动土石方1.2亿立方米，除了遍及全省各地的山塘小堰、引水沟渠以外，还开始动工兴建一大批以蓄水工程为主的骨干水利工程。”④ 贵州省农田水利建设虽然在当时由于国内政治经济形势的影响存在失误和不足之处，但该时期修建的农田水利工程可以说比历史上任何时期都多，初步改变了这里水利基础设施长期薄弱的局面，也为农业发展及农村居民的饮用水等提供了水源，

① 《贵州省水利实现三年水利化意见》，1958年6月7日，贵州省档案馆，6-1-392。

② 《贵州省1958年水利电力工作总结》，1959年1月，贵州省档案馆，6-1-394。

③ 《中央关于水利建设问题的指示》，1960年6月20日，贵州省档案馆，43-1-398。

④ 贵州省地方志编纂委员会：《贵州省志·水利志》，北京：方志出版社1997年版，第8页。

相当一批的农田水利工程保留至今，在近几年贵州省的抗旱救灾过程中起到了积极的作用。正如一位当年参与这场运动的纯朴老人所说，“我们村子在‘大跃进’期间修建了一批小型的水塘、渠坝，还有一座水库，改变了村民要走几里路去担水浇地的局面，这就是最大的方便之处。至于粮食产量是否增产了？那肯定是增产了，天旱时有水浇了能不增产嘛，当然国家把土地承包给个人之后粮食增产是最大的。不远处的那个水库，就是那个时期修建的，现在还发挥着作用呢”①。老人的话语是朴实的，也是中肯的。因此，我们在否定“大跃进”错误指导思想的同时不能全盘否定那时期在农村修建的一批批农田水利工程，因为这些工程背后凝结着无数人民群众的无私奉献和青春激情的历史记忆。

二、历史反思

历史发展往往具有两面性，具体到某个历史事件或者运动时，这种两面性更加突出。本着历史为现实服务的原则，我们在肯定贵州农田水利建设在“大跃进”时期取得巨大成绩的同时，绝不应忽视存在的问题和教训，以为当下进行的水利建设提供历史的反思。

第一，在“左”的经济建设指导方针下，农田水利建设中计划指标与实际不符合，违背水利发展规律。当经济建设指导思想的轨迹慢慢偏离正轨驶入另一个方向时，中央在全国范围提出了“苦战三年，实现水利化”“书记挂帅，全党动手，全民动员，全民办水利”等响亮口号，充满激情和理想的水利建设快速地得到了全国上下人民群众的支持，于是各省争相制定不切实际且违背水利发展正常规律的计划目标。贵州省紧跟全国步伐，在群众积极性空前高涨的形势下，也不顾本省特殊的地质环境和经济技术相对落后的因素，提出了“苦战三年，实现全省水利化”的号召，不久又提出了“全省 1 年搞 100 亿立方米的蓄水工程，全部达到水利化”的更高要求。一些地方掀起了

① 根据笔者 2012 年 7 月 15 日采访贵州省兴义市坪东街道小店村村民杨某某老人录音记录整理。

“一亩一坑，五亩一涵，十亩一塘”运动。[1] 在全国政治经济大趋势的推动下，贵州农田水利建设这些不切实际的指标造成了勘测设计不规范或者跟不上施工进度，有的盲目动工，存在严重的质量和安全隐患，同时造成了物力、财力等的浪费。痛定思痛，今天无论是全国范围的农田水利建设还是具体到每个省份的水利建设，都必须遵循水利发展的客观规律，与该地经济发展水平和群众所能承受的负担相适应。

第二，农田水利建设中存在忽视工程质量的思想。在“大跃进”思潮的影响下，贵州很多地区为完成过高的水利建设指标，一味地追求数量而忽视质量，这一问题在1958年春季时最为突出。比如，贵阳市在检查该地农田水利工程时指出“筑坝质量不符合要求，造成返工和裂缝倒塌现象。据了解，有的筑坝基础清理不彻底，将土坝筑在扎草和松土上。打夯不紧或未打过夯，筑土料中混有扎草、石块、肥泥等，造成目前有不少已开始裂缝，春水一来将会造成倒塌的危险”[2]。又如，一些工程因为赶进度或者高标号水泥不足等，“使用低标号水泥后造成了工程质量差，不能继续施工和蓄水的情况，不得不重新返工”[3]。忽视工程质量如前面所说正是这种“左”的指导思想下只求速度和数量造成的，而隐藏在其背后的则是高度集中的政治经济计划体制下政权对乡村基层垄断展现的强大权威性。质量是工程的生命，是工程发挥效益和延长后续使用年限的根本所在，任何工程的修建必须把质量而不是建设速度放在第一位。当下，我们要实现水利事业的跨越式发展，必须在反思过去水利发展历史的同时，记住任何水利工程的修建都不应采用以牺牲质量换取建设速度的错误做法。

第三，农田水利建设中存在损害群众利益的现象，带来了不良影响，而切实维护群众利益才是农田水利建设的根本。我们党自从诞生那刻起就非常注意深入群众中进行宣传和动员，并逐渐在长期的革命斗争中形成了党的群众路线和工作方法，这归结于一点就是切实有效地维护群众的利益。农民是我党的依靠力量，农田水利的直接受益者就是农民，而“大跃进”时期贵州

① 水利部办公厅新闻宣传处编：《造福人民的事业——中国水利建设40年》，北京：水利电力出版社1989年版，第298页。

② 《贵阳市委农村工作部水利文件》，1958年2月26日，贵州省档案馆，6-1-395。

③ 《关于请安排高标号水泥支持水利建设的问题》，1959年5月26日，贵州省档案馆，6-1-514。

的农田水利建设既有全国形势的影响，又有自身的社会和自然因素掺杂，对群众利益的维护可以说做得并不是十分出色，尤其是人民公社成立之后“一平二调”现象十分突出，如修建水库时平调了社员的床板、门板、桌椅以及公社的马车、牛车等，在具体的施工过程中也存在“干部特殊风”，如有些干部不深入施工工地，开小灶等；“强迫命令风”，如为完成工程计划强迫群众晚上不休息加班加点施工，有些工地甚至出现了打民工、克扣民工粮食的罚人现象等。在移民处理问题上，很多补偿是在“大跃进”结束之后才着手进行的，大多是一次性的，且因为贵州财力有限，补偿标准比较低，也使移民问题的解决有的拖到改革开放之后才彻底完成。这些损害群众利益的做法是在特殊的历史条件下发生的，但给我们今天的农田水利修建提供了反面教材，只有切实维护群众利益才能推动农田水利的跨越式发展。

三、余论

在经过社会主义改造之后，我国建立了新的社会制度，在党的领导下开始了探索适合国情的经济发展道路；但由于受到国内、国际的因素影响和现实条件的制约，党在长期斗争中形成的革命理念常用到经济建设中去，“大跃进”运动就是在这多种因素交互影响下发动的。如何看待“大跃进”时期贵州农田水利建设的成绩和失误涉及如何正确认识这段人民群众在党的领导下进行经济建设的历史的问题。笔者认为，历史上尤其是近代以来我国不同省份的经济发展水平不一样，造就了各地在经济硬件设施建设中存在着差异性，反映到新中国成立之后就是在国家主导下进行的经济建设中，每个省份的地域性和速度不一样。贵州作为喀斯特地区，特殊的地质环境使这里长期落后，经济起点低、基础差，在农田水利建设过程中远远落后于其他省份。但“大跃进”时期在国家掌控下，贵州通过干部群众的努力初步改变了农田水利设施薄弱的局面，积累了丰富的建设经验，为农业发展提供了水源，相对来说，其农田水利建设的成绩要远比东部一些省份大。可以说，“大跃进”时期贵州农田水利建设成绩是值得全面肯定的，存在的问题是需要深入反思的。

（原文发表在《农业考古》2014 年第 4 期）

新中国成立以来贵州农田水利建设中的移民问题

移民问题关系到百姓的切身利益，关系到党和政府在群众中的威信。移民是人类在社会发展过程中进行的重要活动，因其原因复杂多样，例如，有因饥贫、战争或者国家政治需要进行的移民，也有在经济建设中如修建水库、开垦边疆等进行的移民，对其处理解决的方式方法灵活多变。新中国成立之后，党和政府为发展农村经济，领导广大群众进行了几次大规模的农田水利建设，以此不断改善农村的基础设施，夯实农业发展基础，其中涉及的移民搬迁在不同时期具体的方针政策和处理方式是不一样的。贵州省是我国喀斯特地貌的典型代表，这里地质条件复杂多样，经济发展落后，工程性缺水严重，在党的领导下，新中国成立之后不同历史时期贵州地方政府解决农田水利建设中所涉移民问题有自身的地域色彩。本文根据掌握的资料，从史学的角度着重厘清改革开放之前在党的领导下贵州对农田水利建设所涉移民问题的处理脉络，同时简要论述改革开放之后的历史进程，以此总结历史经验。

一、1949—1978 年

移民涉及群众利益的分配和资源的重新整合，关系到党和政府的形象与威信。每一个历史时期因为国家和地方经济水平及发展体制的限制，移民安置方式和补偿政策也存在着差异性、多变性。新中国成立到改革开放前，在国家高度集中的政治经济体制下，在农村开展了几次大规模的农田水利建设，在这个过程中涉及的移民安置和补偿标准主要以党和政府的相关文件和通知等为依据，没有一部较完整的移民法规，没有制定出科学合理的安置方式及补偿标准，每个省份因条件的不同都有自己的移民搬迁处理方式方法。贵州是我国喀斯特地貌分布范围最广、最典型的省份，这里工程性缺水严重，经济科技水平落后，农田水利建设任务艰巨，涉及的移民处理较为困难。1950—1956 年是贵州农田水利建设所涉及移民安置处理的第一个阶段。其间，通过土地改革和农业社会主义改造，国家政权逐渐延伸并控制了基层乡村，大规模动员农民进行经济建设的机制也由此建立起来。为适应国内经济形势发展需要，国家在 1953 年颁布了《国家建设征用土地办法》，对移民征地补偿做了较合理的规定，这是新中国成立之后第一部涉及征地的法规，为以后水利建设征地提供了补偿标准和处理的法律依据。同年，水利部副部长李葆华在《四年水利工作总结和今后方针任务》中指出，在水利建设过程中涉及移民时，必须保证被迁移人口的生活不低于迁移前的水平，保证找到土地和职业。在迁移时，尽可能由政府发给足够的迁移赔偿费，经过群众自己的亲友关系，自己找到住处与土地。这个时期，贵州省的农田水利主要是整修和恢复已有的水利设施，兴建了一批小型的农田水利工程，涉及的移民人数较少，处理方式较温和，主要是对一些水利工程中征用了农民的土地进行赔偿，各地标准也不一样。“解放后兴建的第一座小型水库修文县盐井冲水库，1954 年 9 月建成，其淹没补偿工作由区、乡、村干部负责，淹没的 7 亩田、40 亩土，从受益区内调剂解决，搬迁 2 户房屋则动员受益户帮助修新住房，并从工程款中给每户 50 元补助。”① 1955 年修建的平坝县羊昌河灌溉工程，对所占农田的处理主要是“除用机动田调换及减少农业税负担外，对占用坟地及损坏禾苗等均酌情予以赔偿，共计 2018 元”②。兴义锅底河是贵州在当时修建的较大的水库，“涉及移民 228 户，人数 1026 人，耕地 1629 亩”③。当时，因为没有专门的移民法规和合理的补偿标准，具体的安置和补偿由当地的施工单位和受益村寨组织协调处理。当时从水库底搬迁出来的一位老人回忆：“当时土地被淹没后，怎么办？没办法的就向政府要一点，其他的就尽量自家搞一点。当时库内搬出的人很多，安置方式就是政府给他们出证明，给予他们

① 贵州省地方志编纂委员会：《贵州省志·水利志》，北京：方志出版社 1997 年版，第 176 页。
② 《平坝县羊昌河灌溉工程竣工总结报告》，1955 年 4 月，贵州省档案馆，6-1-168。
③ 贵州省地方志编纂委员会：《贵州省志·水利志》，北京：方志出版社 1997 年版，第 180 页。

安全，到哪里都不被别人欺负，当时没有愿意不愿意的，政策下来就得搬，搬家也就每户几十元钱，有的连买吃的都不够。"① 当时，正值国家经济处于恢复及体制建立时期，财力有限，尤其是贵州经济欠发达，在移民的过程中很多地方没有经验，主要是满足搬迁移民的基本生活需要进行的一次性补偿，补偿的标准较低，基本没有解决好后续生产生活问题。不过这时的贵州农民生活较贫困，损失的实物价值较低廉，加上待开荒的土地也较多，宣传动员和后续生产做得较到位，尤其是社会主义改造完成后，淹没的土地等按规定已归集体所有，群众也基本满意之前的一次性补偿，遗留问题不多。

1956—1978 年是我国社会主义建设探索阶段和之后的“两年徘徊”时期，将近 20 年的农田水利建设取得了巨大成绩。贵州省水利基础设施落后的局面就是在这期间改变的，不过这一时期的农田水利建设也存在着一些突出的问题，其中，移民就是最急迫、最急需解决的问题。这一时期，限于国家体制，贵州省解决农田水利建设中移民问题的政治性强。其中，“大跃进”期间贵州涉及的农田水利移民问题，由于当时存在着“左”的指导思想以及政府财政主要投资于工业建设，在农田水利建设中只关注高指标和高速度，而忽视移民问题，很多移民在搬迁过程中经济损失较重，在迁入地与当地居民因土地、房屋等经济利益和生活习惯的不同而经常发生摩擦，一定程度上存在移民返迁现象。据当年参与搬迁的老人回忆，“修水库的过程中，很多当地农民需要搬迁，政府号召大家往山上搬，地方可以由自己选，有很多人搬到永兴等，到处都有一些。当时没有讲补贴的事，住房补贴也没有，土地在 1959 年的时候调整了一下，生活补贴也没有，后来搬了家政府给补贴了一部分"②。老人所说后来政府给的补贴是指国民经济调整时期，国家开始重视“大跃进”期间因修农田水利而涉及的移民问题。1961 年，水利电力部在总结当前水利工作的报告中指出：“一个水库的移民如果没有安置好，这个水库在政治上就不能认为已经巩固建成。今冬明春，甚至今后的两三年内，凡是有移民遗留问题的地区，应把处理移民问题列为水利工作中的重大政治任务。解决移民问题的标准是使他们在新村定居下来，并使其生活与生产水平不低

① 根据笔者 2012 年 7 月 15 日采访兴义市坪东街道小店村老人唐某某录音记录整理。

② 根据笔者 2012 年 7 月 22 日采访遵义市湄江县湄江湖村老人张某某录音记录整理。

于迁移前的实际水平。”根据中央安排和国家的相关政策，贵州省制定了关于水库移民安置补偿的办法。该办法先回顾了之前在移民安置中的问题，1958年以来，贵州省修建的水库应迁移民28936人；到1961年底，贵州省已迁出库区的移民有23297人。

在当时，由于安置工作存在缺点，有部分移民的住房问题没有得到妥善解决，在生产、生活上也产生了一些困难。1961年8月，贵州抽调职工、车辆组成专管机构解决红枫、花溪、阿哈水库移民住房问题。在工作中，以红枫为重点，专、县级水库的移民安置工作在1963年才开始。“全省1958年来修建的水库淹没了田土83250亩，其中省级水库56349亩；拆房16370间，其中省级水库12520间和拆淹了一些学校、碾坊、烤房，牛、猪、马房，树木、竹林、农具等和青苗都未进行补偿过。”① 我们可以分析出，贵州省在“大跃进”期间农田水利建设中所涉移民问题解决不彻底、不合理，土地补偿几乎没有。原因在于，一方面，之前“大跃进”中“一平二调”等“左”的错误做法的影响，移民处理带有政治强制性；另一方面，贵州财政经济有限，重心仍然是发展工业，财政收入的很大一部分用于工业发展，忽视移民搬迁后续生产问题的解决，这与当时的社会大环境有关。

1961年后，随着国民经济的调整和经济形势的好转，大规模的农田水利建设运动结束，这时期的主要任务是处理“大跃进”期间在农田水利建设过程中遗留下来的问题，其中最迫切的就是农田水利建设中的移民问题。1961年，贵州开始了因修农田水利而涉及的移民安置工作，主要解决移民住房和牛圈两个问题，在修建住房的过程中根据实际采取了以下标准：“一是对1961年底以前已进行过房屋迁移补偿，而现在住房问题还未解决的移民，我们根据移民迁出时的人口决定每户建房间数，即每户6~8人者建房3间（63.8平方米）；每户4~5人者建房2间（43.5平方米）；每户1~3人者建房1间（29平方米）。每户牛圈的修建根据现有耕牛多少，平均每2头牛修牛圈一间。在研究决定每户移民建房间数时，还结合现有人口的辈数考虑，如一户有三辈者在决定建房间数时可高一点。二是对1963年底以前未进行过房屋迁移补偿的移民，现在住房还未解决的我们是按照移民迁出时原有房屋间数和

① 《贵州省水库移民安置补偿意见》，1963年12月，贵州省档案馆，43-1-407。

移民人数进行考虑。修建房屋或给予补偿，每间补助 260~300 元。”① 此外，还规定了在水库修建中对淹没的土地、树林、青苗等的补偿，对属于全民所有的不再补偿；对一些小农具、炊具、家具因无法搬出确实有损失的，可以适当地补偿以确保不至于影响正常的生产生活。从制定的补偿标准和后续安置情况可以看出，其符合国家政策和贵州实际情况，在当时对于稳定人心和社会秩序，提高党和政府在群众中的信誉和形象起到了良好的作用。不过，很多地方对移民采取的是一次性的而不是开发性的扶持，这与当时的国家和地方大环境是分不开的。

有位老人针对房屋的补偿回忆道：“石板房 350 元，草房 300 元，一次性。”② 移民经费有限，一次性的补偿或扶持存在的突出问题就是这些补偿相对较低，待移民把这些经费用完之后仍存在生产生活上的困难。1964 年 4 月，国务院批转了关于认真制订水库移民安置计划争取及早完成安置任务的报告，在此基础上，贵州省重新调查统计了 1958 年至 1962 年底修水库期间的移民人数。“经过 1962 年、1963 年两年的安排，到 1963 年底止，已拨付水库移民安置经费 466. 24 万元（包括从基建投资中拨付的 263. 42 万元），修建房屋 6181 间，安置了 17729 人，占应安置总数的 84%，其中有 17 县（市）31 个工程已基本结束移民安置工作。同时，各地为安定移民生活，有利发展生产，还用水库移民经费补助生产队修建牛圈 1899 间，公房 194 间，碾房 30 座，学校 16 所，添置木船 23 只，生产资料 332 件等。”③ 虽然总体上贵州用了几年的时间，移民安置工作取得了一定成效，许多移民在安置地开始了新的生产生活。但是，在安置的过程中存在的问题也不少，比如，对水库移民安置工作缺乏总体规划，急躁冒进，一些修建的安置房并不符合移民的需要；对移民人数统计存在疏忽之处，已安置多少人、未安置多少人统计不够准确，影响了安置的进程；财务管理不严，经费开支不合理，有的移民经费被挪用等。对此，贵州省对水利移民安置工作提出：一是坚决地、认真地贯彻中央指示，要求各专、州（市）水利财政部门按中央指示精神对 1958 年至 1962 年底国

---

① 《贵州省水库移民安置补偿意见》，1963 年 12 月，贵州省档案馆，43-1-407。

② 根据笔者 2013 年 4 月 4 日采访贵阳市花溪区金竹镇竹林村老人王某某录音记录整理。

③ 《关于我省水库移民安置情况和今后意见的报告》，1964 年 7 月 15 日，贵州省档案馆，73-2-208。

家兴办的水库搬迁移民安置情况，结合农村“四清”工作进行一次全面深入的检查。二是安置移民应该从生产出发妥善安置，根据国家现实解决移民的实际需要达到帮助移民安家立业、恢复和发展生产的目的。对于没有安置的要妥善安置；已经安置的要巩固下来，并帮助解决实际问题，达到能够安居的目的。三是严格划清新老移民的界限，坚持专款专用。水库移民经费只能用于1958年至1962年底已迁出而尚未安置的移民。四是1958年以前的水库移民个别生产生活困难的应作为社会问题，由民政部门处理，不能挪用水库移民经费。1965年内将应当重新安置的安排落实，彻底完成水库移民工作。[①]水利移民安置工作是非常烦琐的事情，在当时经济建设中，存在“左”的指导思想，移民安置工作或多或少地会受到影响。经过一年的努力，到了1965年，贵州在涉及农田水利建设的移民安置工作中主要采取查漏补缺的方法，对安置完毕的移民进行回访和调查，对生活困难的给予适当的照顾；对需要重新安置或待安置的移民，参照之前制定的办法执行，尽量解决他们的生产生活困难。

1966年，“文化大革命”开始后，贵州的移民安置工作暂时告一段落，许多移民安置机构被迫解散，原先安置好的移民生产生活又遇到了困难，还有少部分移民安置遗留问题没解决。直到1968年9月，贵州省革命委员会做出关于处理在农田水利建设中涉及的水库移民遗留问题的决定，使已经瘫痪将近三年的移民安置工作逐渐地步入正轨。该决定结合当时的经济形势，指出“坚持靠山吃山，靠水吃水，就地插队和不另建新村的原则，解决移民社队生产和生活的实际困难。老移民社队、已经安置下来的不应再重新搬迁，原来因搬迁生产上有困难的，根据国家现实可能，可给予适当的扶持。移民住房和生活上有很大困难的，可通过群众评议，根据困难大小，适当给予补助，这种补助不是重新赔退，不能算退赔老账，而是红色政权对移民的关怀”。[②]“文化大革命”前期，贵州水利移民安置主要是解决之前遗留的历史问题。在“农业学大寨”开始之后，农田水利建设又掀起一次小高潮，贵州

① 《关于我省水库移民安置情况和今后意见的报告》，1964年7月15日，贵州省档案馆，73-2-208。

② 《贵州省革命委员会关于处理水库移民遗留问题的决定》，1968年9月3日，贵州省档案馆，42-1-3082。

也在1972年之后修建了一些农田水利设施，如当时著名的遵义凤冈穿阡水库就是在那时开工修建的。“文化大革命”中后期，在当时的政治经济形势下，贵州水利移民安置过程中仍然存在着“左”的做法。据老人回忆，穿阡水库在移民过程中，“当时房屋有些补助，有一点但不多，青苗、经济作物这些就没有补助。土地和迁坟都没有讲，那时谈的是15元一座坟，最后都说怕大坝修不起，少数人有意见，多数人没有意见。房屋搬上来，国家帮忙解决一些，多数是自己解决的”[①]。很多遗留的问题直到改革开放后才逐渐解决，这在下文会有所论述。改革开放前，在涉及农田水利建设中的移民安置问题处理上，一些地方只重视经济建设的速度，对移民安置工作缺乏规律性的认识，没有经验可以借鉴，制定的一系列政策都具有计划经济体制的特征，移民安置主要采取就近、就地、上山开荒、投亲靠友等方式，补偿标准低且为一次性，导致很多移民不适应新安置地的生产生活，其间也没有专门涉及移民的法律法规，农田水利建设移民安置及其历史遗留问题直到改革开放之后才不断地完善和解决。

二、改革开放之后

改革开放之后，移民工作通过总结之前的历史教训和经验，总体呈现出新思路、新政策、新模式，政治色彩淡化，法律性、科学性、合理性、人文性增强。随着人民公社的解体，村民自治理念已被群众接受，在农村大规模动员村民进行农田水利建设已不可能，除国家主导下进行的大中型水利水站修建涉及的移民外，因农田水利建设涉及的移民人数呈减少趋势，贵州省也不例外。该时期，我国高度集中的计划经济体制逐步地被社会主义市场经济体制代替，专门的国家移民法律、法规也逐渐地建立和完善，因此，之前的政治性移民逐渐地向开发性移民转变。贵州省农田水利建设中所涉移民处理主要是在国家相关移民法律法规的指导下进行的，以开发性移民为主，更多地体现了法律性、地域性、人文性、经济性等的有机结合。随着国家政治经

① 根据笔者2012年7月23日采访遵义市凤冈县河坝乡穿阡村老人欧某某录音记录整理。

济形势的发展变化，在总结新中国成立后移民工作实践和经验的基础上，国务院颁布了《国家建设征用土地条例》，对在经济建设中所征用的土地做了更加详细的补偿规定，并提出了大中型水利水电工程移民安置的方法和要求。1986年7月，国务院批准了水利电力部《关于抓紧处理水库移民问题的报告》，指出“水库移民是水利水电建设中的一个重要问题，关系到库区人民的切身利益和水利水电事业的发展。目前，全国有相当数量的水库移民尚未妥善安置，如不抓紧解决，仍是一个不安定因素。有关部门和地方人民政府要以认真负责的态度抓紧解决遗留问题，同时做好新建工程的移民安置工作。要把水库移民安置工作同库区开发建设结合起来，切实加强领导，分级负责，全面规划，积极、妥善地处理好水库移民问题”①，并为此提出了开发性移民的方针，逐步提出了移民后期生产扶持的思路和办法，开发性移民“把移民工作从单纯安置补偿的传统做法中解脱出来，改消极赔偿为积极进行库区建设，开拓新的生产条件，使移民安置与库区发展结合起来”②。该方针的提出为中国水利移民指出了明确的方向。随后，国家于1991年颁布了第一部移民法规《大中型水利水电工程建设征地和移民安置条例》，使移民安置有了法律制度的保证。2006年，国务院通过《大中型水利水电工程建设征地补偿和移民安置条例》和《国务院关于完善大中型水库移民后期扶持政策的意见》，对水库移民安置补偿政策和后期扶持政策进行了全面的调整和改革完善。水利移民法律法规的健全完善和指导方针的科学合理化，为各地移民工作提供了法律依据和发展方向。

新时期，在农村通过动员群众进行大规模农田水利建设的时代已经过去，取而代之的是国家主导下的中大型综合性的水利建设，真正意义上的农田水利建设移民已经很少。在实践过程中，贵州在农田水利建设中的移民政策是在国家移民方针的主导下逐渐地由过去搬迁补偿和政治强制相结合转变为补偿、补助和开发性的扶持相结合，并成立了省移民开发办，具体管理贵州经济建设中涉及的移民，其中，包括农田水利建设中的移民工作。该时期，贵州省制定了《贵州省大中型水电工程移民安置建设项目管理办法》《关于加大

① 《1986年国务院批准水利电力部关于抓紧处理水库移民问题的报告》，《广西政报》1986年第10期。

② 钱正英主编：《中国水利》，北京：水利电力出版社2012年版，第585页。

全省大中型水电工程移民后期扶持工作力度的意见》等条例，在移民安置上，根据人多地少、地貌复杂的实际，采取移民和小城镇、新农村建设结合起来的办法，增强移民自我发展能力，积极扶持移民自主创业并给予一定优惠政策。在移民安置中，需要有负责到底的决心和勇气。近几年，贵州省采取开发性移民的同时也注重老移民问题的解决，这批老移民主要是改革开放前因补偿不合理，经济利益诉求未得到满足而遗留下来的。贵州根据具体实际情况发放一定补偿，期限是20年，每人每年600元。据采访的老人讲述："因为一部分移民家庭生活困难，土地又被淹没，吃穿都困难，他们不得不向政府写申请，直到近几年才批下来。现在每人每年补助600元，期限20年，建设一个家庭不容易啊。"① "当时修建水库搬迁了一些人，现在有的生活很困难，记得前几年政府开始发放补贴，每人每年领取600元，大约领20年的时间，人数是以当年搬迁的人口计算的。"② 这在一定程度上确保了移民基本的生产生活需要，他们对政府发放的补贴是高兴和拥护支持的。总之，在党的领导下，经过几十年的探索，伴随着经济水平的提高和国家移民法律法规的完善，贵州省农田水利移民安置工作在解决新老移民问题上取得的成效是显著的，逐渐走出了一条符合贵州省经济发展水平和自然地质地貌条件的移民安置之路。

三、新中国成立以来贵州解决农田水利建设中移民问题的历史经验

新中国成立之后，贵州在特殊的地质地貌和经济欠发达条件下，按照国家的相关政策并结合当地实际，有效地处理解决了在农田水利建设中涉及的移民问题，化解了矛盾，积累了一定的经验。

首先，农田水利建设中涉及的移民安置工作必须在党和政府领导下切实组织落实。移民关系到农村的发展、社会的稳定、党和政府的威信，是国家

---

① 根据笔者2012年7月15日采访兴义市坪东街道小店村老人唐某某录音记录整理。

② 根据笔者2012年7月22日采访遵义市湄江县湄江湖村老人雷某某录音记录整理。

长远发展必须解决的问题。党和政府在移民安置中处于核心地位，是移民安置各项方针政策的主要制定者和组织落实者，是移民群体利益的切实维护者。新中国成立之后，贵州省委、省政府在响应国家号召组织修建农田水利工程的几次高潮中高度注重涉及的移民安置问题，根据自身经济实际，积极制定并组织落实相应的移民安置政策规定和采取切实有效的方式方法帮助移民恢复和发展生产，确保了当地移民人心的安定和社会的稳定，一定程度上化解了移民和政府之间以及移民和所在地群众之间的矛盾，维护了党的威信。因此，没有党的领导和政府的高度重视、有效组织，是很难科学合理和有效地解决移民问题的。

其次，农田水利建设中涉及的移民安置要以人为本，坚持走群众路线，维护好群众利益。移民安置实际上是移民和政府之间的一种利益博弈，涉及的问题十分复杂，例如，不同的自然环境和社会环境对移民的影响、生产生活习惯变化引起的移民心理上的抵触、政府政策对移民心理预期的影响等。对于为人民服务的党和政府来说，群众利益无小事。新中国成立后，几乎每个历史时期，贵州省委、省政府都在党的领导下，始终坚持把移民群众的利益放在首要位置，既在移民动员搬迁之前进行详细的规划论证，尽量满足群众的利益诉求，也针对不同时期移民遗留下的问题进行深入调查并切实从思想和实际中解决。在解决问题的过程中，贵州省委、省政府坚持以人为本的理念，牢牢树立为人民服务的宗旨，深入移民群众中了解他们的思想动态和生产生活实际，切实解决移民安置工作中涉及群众利益的问题，积极帮助困难移民群众恢复和发展生产。

再次，开发性移民是农田水利建设中移民安置的最有效途径，得到了移民群众的响应和支持。20 世纪 80 年代以来，国家提出的开发性移民方针要求安置补偿和积极创业相结合、生活安置和生产安置相结合。这一方针的提出无疑为经济欠发达地区的移民工作指明了方向。贵州根据自身的自然条件和经济状况，在国家开发性移民方针的指引下进一步明确了目标和方向，在实践的过程中结合群众实际，逐渐地把原先一次性的补助救济改变为扶持开发，帮助他们修建学校、医院，通电、通路等，努力改善他们居住的环境；积极鼓励移民群众自主创业，在资金等方面采取优惠政策，扶持他们开发性地生产创业，以此提高收入改善生活，达到脱贫致富的目的。

最后，农田水利建设中涉及的移民安置要在国家法律法规指引下，因地制宜，科学规划，一切从实际出发。移民安置必须有科学合理的法律法规指导，改革开放前，正是因为没有一部全国性的移民法，在移民处理上没有可靠的法律保障；改革开放后，随着相关法律法规的制定，移民工作逐渐走向法律化和科学化，更多地体现人文关怀。而移民安置具有一定的地域性和空间性，每个地方的移民风俗、生活习惯、生产方式不完全一样，这就要求移民安置工作必须科学规划，因地制宜，不能搞“一刀切”。贵州省地质条件复杂多样，长期以来在涉及移民安置问题时各地往往根据国家相关政策和实际情况，在补偿和扶持开发的基础上确保移民思想稳定且生产生活习惯没有大的改变以安定人心。进入21世纪以来，贵州省在农田水利建设移民安置问题上，全面贯彻中央的方针政策和相关的移民法规，在结合自身省情的基础上统筹规划，合理布局，既解决了历史遗留下来的老移民问题，又赢得了新移民群众的支持，为贵州经济的持续健康发展和社会的稳定提供了保障。

（原文发表在《贵州师范学院学报》2014年第8期）

新中国成立初期贵州水利技术人员的培训

建立在农业基础之上的中华文明因农业的发展而不断地延续，这让中国拥有了上下五千年的文明史。水是生命之源，而人类进行的水利建设是确保农业顺利发展的根本措施之一。作为农业大国，历代统治者和广大群众在长期与水旱灾害斗争的过程中逐渐形成了治水防灾发展农业的思想理念，使我国的水利技术在很长一段历史时期内走在世界的前列，也在此基础上建成了一批著名的水利工程，如陕西郑国渠、四川都江堰、京杭大运河等。近代以来，随着现代水利科学的兴起和外国列强的侵略，传统的水利技术逐渐落后，在内忧外患下，掌握现代水利科学、拥有现代水利发展理念的技术人员严重缺乏，在一定程度上制约了近代以来我国水利事业的发展。新中国成立后，为改变我国农业基础设施落后的局面，提高粮食产量，进而为工业发展提供更多的物质积累，在党的领导下，全国各地掀起了水利建设的高潮。为适应水利发展需要，面对全国水利技术人员相对匮乏的局面，在中央的领导下，不同省份根据实际通过教育、培训和引进吸收等方法，迅速建立起一支水利技术队伍。贵州省地处我国西南，复杂的喀斯特地质环境和薄弱的经济技术基础制约了本地水利的发展，是当地农业长期落后的原因之一。为改善新中国成立初期水利技术力量薄弱的状况，贵州省通过开展水利专业技术培训教育，在短时间里形成了一支由水利技术干部、水利辅导员和农民水利技术员组成的水利队伍，推动了水利的发展。本文以贵州省为立足点，较系统地分析探讨了新中国成立初期贵州省水利技术人员培训的来龙去脉。

一、培训水利技术干部

中国共产党在长期的革命斗争中造就了一批思想觉悟高、政治素养高、实践能力强且能经受住长期斗争考验的红色干部，为新中国的成立和之后开展政权建设工作奠定了一定的干部基础。随着革命的胜利，党的七届二中全会提出了工作重心由农村转向城市，建立社会主义工业强国，而这需要一批专业技术干部。专业技术干部的培育是共产党的工作重心由革命斗争转向经济建设的需要。因此，新中国成立后，在政权巩固和经济恢复的过程中，专业技术干部培育也逐渐展开，具体到农田水利建设领域，就是造就一批“又红又专”的水利干部，以适应水利发展的需要。作为水利干部应该有良好的政治素养和较高的技术水平，“一切水利行政干部要努力学习业务，精通业务，只有这样，才会把工作做好。对于水利工作全体干部来讲，我们要求不断提高政治的、水利知识的与技术的水平”①。在全国水利事业急速发展的背景下，贵州省委、省政府为迅速适应并指导当地水利建设，开展了干部的水利专业技术培训，以解决自身水利技术干部缺乏的问题。

（一）短期培训与开设轮训班相结合

贵州作为西部经济欠发达地区，交通相对闭塞，科技发展水平十分落后，水利专业队伍相当匮乏。据统计，解放前夕，贵州“水利职工队伍共 90 多人，其中，省水利局 50 多人，水文总站 20 多人，经济部第 226 测量队 10 多人”②。这是国民党统治时期留下的水利专业工作人员，由此可以窥见该地的现代水利发展多么落后。随着新生的人民政权建立并通过镇压反革命、剿匪以及土地改革等将中央的权力首次延伸到乡村，国家对乡村的管控得到加强，共产党在农民群众中的威信也与日俱增，这使得迅速地恢复和发展农业生产，

---

① 水利部办公厅编：《1949—1957 年历次全国水利会议报告文件》（内部），1957 年编印，第 14 页。

② 贵州省地方志编纂委员会：《贵州省志 · 水利志》，北京：方志出版社 1997 年版，第 417 页。

改变该地水利基础设施陈旧落后的局面并动员广大群众进行水利修建成为可能。

新中国成立初期，贵州结合自身实际，提出水利建设的任务主要是恢复和整修旧有的水利设施并建设一批小型的以蓄为主的水利工程。为适应贵州即将开展的为恢复和发展农业生产进行的水利建设运动，解决水利技术干部缺乏的问题提上了日程。为短时期内缓解水利干部缺乏的情况，壮大技术队伍，原贵州省农林厅水利局根据贵州水利建设的实际需要，因地制宜地制订了水利干部培育计划，并开始在全省范围内开展水利专业干部的短期培训，这种短期培训能使有一定文化的干部迅速掌握水利技术以投入水利建设。1951 年 9 月，水利工程测量专修班在贵阳正式开办，学制一年，“参加专修班学习的 62 名学员，都是高中毕业或具有同等学历的社会青年。培训内容主要是水利工程测量知识和应用技术”①。当然，短期培训过程中，除了专业学习外，还要进行思想政治教育，主要学习毛泽东思想和我党的革命历史，把思想和专业技术结合起来。这批学员经过一年的培训教育，初步掌握了水利基础的技术知识，他们被安排到各级水利部门，成为新中国成立之后贵州省培养的第一批水利专业干部。在 1952 年秋，贵州省农林厅水利局又举办了两期水利干部轮训班，“轮训干部 125 人”②。“训练干部，除提高现有业务干部技术水平，培养大批的新生力量，壮大水利队伍是加强技术指导的关键。”③ 作为第一批在党的领导下被培训出来的贵州省水利技术干部，他们的任务主要有向市县相关部门传达和执行中央及省有关水利建设的方针政策；定期地指导各地水利工程的修建；坚持走群众路线，到县乡等基层培训基层水利技术人员；帮助解决和组织水利建设中的技术问题及民工、资金和物资筹集等。为迅速壮大水利技术队伍，贵州省还选派干部出省学习，把学习的经验和知识传授给下一批培训人员，其间水利部门还组织一批水利技术干部深入基层进行水利知识的普及和指导，有的在工地现场边施工边教学。

---

① 贵州省地方志编纂委员会：《贵州省志·水利志》，北京：方志出版社 1997 年版，第 399 页。

② 贵州省地方志编纂委员会：《贵州省志·水利志》，北京：方志出版社 1997 年版，第 399 页。

③ 《贵州省 1956 年春季水利工作总结及今后工作意见》，1956 年 6 月 4 日，贵州省档案馆，6-1-654。

（二）取得的成绩

经过几年的培训、轮训，贵州省水利技术干部的数量得以迅速增加，基本满足了贵州水利发展的需要。“通过实际工作和轮训或报送正规学校学习等办法，挖掘现有干部的潜在力量，加强教育，合理使用，正确提拔。”① 截至“1956 年底，全省水利系统职工共 2658 人。其中干部 2164 人，工人 494 人。省级水利系统职工 789 人（干部 438 人、工人 351 人），各地（州、市）水利职工共 323 人（全是干部），各县水利职工共 1546 人（干部 1403 人、工人 143 人）”②。很明显，这比解放前夕贵州省包括地、县的水利干部增长了数十倍，在一定程度上说明强有力的权威体制下集中力量办大事的有效性。这批水利技术干部是贵州省水利事业发展的宝贵财富和骨干力量，是新中国成立之后在党的领导下通过技术培训和思想政治教育迅速成长起来的，具备了“又红又专”的干部选拔条件，这不仅缓解了当时贵州省水利技术干部缺乏的问题，为开展全省水利规划和建设奠定了干部基础，也带动了培训各地水利辅导员的工作，有力地推动了贵州水利发展下一个大高潮的来临。

二、培训水利辅导员

（一）水利辅导员的内涵

新中国成立初期的水利辅导员，一般来自基层，从当时成分较好且有点文化知识的群众中选拔，他们有全脱产的也有半脱产的，主要负责串联群众、传授水利技术、帮助地方完成水利任务等，在农田水利建设中起到承上启下的作用。水利辅导员的培训并不是贵州省独有的，而是在全国水利技术人员缺乏的情况下，为满足大规模水利建设需要而推行的政策。水利辅导员的培

① 《关于 1956 年第二届全省水利会议情况和今后工作意见的报告》，1956 年 8 月，贵州省档案馆，93-1-258。

② 贵州省地方志编纂委员会：《贵州省志 · 水利志》，北京：方志出版社 1997 年版，第 417 页。

训主要有举办短期的培训班，由水利技术干部授课讲解等，课程内容包括机械提水、水力发电、水利施工、防洪排水、简单测量等。在当时水利教材缺少的情况下，很多学员靠抄笔记和在施工现场观摩进行学习，但他们的学习热情非常高，进步也较快。从水利辅导员的具体组成来看，主要有党员、团员、贫农、中农等，他们的文化水平较低，一般是半脱产的农民，很多是从农民水利技术员中选拔出来的，主要负责连接各乡社和县之间的区办水利工程指导工作。因为水利辅导员既具有专业基础水平，又是半脱产或全脱产从基层农民水利员或农民积极分子中选拔出来的，所以带有半行政化的技术干部色彩，充当了政府和农民在水利建设过程中沟通的中间人。

（二）贵州水利辅导员的培训

水利发展需要基层群众的支持，他们是水利建设的主力军和直接受益者。在新中国成立初期，为解决贵州省基层水利技术人员严重缺乏的情况，当地政府通过动员群众，从成分好且有一定文化的各民族农民群众中选取一定数量的积极分子进行短期培训，他们来自农民，了解农村，与底层群众联系最密切，有全脱产和半脱产之分，这些人被称为“水利辅导员”。“水利辅导员熟悉地方情况，与群众有密切的联系，并且有一定的工作经验和文化水平，是水利工作中主要的技术力量，应当加强组织领导，有计划有步骤地进行培养，不断提高他们的技术水平，发挥他们的积极性和创造性。”① 这些水利辅导员属于永远跟党走的农村积极分子，他们民族和组织等成分多样，受教育程度也参差不齐，如镇远专区在报告总结中指出：“正式学员 150 人，其中，党员 13 人，团员 58 人，转业军人 35 人，文化程度包括中学程度 75 人（其中 7 个高中待业），小学程度 75 人（包括部分初小），少数民族 84 人。”② 麻江县也在汇报中指出：“我县水利半脱产辅导员共有 11 人，其中，中农 8 人，贫农 3 人，汉族 6 人，苗族 2 人，布依族 1 人，彝族 2 人，团员 4 人，现有文化程度一般已达到高小程度，工作开始时间是 1955 年冬季，籍贯全是本地，

---

① 《关于 1956 年第二届全省水利会议情况和今后工作意见的报告》，1956 年 8 月，贵州省档案馆，93-1-258。

② 《镇远专区水利技术人员训练班总结》，1956 年 7 月，贵州省档案馆，93-1-471。

工作前是农村农民，思想纯厚。”[1] 水利辅导员来源的广泛性和差异性有助于推动水利技术在农民不同层次群体中和不同地区的普及与传播，也有助于农民水利技术员培训工作的开展，对于从事农村水利的工作人员上下联动的技术网络形成也有积极意义，正如贵州省水利文件中指出的，“广泛传授水利技术，大量训练水利辅导员和农民技术员，组织技术指导网，通过实际工程，组织群众参观，这是保证工程质量的重要技术措施”[2]。随着贵州省水利工程建设的展开，到“1956 年下半年要求辅导员人数达到 5000 人，以培养和提高现有水利辅导员为主，不足部分应由各地保送政治可靠、具有工作能力和一定文化水平的农民水利员或农民积极分子，予以 20~80 天的训练”[3]。这为之后“大跃进”时期农村的水利建设奠定了一定的群众技术基础。

经过短短几年的培训，贵州水利辅导员从无到有，从少到多，逐渐形成了一支独特的水利建设队伍。水利辅导员在当时贵州技术人员缺乏的情况下因其独特的作用，备受政府关注，所以，各地相继举办大量的短期培训班对他们进行针对性的专业指导教育，以便让他们迅速掌握水利技术，好让他们在水利建设及培训农民水利技术员的工作中发挥积极有效的作用。水利辅导员队伍的不断壮大，为贵州基层群众性的农田水利建设做出了突出的贡献，有表现突出者还被提拔为水利技术干部，承载着一代人的历史记忆。

三、培训农民水利技术员

新中国成立初期，通过土地改革和恢复发展经济的相关措施，国家政权延伸到基层，拉近了国家和农民的距离，其生产生活也无时不在国家的影响下进行，同时也为开展大规模农田水利建设提供了组织基础。千百年来，广大农民群众在长期的水利修建中积累了宝贵的经验，这种经验一旦和现代技

① 《麻江县水利辅导员情况报告》，1956 年 5 月 25 日，贵州省档案馆，93-1-465。

② 《贵州省 1956 年第一季度农田水利工作开展情况及今后工作意见》，1956 年 4 月 8 日，贵州省档案馆，40-3-3390。

③ 《贵州省 1956 年春季水利工作总结及今后工作意见》，1956 年 6 月 4 日，贵州省档案馆，6-1-654。

术相结合必定会产出巨大的能量。新中国成立初期的农民水利技术员就是长期的经验和水利技术结合在基层的最好典范。贵州省基层水利建设长期落后，水利技术人员匮乏，在修建群众性小型水利工程中，培训一批农民水利技术员成为当时的迫切需要。

农民水利技术员主要由不脱产且有一定文化的农民积极分子组成，它和水利辅导员的主要区别在于后者为脱产或半脱产，从某种意义上说是种身份的认证。1952 年，贵州省开始组织乡级水利指导员的培训工作，这些不脱产的乡级水利指导员成为探索农民水利技术员培训的最早示范。农民水利技术员的培训可以解决基层技术人员缺乏的问题，加强工程技术指导从而保证工程质量。因此，“在目前我省水利技术力量薄弱的情况下，遴选在群众中有威信且对水利工作又热心的农民积极分子、合作社社员、党团员等，采用实地学习或办训练班的方式，讲授水利政策及水利基本常识，以培养农民自己的技术人才”①。据统计，到 1954 年，“都匀、铜仁、安顺、兴义等八个专区，42 个县市订出了训练农民水利技术人员 3491 名的计划，已训练完毕的息烽、荔波、凤冈、普安等 40 县市统计，共训练了 2885 名农民水利技术人员”②。各地在水利建设中一批水利干部或水利辅导员采取边修建边讲解，施工中师傅带徒弟，组织工地训练班、水利座谈会等办法，培养农民水利技术员。到 1954 年底，“全省共训练了农民水利技术员 4100 多人，这些为今后的水利事业发展打下了有利基础”③。1955 年，贵州计划“全省训练不脱产农民水利基层人员，共计 6800 名（原列 5000 名包括在内）”④。训练人数增长快的主要原因是 1955 年冬季到 1956 年春季全国掀起了新中国成立后第一次大范围的水利建设高潮，必然波及贵州，而这正是响应这一水利运动所必需的。到 1956 年，根据水利建设形势的需要，贵州省计划在已有的农民水利技术员基础上“另外准备训练 2 万名农民水利技术员，要求高级社训 3~4 人，初级社

① 《贵州省 1955 年水利、林业、气象工作会议水利专业会议报告》，1955 年 3 月 20 日，贵州省档案馆，93-1-6。

② 《贵州省 1954 年训练农民水利技术人员总结》，1955 年，贵州省档案馆，6-1-169。

③ 《贵州省 5 年来水利工作总结和 1955 年的工作任务》，1955 年 2 月，贵州省档案馆，40-3-3306。

④ 《贵州省 1955 年水利、林业、气象工作会议水利专业会议报告》，1955 年 3 月 20 日，贵州省档案馆，93-1-6。

训1~2人，负责各农业生产合作社的水利技术指导，训练时间至少7天以上，学习内容主要是管理养护、蓄水保水、坝底规划和兴修山塘、水库的技术知识"[①]。通过这些培训内容，我们可以窥见当时这些水利基本技术的培训正是为了适应贵州本地以蓄水工程修建为主的农田水利建设发展。

这些农民水利技术员在掌握基本的水利技术之后，主要工作是向本村村民宣讲农田水利修建的知识，在小型工程建设过程中起到技术指导和后续维护管理的作用。"那时作为农民水利技术员很光荣啊，我们通过短期的培训，在村中小型水利的修建过程中提供简单的技术指导。我们文化水平低，较难的技术问题一般由专门的水利人员负责，我们主要靠在培训中学来的水利技术知识和长期劳动过程中形成的经验，当然我们还参与村中水利工程的维修和管理，这基本没有什么报酬的，但高兴啊。"[②] 对农民水利技术员的培训，不仅推动了贵州省水利建设的迅速发展，而且密切了我党和群众的关系，提高了党在农民中的威信，也为基层水利队伍建设和农村技术人员的培训工作积累了丰富的经验。

四、简单结语

新中国成立初期，贵州通过对水利干部、水利辅导员和农民水利技术员的培训，取得了显著的成果，形成省、地市、县到区和村的技术指导网络。1956年春季过后，"全省80%以上都组织了水利技术指导组，采取通片包干、大网查小网的办法，进行技术指导，建立定期、定点碰头的汇报制度，交流经验。乡社办的工程由农民水利员负责，区水利辅导员协助指导，区办的工程由水利辅导员负责，县水利干部协助指导，水利干部除掌握重点工程外还负责各区、乡的轮回技术指导工作"[③]。以水利技术指导组为基础形成的从上

① 《贵州省1956年春季水利工作总结及今后工作意见》，1956年6月4日，贵州省档案馆，6-1-654。

② 根据笔者2012年7月15日采访兴义市坪东街道小店村老人唐某某谈话资料整理。

③ 《贵州省1956年春季水利工作总结及今后工作意见》，1956年6月28日，贵州省档案馆，6-1-253。

到下的水利技术指导网络为贵州的水利发展奠定了良好的基础。

因此，贵州在新中国成立初期，水利技术力量薄弱、水利技术队伍匮乏、水利建设落后于其他省份的情况下，根据自身实际并结合国家的水利方针政策，通过大力加强水利技术干部队伍建设、培养水利辅导员和农民水利技术员，初步缓解了水利技术队伍缺乏的情况，不仅推动了全省水利发展，改变了水利长期落后的局面，而且为随之而来的下一个水利建设高潮奠定了专业技术队伍基础。追昔抚今，我们应该借鉴历史经验，在水利发展尤其是农村水利建设的过程中，努力地建设一支素质高、技术精湛、乐于奉献的水利专业队伍，同时坚持走群众路线，加大对与农民群众联系密切的基层水利人员技术培训力度，为更好地实现水利跨越式发展服务。

（原文发表在《山西档案》2016 年第 1 期）

新中国成立以来贵州农田水利工程的管理工作

管理是最大限度延长农田水利工程使用年限的保障，也是充分发挥工程效益的根本前提。

农田水利是农业发展、粮食增产的前提保证。在农田水利工程修建之后，管理工作是使其最大限度发挥灌溉效益、最大限度延长工程使用年限的核心所在。从广义上说，对农田水利的管理包括水资源管理、工程管理、规划管理、财务管理、物资管理、人员管理、管理规章制定等，其中，农田水利工程管理主要包括灌溉工程、排涝抗旱工程以及附属的相关水利工程等的管理，主要任务是充分发挥效益，为农业发展服务。贵州由于复杂的喀斯特地貌限制，兴修农田水利工程难度大、任务艰巨，工程管理有难度也有自身的实际。因此，本文主要针对贵州农田水利管理中的工程管理展开论述。

一、新中国成立以来贵州农田水利工程的管理历程

新中国成立以来，贵州农田水利工程的管理主要是通过建立和完善管理机构、制定工程管理规章制度、积极探索适合本地的管理体制等逐步发展和完善起来的。

（一）新中国成立以来贵州逐步建立并完善农田水利工程管理机构

农田水利工程的管理机构主要是政府设立的领导地方农田水利发展、统

筹管理农田水利工程的组织。新中国成立之前，贵州专门的农田水利工程管理机构还没有系统地建立起来，水利工程管理人员比较少，一些小型水利工程因地质条件限制比较分散，一般由当地的县或者村庄或者大户人家管理，农民的受益程度比较低。在新民主主义向社会主义过渡时期，贵州的农田水利建设主要是恢复和整修已有的水利设施，其间还没有建立水利管理的专门机构，相关事务由农田水利工程总队管理。1956 年 5 月，贵州省农林厅水利局在工务科内设灌溉管理组，这是最早的针对农田水利工程灌溉管理的机构；6 月，省水利局成立后，设立了灌溉管理科。水利管理机构的设立为之后兴起的农田水利建设高潮起到了引导和推动作用，随后其出台了相关规定，“凡群众性农田水利工程在完工后均必须及时建立管理养护组织，每个合作社都要建立水利委员会，统一管理本社受益的水利工程，凡几个社共同使用的工程，由各受益社成立联合机构，派专人管理，其中灌溉面积在 3000 亩以上的工程或坝高 10 公尺以上的水库，应建立灌溉管理所，设立专职脱产干部负责灌溉管理及工程养护工作”①。一些地方在水利工程修建后根据此规定相继建立了水利管理所，由受益社派人管理。在 1957 年冬季掀起的农田水利建设过程中，由于过度地强调高指标，不同地方对水利工程的管理重视程度不一样，一些地方的水利工程在建立之后，并没有立即成立专门的工程管理机构，也没有专人负责管理，导致其不能及时发挥效益，这种状况一直持续到“大跃进”结束。不过也有一些地方非常重视水利工程的管理，在笔者调研的过程中，有老人回忆说：“水库修完后有人管理，政府派人专管；水库发电之后也有人管理，没有发电之前有人管，有人专门负责维修。几十年了，管理过这个水库的人好多都死了，年轻人好多都不清楚。”② “水库建成后就派人专门管理，不过开始管理不正规，直到‘大跃进’后管理才走向正规。”③ 老百姓对当时地方政府比较重视并且逐步建立和完善农田水利工程的管理是比较认可的。1963 年，贵州省水电厅在吸取以前的教训和经验的基础上，充实灌溉管理科人员，并设立了工程灌溉、灌溉管理、水稻需水实验等三个组，分工进一步明确。这时，贵州各地区先后建立了水利管理科或灌溉管理科，各县

① 《贵州省群众性农田水利工程管理养护办法》，1956 年 6 月 5 日，贵州档案馆，6-1-254。
② 根据笔者 2012 年 7 月 22 日采访遵义市湄江县湄江湖村雷其会老人谈话记录整理。
③ 根据笔者 2012 年 7 月 15 日采访兴义市坪东街道小店村唐明胜老人谈话记录整理。

陆续开始设置灌溉管理股，没有设立管理股的县也明确有专人负责水利管理的工作。其间，农田水利管理机构的任务主要是对“大跃进”时期及之后修建的农田水利工程进行进一步的巩固整修和维护保养并明确管理任务。“文化大革命”前期，贵州农田水利工程管理在“左”的思想指导下出现了松动，一些农田水利设施无人管理，处于荒废状态。为改变这种情况，1975 年，“省革委以（1975）47 号文件批准全省各地建立区水利站，作为县水电（农水）局的派出机构，负责区内集体管理的小型水利工程的建设和管理工作”①。

改革开放之后，据统计，“1985 年底，全省小（二）型以上水利工程（包括国家管理工程）7110 处，均建立了一定形式的管理机构；共有管理人员 15019 人，其中国家职工 1787 人（其中技术干部 182 人）、临时合同工 5820 人、群众管理人员 7412 人”②。由此可见，贵州农田水利工程管理各级机构进一步完善，职能进一步细化，任务进一步明确。1986 年 4 月，经贵州省委批准，水电厅水利管理局成立，其主要职责之一就是指导贵州国管水利工程单位管好、维护好工程，用好水资源，扩大工程效益。各地方也基本参照省级规定，先后建立了水利管理站或管理股，指导当地的水利工程管理。根据实际情况，贵州省在成立水利厅后设立水利工程管理局，主要组织指导贵州国有水利工程安全管理、生产管理、经营管理和运行管理，以及具有流域控制性或跨市（州、地）的重点水利工程管理。各地的农田水利工程管理基本上由当地的水利管理所或管理站负责，有的小型工程由当地的村寨负责，基本完成了省、地（市）、县、乡（镇）、村（寨）“五位一体”的水利工程管理体系。目前，贵州省水利工程管理机构较系统地建立和完善起来，为指导水利工程的管理养护、最大限度地发挥工程效益、农业增产增收提供了组织保障。

---

① 贵州省地方志编纂委员会：《贵州省志 · 水利志》，北京：方志出版社 1997 年版，第 194 页。

② 贵州省地方志编纂委员会：《贵州省志 · 水利志》，北京：方志出版社 1997 年版，第 192 页。

（二）新中国成立以来贵州逐渐建立和完善农田水利工程管理的规章制度和管理体制

管理规章制度的制定和完善可以确保农田水利工程在管理上做到有章可循、有制度可依；违反规定后，可以根据规章制度进行相应的处罚，以确保工程管理的正常运行。新中国成立前，贵州省在水利工程管理方面没有切实有效的规定，关于灌溉区管理的规程多数条款也没有得到有效的施行，其间的水利工程管理基本上处于没有制度规章支撑的混乱阶段。新中国成立后，贵州省在恢复旧有的农田水利工程基础上，根据实际情况于1951年制定了《贵州省农田水利工程管理养护规程草案》。可以说，这是第一部比较系统地对贵州省农田水利工程的管理养护明确管理任务和目标的规程。这部规程指出，“灌区于工程完竣后，当视工程范围之大小，单独或联合若干工程设立管理所，由政府派人组织或由受益群众组织之”①，并明确了各管理机构的主要任务。1955年底，贵州在全国形势影响下掀起了新中国成立以来的第一次农田水利建设高潮，修建了很多群众性的小型农田水利工程。为方便管理，1956年4月，贵州省人民委员会发出《关于大中型水利工程管理养护机构交由所在县（市）人民委员会领导的通知》，并于6月制定《贵州省群众性农田水利工程管理养护办法》，规定所有农田水利工程在完工后均必须及时建立管理养护组织。很多地方根据规定相继设立了专门负责工程管理的机构或组织，为农田水利工程发挥效益和下一步的兴修提供了良好的保障。1957年冬季，全国掀起了农田水利建设的第二次高潮，其间贵州的农田水利工程建设指标过高、计划面过宽、速度过快、对质量过于轻视，不过总体上还是取得了很大的成绩。许多水利工程在修建后，因忙于“大跃进”而忽视了管理。1958年3月，贵州省委农村工作部非常重视水利工程管理，颁布了《农业生产合作社水利开发和水利工程管理养护的办法（草案）》，明确指出“为了延长工程寿命，合理用水，挖掘水利设施的潜力，各农业社必须定出工程的管理养护制度。工程养护：现有的蓄水、引水、防洪排涝等水利工程要经常注意保

① 贵州省地方志编纂委员会：《贵州省志·水利志》，北京：方志出版社1997年版，第183页。

养，今后兴修的水利工程，要做到修好一个，管好一个，用好一个”①。虽然有相关的规章制度，但在全国“大跃进”形势的推动下，农田水利工程管理养护仍然很差，多数管理机构不健全，管理制度松弛，严重影响了工程正常效益的发挥。国民经济调整期间，1961 年冬，贵州省水电厅党组向贵州省委提出了《关于水利工程实行分级管理意见的报告》，之后的农田水利工程管理逐渐步入正轨。但 1966 年开始的“文化大革命”使工程管理工作又陷入瘫痪状态，许多机构被撤销，管理制度废弛。1971 年后，水利管理工作重新被重视，贵州省水电局发出《关于进一步明确水利工程管理体制实行分级管理的意见》；1975 年 4 月，贵州拟定《贵州省水利管理（实行）办法（草案）》，对水利工程管理工作做了明确的要求和指导。“文化大革命”结束后，在农田水利工程管理过程中，贵州省于 1977 年 11 月印发《贵州省水利工程管理工作职责》，明确管理任务。之后，贵州省政府又颁布了《贵州省水利工程供水收费和使用管理办法》，并开始落实水利管理责任制，划定了水利工程维修和保护的范围及责任主体。1987 年，贵州省制定《贵州省农田水利工程管理暂行规定》，水利工程管理进入了新的发展阶段。进入 21 世纪后，贵州省在农田水利工程管理方面继承原有的管理方式之外又进行了进一步的资源整合，进一步完善和细化规章制度，使工程管理制度科学、合理并符合实际。

管理体制是在农田水利建设过程中逐渐形成和完善起来的，反映了地方政府和群众对水利管理的思路与模式。改革开放前，农田水利工程管理体制是按照计划经济管理模式建立起来的，在当时的条件下对于保证水资源的充分利用、最大限度地发挥工程效益起到了良好的作用，但这种管理体制带有很多不确定性和非物质性，并不能从根本上适应时代经济的发展。改革开放，尤其是社会主义市场经济体制逐渐建立之后，对于农田水利工程的管理及体制的创新不断进行，并积极探索新的管理形式。新中国成立以来，贵州农田水利工程管理体制主要有两种形式：一种是由国家投资举办的工程，一般由各级水利主管部门成立工程管理所，由国家配备人员和设备进行管理，这种管理形式与计划经济时代的管理思路差不多，但为适应市场经济的需要不断

① 《农业生产合作社水利开发和水利工程管理养护的办法（草案）》，1958 年 3 月 3 日，贵州档案馆，6-1-391。

发生改变。另一种是集体管理的水利工程，一般是改革开放前“民办公助”或者完全由社队集资修建，根据当时的规定，“集体所有制工程，管理体制原则上由受益各社队经营管理。一个生产大队受益的工程，由大队统一组织，专人管理”①。改革开放后，由本村组织整修或修建的农田水利工程，一般由受益的村庄指定专人管理维护，有的小型水利工程改为季节性的管理维修，这种管理形式最主要的目的就是确保水资源在集体经济的发展中发挥最大效益。还有一种是在市场经济条件下，一些地区开始探索把一些水利工程的管理采取竞标、租赁、承包、转让、放权等方式转给个人或企业，由他们在经营水利的过程中对工程进行管理和维护。现在，贵州的农田水利管理体制已经成熟并总体上适应了当地农业生产和粮食增产的需要，确保了水利工程在灌溉等方面最大限度地发挥工程效益。

二、新中国成立以来贵州农田水利工程管理的经验特点

新中国成立以来，在党和政府的领导下，贵州人民踊跃参与奋斗，贵州农田水利建设取得了辉煌的成绩，为贵州农业发展及解决群众的饮用水问题做出了突出贡献。其间，贵州也在农田水利工程管理方面逐渐地形成和积累了自己的经验特点。

首先，因地制宜，从贵州的最大实际出发推进农田水利工程管理发展。因地制宜，从实际出发，是一切工作顺利进行的前提、根本。贵州是典型的喀斯特地貌，山峦起伏，江河纵横，岩溶发育普遍造成耕地分散，群众的居住也相对分散。复杂的地质环境给贵州的农田水利工程建设和管理带来了不便，许多水利工程偏向于小、多、分散，不便于管理，很多工程管理形式和管理思路在东部省份适用但不一定适用于贵州。新中国成立以来，贵州本着因地制宜、从实际出发的原则，根据各地不同的地质和风俗条件，在省委、省政府的领导下不断依照水利发展的步伐推进农田水利工程管理发展，成功

① 《关于水利工程实行分级管理的意见报告》，1961 年 11 月 20 日，贵州档案馆，6-1-638。

实现了由计划经济时代的集中统一管理转变为市场经济体制下的灵活多变的管理模式。在农田水利工程管理过程中，贵州根据实际，在充分尊重和维护民众利益的前提下，坚持市场化改革的方向，坚持权责利有机结合，根据农田水利工程的规模和涉及的集体或群众利益协调等问题，对大、中、小型水利工程进行有针对性的分类、分级、分别改革管理。新时期，贵州从本地实际出发不断推进的农田水利工程管理适应了当地经济和社会的发展需要，维护和协调了不同主体之间对水资源的利益需求，最大限度地延长了水利工程寿命，取得了良好的经济效益和社会效益，得到了群众的认可。

其次，重视制定科学合理、符合实际的规章制度。规章制度是农田水利工程顺利进行管理的依据和前提，没有一个合理科学的规章制度，任何事情都不可能顺利地推进。制度好可以使坏人无法任意横行；制度不好可以使好人无法充分做好事，甚至会走向反面。任何时候没有规矩难以成方圆，一套不科学、不规范、不合理的制度，会诱使人去钻空子、犯错误。新中国成立后，贵州在农田水利建设的过程中非常重视规章制度的制定，涉及安全、卫生、伤亡、管理、经营等的水利管理制度不断完善成熟。在农田水利工程管理过程中，新中国成立后，贵州先后制定了《贵州省农田水利工程管理养护规程草案》《关于大中型水利工程管理养护机构交由所在县（市）人民委员会领导的通知》《贵州省群众性农田水利工程管理养护办法》《关于水利工程实行分级管理意见的报告》《贵州省水利管理（实行）办法》《贵州省农田水利工程管理暂行规定》等一大批关于农田水利工程管理的规章制度。这些规章制度为贵州农田水利工程的管理提供了法规依据和保障，切实维护了群众和当地发展的利益，是推进贵州农田水利事业大发展的基石。

最后，在农田水利工程管理中妥善协调好国家、集体和群众之间的利益关系。我们生活在社会主义社会，人民当家做主，国家利益、集体利益和群众的利益根本上是一致的，坚持国家利益、集体利益和群众利益的有机统一，是实现经济和社会和谐发展的重要前提。农田水利工程涉及的利益主体较广，根据工程规模和效益的大小，涉及国家、集体以及群众三个方面的利益。贵州在新中国成立以来的历次农田水利建设以及水利管理体制改革过程中都十分重视协调各方面的利益关系。贵州的农田水利大多是中小型的水利工程，正如前面所提到的，在管理方式上分为国家、集体以及群众自行管理模式，这种分类、分级的管理方式使管理权明晰不至于产生利益摩擦。在市场经济条件下，在群众和集体利益之间，充分维护和保障群众在农田水利管理中涉及的经济等利益，给予他们自主维修、自主应用、自主经营的管理权，充分发挥他们的积极性。总之，贵州作为喀斯特地貌的典型代表，在农田水利工程管理养护的过程中虽然在一些时期走过弯路，但总体上尤其是改革开放之后取得了巨大成绩，在充分协调好各方面利益关系的前提下，本着实事求是从自身实际条件出发的原则，逐渐形成了一套适合自身实际又能最大限度发挥经济效益和社会效益的农田水利工程管理模式。

（原文发表在《贵阳学院学报》（社会科学版）2013年第5期）

新中国成立以来贵州农田水利建设的基本经验与启示

毛泽东同志在20世纪30年代的革命根据地建设过程中提出“水利是农业的命脉，我们也应予以极大的注意”①。水利是农业的命脉，水利建设是农业发展的基础，也是经济和社会发展的重要保障。在我国，喀斯特地貌分布广泛，类型多样，尤以西南地区的贵州、广西和滇东等所占面积最大。贵州是全国唯一没有平原支撑的省份，也是喀斯特地貌分布最广泛、最典型的省份。据统计，贵州山地和丘陵占92.5%，盆地占7.5%，全省岩溶地貌发育，岩溶出露面积10.9万平方公里，占贵州总面积的61.9%。② 长期以来，在复杂的地理环境下，贵州农田水利建设难度大、发展相对滞后。新中国成立以来，在党和政府的领导下，贵州农田水利建设走过了不平凡的发展历程，取得了突出的成绩。新中国成立60年来，“贵州共投入水利建设资金227.94亿元，其中，改革开放30年来水利建设总投资就达218亿元，占60年总投入的95.6%。共建成各类水利工程69.86万处，其中中型水库34座，小（一）型水库471座，小（二）型水库1984座，‘三小’水利工程69.61万处。全省有效灌溉面积发展到98.73万公顷，为新中国成立前的7.17倍”。③ 这些历史性成绩的取得为贵州农田水利建设积累了十分宝贵的经验，也给我们今天的农田水利建设提供了许多有历史价值的现实启示。

---

① 毛泽东：《毛泽东选集》（第一卷），北京：人民出版社2008年版，第132页。

② 《当代贵州简史》编委会：《当代贵州简史》，北京：当代中国出版社2003年版，第2页。

③ 水利部办公厅、水利部发展研究中心编：《水利辉煌60年》，北京：中国水利水电出版社2010年版，第259页。

一、新中国成立以来贵州农田水利建设的历史经验

(一) 党和政府高度重视，根据实际情况，因地制宜地明确每个时期农田水利建设的中心任务和发展方针

贵州农业生产力比较落后、地理环境较为复杂。新中国成立后，贵州地方政府始终把农田水利摆在经济发展的优先位置来抓，根据形势的发展明确每个阶段的中心任务，制定符合贵州实际的水利发展规划。在巩固政权、进行土地改革和社会主义改造的过程中，贵州领导群众整修和恢复旧有水利设施并适当发展新的小型水利工程，确定了发展群众性的小型水利是适应贵州省情的方针，提出“水利工作方针是在各级党委和政府的统一领导下，依靠互助合作深入发动群众，大力发展群众性的小型农田水利”①。在10年建设时期，农田水利建设的方针仍然延续发展群众性的小型水利，采取民助公办的形式。由“大跃进”时追求水利建设的高指标、高速度再到国民经济时期的调整、巩固和稳步提高，经过曲折的发展，贵州取得了巨大成绩。“文化大革命”时，贵州农田水利建设除了初期的短暂停滞外，1968年后发起了“农业学大寨”运动，贯彻“水利是农业命脉”的方针，水利建设达到空前规模。改革开放新时期，贵州农田水利建设翻开了新的一页，在治水理念、水利管理、规划布局等方面不断根据社会发展需要与时俱进，以实现从传统水利向现代水利、可持续发展水利的转化。2011年，贵州省委、省政府根据自身的实际情况发布了《关于加快水利改革发展的意见》，以解决工程性缺水为重点，突出抓好骨干水源工程建设，优先发展民生水利，强化水资源管理，创新水利发展体制机制等水利发展方针，为贵州水利事业发展明确了新的方向和任务。事实证明，党和政府处于农田水利建设的主导位置，是贵州水利建设取得快速发展的主因。

---

① 《申云浦副主席在全省水利、林业、气象工作会议上的报告》，1955年2月7日，贵州省档案馆，93-1-6。

（二）农田水利工程以小型为主，中小型相结合；工程形式多样化，以蓄为主，蓄、引、提等类型相结合

贵州农田水利工程以小型为主，中小型相结合；工程形式多样化，以蓄为主，蓄、引、提等类型相结合。这是由贵州复杂的地理环境和较落后的经济技术条件决定的。“我省地处高原山区，地势复杂，田土分散，田坝少，梯田多，河流密布，雨量充沛，到处都有办小型水利的条件。小型水利点多面广，比较费省效宏，收效快，技术比较简易，群众会办，建成后就直接受益。”① 据统计，“截至1985年，全省还没有建成大型灌溉工程。在中型水利灌溉工程中，也仅建成中型水库14座，总库容2.56亿立方米，有效灌溉面积35.73万亩；万亩以上引水工程12处，有效灌溉面积12.98万亩；万亩以上提水工程1处，有效灌溉面积1.5万亩。以上合计有效灌溉面积50.21万亩，仅占全省有效灌溉面积的6.15%，其余93.85%的有效灌溉面积均属于小型水利工程”②。进入20世纪90年代尤其是21世纪以来，大中型水利灌溉工程伴随经济发展和技术手段的成熟逐渐上马，著名的当属黔中水利枢纽工程，以及纳入国家规划的“滋黔”一期工程等。在这里，喀斯特地貌决定了该地解决蓄水问题是关键，因此，蓄水工程一直是贵州农田水利建设的重点，除了大型蓄水工程外，蓄水工程以小（二）型以上水库为主并成为广泛发展应用的一种水利工程，它抗旱能力较强，适用性广，多年来一直是贵州水利工程的重点，至今仍然是蓄水工程中的主体组成部分，而水窖、水塘等小型蓄水工程也广泛分布在各边远山区。引水工程适应性较强，在水源较充分的地区都有发展。提、排等水利工程主要是辅助蓄水工程修建的。总之，喀斯特地质环境决定了贵州的农田水利修建必须以蓄水为主，引、提、排等为辅的建设理念，结合水利以小型为主，中小结合，适当发展大型水利工程的工作布局，形成了贵州自身的水利发展思路。

---

① 《贵州省当前水利工作情况和近期安排初步设想意见》，1962年12月，贵州省档案馆，40-3-1841。

② 贵州省地方志编纂委员会：《贵州省志·水利志》，北京：方志出版社1997年版，第14页。

（三）积极发动群众，依靠群众，走技术革新和群众经验相结合的路线

农田水利建设没有群众支持和技术保障不可能取得成功，广大群众是农田水利建设的主体和主要受益者，没有群众的积极参与也不可能发起大规模的水利建设运动。在长期的历史过程中，广大群众积累了丰富的技术经验，形成了自身的一套水利建设思路，这种经验和思路在群众性的小型水利建设中完全可以引导和总结运用。在实行农业互助组及集体化之后，大规模发动群众进行农田水利建设成为可能。贵州省在农田水利建设中既注重发动群众和依靠群众，又积极地把群众经验和技术革新相结合，推动了水利建设的快速发展。“农田水利是群众性，而又是技术性的工作，必须深入而广泛地贯彻群众路线的指导原则，依靠广大群众无穷的智慧和力量，在群众自愿的基础上来举办。从思想上来热爱群众，大胆相信群众，依靠群众，处处考虑群众的利益，广泛地把技术交给群众，系统地把群众的经验总结起来，加以科学分析，提高一步，再交流推广到群众中去。”① 贵州经济技术条件落后，尤其是在改革开放前的水利建设过程中，这里积极总结丰富多彩的群众经验，广泛开展技术革新运动，如大量推广就地取材的办法，用木管、瓦管、竹管代替山塘水库的料石卧涵管；实行运土牛犁化、赶车采用协作化、车子轴承化、运土车子化、石头爆破化等。这大大提高了工作效率，加快了工程进度，也培养了一批技术人才。走群众路线，把技术革新和群众经验相结合不仅是贵州农田水利建设的经验，也是我们党领导广大群众取得国家水利建设大发展的优势。

（四）针对贵州实际，大力培育水利干部和基层水利辅导员

水利技术在农田水利建设中起关键作用，技术指标或者勘测设计不合理会影响工程的质量。贵州省经济技术落后，专门从事水利技术研究的人员很少。据统计，“1950 年 7 月，省农林厅水利局职工共 44 人，其中干部 24 人，

① 《贵州省 1955 年水利、林业等工作会议报告》，1955 年 3 月 20 日，贵州省档案馆，93-1-6。

工人20人。1954年底，省农林厅水利局职工共452人。其中干部359人，工人93人。内有专区农田水利工作队人员202人（编制在省局）"[1]。水利干部不足，有限的技术人员和薄弱的技术力量肯定跟不上水利发展的大形势。"1951年，贵州省农林厅水利局根据西南军政委员会指示和全省水利建设的实际需要，制定了水利干部培育计划，并着手筹办全省水利工程测量技术人员和小型农田水利工程指导员训练班。同年9月15日，水利工程测量专修班在贵阳开办，学制一年，参加专修班学习的62名学员，都是高中毕业或具有同等学历的社会青年。"[2] 这些被培训的人员以及之后每年培训的水利干部成为贵州省水利建设队伍的骨干力量。在培育水利干部的同时也开展对水利辅导员的培训。水利辅导员主要是在水利工作第一线、半脱产、有一定文化水平的农民、党团员等水利积极分子，主要采用实地学习或办训练班的方式，讲授水利政策及水利基本常识，提高水利干部的水利技术水平，以充实基层水利队伍，让水利干部在水利建设过程中帮助群众解决一些水利技术难题，这是贵州省从实际出发解决水利技术力量匮乏问题的有效途径。"水利辅导员熟悉地方情况，与群众有密切的联系，并且有一定的工作经验和文化水平，是水利工作中主要的技术力量。应加强组织领导，有计划有步骤地进行培养，不断提高他们的技术水平。"[3] 这些在不同时期培养起来的水利干部和水利辅导员解决了贵州省水利技术队伍不足的问题，为贵州省水利建设做出了杰出的贡献。

（五）根据实际，农田水利建设重点是解决贵州农村最关心的农业用水和人畜饮用水问题

贵州省由于复杂的喀斯特地貌限制，工业发展较为落后，农业产值仍然占很大比重，农村人口众多，工程性缺水严重，解决农业和人畜饮用水问题一直是贵州农田水利建设过程中的重点。首先，解决农业灌溉用水问题是贵州农田水利建设的主要目标，在新中国成立初期的农业社会主义改造中，在

① 贵州省地方志编纂委员会：《贵州省志·水利志》，北京：方志出版社1997年版，第417页。

② 贵州省地方志编纂委员会：《贵州省志·水利志》，北京：方志出版社1997年版，第399页。

③ 《贵州省水利局党组关于1956年第二届全省水利会议情况和今后工作意见的报告》，1956年8月，贵州省档案馆，93-1-258。

十年建设和“文化大革命”时期，在改革开放的新时期，农田水利建设的重点是解决长期以来贵州农村农业发展缺水的问题，提升农业的抗旱抗涝能力。其间，在广大农村建成了一批以蓄水工程为主，蓄、引、提、排等相结合的各类水利工程，很大程度上解决了农业灌溉用水问题，夯实了贵州农业发展的基础。截至“2010年，贵州农村人均有效灌溉面积达到0.64亩，提前和超额完成了‘十一五’期末达到人均0.5亩的目标”①。其次，农村人畜饮用水是贵州地理环境和历史遗留下来的最大难题。新中国成立之后，在兴修农田水利的过程中，贵州省非常重视人畜饮用水问题的解决，许多农村灌溉工程在很大程度上发挥着解决人畜饮用水问题的作用。农村人畜饮用水工程建设的主要部分就是利用已建成的农业灌溉工程水源，增建部分引、蓄、提水设施。20世纪80年代以前，贵州省结合农田水利建设解决了100多万人的饮用水困难，赢得了民心，保证了农村的稳定和发展。进入90年代以来，贵州把严重缺水地区作为水利工作的重点，制定规划，结合旱地灌溉的小水池、小水窖、小山塘等稳步推进，稳扎稳打，切实解决农村人畜饮用水问题。新中国成立60年来，“贵州解决农村1673.02万人的饮水困难问题，解决农村417.74万人的饮水安全问题”②。因此，通过贵州解决农业用水和人畜饮用水的实际，可以得出，喀斯特地区在水利建设的过程中应该把解决工程性缺水放在突出位置，结合解决农业灌溉和人畜饮用水问题，统筹规划，合理布局，使水利工程发挥最大的社会效益。

（六）农田水利建设过程中重视水土保持以保护生态环境

生态环境保护是实现人与自然和谐发展的基础，水土保持从广义上讲属于农田水利建设的范畴，也是生态环境修复的最好方式之一。特殊的地质条件和长期的人为破坏使贵州成为我国水土流失严重的省份之一，这也是贵州长期以来经济社会落后的原因之一。新中国成立之后，党和政府从可持续发展的角度出发，高度重视贵州省水土流失的治理，积极地在农田水利建设过

① 《贵州年鉴（2011年）》，贵阳：贵州年鉴社2011年版，第307页。

② 水利部办公厅、水利部发展研究中心编：《水利辉煌60年》，北京：中国水利水电出版社2010年版，第259页。

程中开展水土保持工作。改革开放之前，贵州水土保持工作主要采取成立机构、宣传教育和发动群众运动的方式，并制定了相关的保护条例，其间还制定了不同时期的水土保持方针，虽然遇到了一定挫折，但是仍取得了一些成绩和治理的经验。“据有关部门统计，截至 1980 年，全省造林保存面积 1200 万亩，修建梯田梯土 140 万亩，治理水土流失约 5000 平方公里。”① 20 世纪 80 年代，贵州水土保持工作进入新时期，其间主要从小流域试点、退耕还林、水库库区水土流失治理和重点治理等几个阶段展开，逐渐摸索出了一条适应贵州实际的水土保持路线。进入 21 世纪后，“据统计，‘十一五’期间，全省治理水土流失面积 5094 平方公里，其中建设基本农田 25.36 万亩，营造水土保持林 162.19 万亩，种植经济果木林 77.4 万亩，种草 41.47 万亩，封禁治理 352.72 万亩，实施保土耕作 101.48 万亩，种植植物篱 3.13 万亩，植物护埂 761.3 公里，建设塘堰 195 座，谷坊 422 座，拦沙坝 88 座，蓄水池 48484 口，排灌沟渠 4466.49 公里，田间生产道路 5325.09 公里，沼气池 41703 口，完成投资 56034 万元”②。水土保持工作作为农田水利发展过程中生态建设的重要一环，任何时候都必须从可持续发展的角度高度重视，这也是我们今天不断加强生态文明建设的题中之义。

（七）重视并不断加强水利工程管理，推进水利体制创新

所谓“三分建、七分管”，水利工程管理贯穿水利建设始终，其管理水平的高低，决定着水利工程的使用年限和综合效益的发挥，对保证粮食增产和国民经济发展有着重要意义。水利工程的管理任务主要是确保工程安全和质量达标，充分发挥效益，以为农业和经济社会发展服务。贵州省非常重视水利工程管理，早在 1951 年 11 月，贵州省农林厅水利局就颁布了《贵州省农田水利工程管理养护规程草案》，明确要求各地要成立水利管理机构，确立了水利管理的任务和目标。伴随着农田水利建设的快速发展，原贵州省农林厅水利局设专职干部负责农田水利管理养护工作，突出重点，摸清情况，小型

① 贵州省地方志编纂委员会：《贵州省志·水利志》，北京：方志出版社 1997 年版，第 232-233 页。

② 贵州省“十一五”水土保持工作总结［EB/OL］.http：//www.swcc.org.cn/Topics_ desc asp?id=27892，2011-04-06.

的水利设施由村社安排专人负责管理。针对不同时期在水利管理过程中出现的情况，贵州省基本都是从实际出发，制定科学合理的对策，不断地完善水利管理体制。20世纪80年代，贵州省农村实行“包产到户”的农业生产责任制，原有的水利管理办法已经不适应农村新形势的发展，其间许多水利设施因无人管理而荒废。针对这种情况，1980年，贵州省水利会议进一步提出“要彻底改变战线过长、规模过大的状况，做到建一处，成一处，管好一处，主要从已成和在建工程中择优安排建设项目，不上新工程”①。至此，贵州省水利开始了重心转移，主抓已建水利工程的维修、配套，着力解决水利管理中遇到的问题，转变水利管理体制以适应形势的发展。进入90年代尤其是21世纪以来，贵州省水利管理工作取得了突出的成效，其间，“全省水利工程管理体制改革已批复水管单位编制人数3836人；落实公益性人员基本支出经费5239.1万元；落实维修养护经费4576万元。水利价改革于1999年12月正式启动，截至2002年，全省各县市均出台了新的水价标准”②。此外，在水利管理立法、水库大坝安全管理、水资源综合利用规划、水利管理信息化网络化、管理体制转型创新及体制机制法治建设等方面不断推进，适应了传统水利向现代水利和可持续发展水利转变的思路。

二、新中国成立以来贵州农田水利建设的启示

首先，水利是基础性建设，各级政府应从战略的角度高度重视，切实推进。水利不仅是农业的命脉，也是国民经济发展的命脉。政府自始至终处于水利建设的主导位置，新中国成立以来我们取得水利建设巨大成绩的最主要经验就是党和政府高度重视，始终把它放在国民经济优先发展的位置上来抓，投入了大量的人力、物力和财力。无论是在改革开放前的社会主义建设时期，还是在改革开放后的新时期，修水利，保农业，惠民生，都是政府工作的重点。近几年西南部分地区发生的大旱大涝再次给我们敲响了警钟，水利建设

① 贵州省地方志编纂委员会：《贵州省志·水利志》，北京：方志出版社1997年版，第509页。

② 水利部办公厅、水利部发展研究中心编：《水利辉煌60年》，北京：中国水利水电出版社2010年版，第262页。

的基础性地位不能改变，优先发展水利建设必须贯彻执行。各级政府在水利建设过程中应该扮演主心骨的角色，始终高度重视、总体规划、统筹发展、科学布局、加大投入，不断根据经济和社会发展推进水利建设的步伐，进而夯实工农业发展的基础，为国民经济发展提供充足的水源保障。

其次，要依靠群众并以人民群众的利益为根本。水利，归根结底是惠民生的建设，而群众是水利建设的主体和直接受益者，没有广大群众的支持和参与就不可能取得水利建设的成就，尤其是在长期干旱、地形复杂的地区，广大干部群众始终对水利建设持有高度的热情，始终支持和拥护政府发展当地的水利事业。因此，在水利建设中，我们要充分依靠和发动群众，走群众路线，坚持以人为本的水利发展理念，始终把群众的利益放在第一位，优先兴建让广大群众直接受益的水利设施；积极解决边远地区群众最关心的人畜饮用水和农业灌溉用水问题；始终关注、关心并解决好在水利建设中涉及群众移民和伤亡抚恤的问题；高度重视旱涝灾害频繁发生地区的水利建设，确保广大群众的利益不受损害。总之，在水利建设中，走群众路线，实现好、维护好、发展好人民群众的根本利益是我们党和政府的宗旨，也是我们发展水利的目的所在。

再次，水利建设应因地制宜地制定科学完善的发展方针和建设规划。水资源在每个地区的时空分布并不是一样的，各地的水利建设在地质、技术、资金、人力、气候等因素的制约下也不可能整齐划一、千篇一律，如平原和山地在水利发展过程中的重点和方针就不一样，后者注重以小型为主、工程类型多种多样。我们应该吸取历史上的教训，在水利建设的过程中，各地要根据实际情况，不断深化对省情、地情和水情的认识，把握好规律性的东西，因地制宜，分类指导，突出重点，与时俱进地制定适合当地水利发展的方针和规划。尤其是在喀斯特地区，地理环境复杂，山多地少，工程性缺水非常严重，经济发展又比较落后，更应该从实际出发、因地制宜地制定一套适合本地区水利发展的方针和规划，而不是照抄照搬平原地区水利建设的经验。

最后，要高度重视水利技术革新，切实做好水利工程的管理和体制的创新。水利建设专业性和技术性较强，在高原山地地区水利开发难度大，技术显得尤为重要。在水利建设过程中，一方面应该重视长期积累下来的群众经验；另一方面应该注重技术革新，采用新技术、新方法，不断创新水利技术。

同时，我们应该制定引进优秀水利专业技术人员的优惠政策，鼓励广大水利专业人员服务水利发展的第一线，让他们为水利技术革新服务。在重视水利技术革新，继续推进水利建设的同时，对水利工程的管理要跟上，良好的水利管理体制能确保水利工程发挥最大的效益。在水利建设过程中，各地应根据实际不断地创新管理体制，应通过加强水利工程建设管理，强化工程质量管理、安全管理、资金管理，提高投资效益；着重强化农村水利工程管理和体制的创新，以夯实农业发展的水源基础。

（原文发表在《贵州师范大学学报》（社会科学版）2013 年第 4 期）

新中国成立以来贵州农田水利建设的发展历程

农田水利主要包括水利修建、积肥造肥、植树造林、改良土壤、水土保持、排水灌溉等。农田水利工程以蓄水和排水修建为主，是支撑农村和农业发展的重要基础。西南是我国喀斯特地貌分布较为集中的地区，而贵州又是喀斯特地貌分布范围最广、所占全省面积比例最大、发育最为完善的省份。贵州省土地面积176167平方公里，其中，喀斯特（出露）面积109084平方公里，占贵州省土地面积的61.92%。这里岩溶地貌发育，地表槽谷峰丛林立，地下溶洞伏流密布，山地多平地少，增加了该地农田水利建设的难度。本文以西南喀斯特地貌典型代表贵州省为例，主要回顾新中国成立以来尤其是改革开放前在党和政府的领导下，贵州农田水利建设的发展历程和取得的骄人成绩。

一、1949—1978年发展历程

水是人类生存和经济社会发展的基础条件。水既造福于人类，也会给人类带来可怕的灾难。兴修水利，不断地认识、探索、利用水资源一直是治国安邦的大业。贵州省地势西高东低，喀斯特地貌分布广泛，水资源总量虽然十分丰富，但开发利用难度较大。新中国成立之前，生活在这里的人一直在极其艰苦的条件下，坚持兴修水利并积累了许多宝贵的经验。由于地理条件、生产关系和技术手段的限制，贵州水利建设发展滞后，水利基础非常薄弱。据统计，截止到1949年，贵州省塘、库等总蓄水量只有2133万立方米，蓄、引、提各类水利工程总计有效灌溉面积为206.5万亩（包括浸水田74万亩），其中，保证灌溉面积148万亩，仅占贵州省稻田面积的12.1%，其余基本上是“靠天吃饭”的“望天田”。[①] 水利基础的薄弱使贵州很多地方在旱涝灾面前显得软弱无力，导致农业生产力水平低，粮食产量低，很多山区人畜饮用水也十分困难。新中国成立后，稳定的国内环境及党和政府的重视，使贵州省农田水利建设进入了一个快速发展期。

1950—1956年是贵州农田水利发展的第一个阶段，主要是在巩固政权、进行土地改革和社会主义改造的过程中恢复和整修旧有的水利工程，并开始进行一些中小水利工程建设，最有名的是惠水涟江和羊昌河引水灌溉工程。这一时期，贵州刚解放，土匪猖獗，土地改革还没有完全展开，各级水利机构也没有完全建立起来，从事水利技术的人员又十分短缺。因此，1950—1953年，贵州水利工作的重点是恢复和整修旧有的水利设施，为下一步水利工作和农业发展打下基础。“截至1953年底，总计完成灌溉和排洪等大中型水利工程六处，小型农田水利部分共整修了水库、塘、井、坝、堰、渠道、筒车等37849件，受益面积共155万余亩。每年约可增产稻谷3200万斤，使广大农民生活得到改善，并在某些地区起到了促进和巩固农业互助合作的积极作用，从而激发了广大群众参与修水利的热情。”[②] 在恢复和整修水利工程的过程中，针对贵州水利技术人员缺乏的现象，贵州省及各地举办了多期水利干部、督导员和辅导员培训班。这些技术人员结业后被分配到各地方帮助指导水利工程的整修，一方面有利于摸清贵州各地的水利情况；另一方面有利于传授经验和技术，加快水利整修步伐，为下一步工作打下基础。经过近三年的恢复和整修的工作，贵州水利建设恢复并超过解放前最高水平。1953—1956年，社会主义改造兴起，农村互助合作运动不断推进，广大群众被组织和调动起来，使进行较大规模的农田水利建设有了集体的人力、物力和财力保障。这一时期，贵州省群众性的小型农田水利建设得到了发展，中型骨干水利工程也上马修建。1953年，水利部提出“大力发展群众性农田水利，根据需要与可能择要兴建费省效宏的单位工程”的方针。“群众性农田水

① 贵州省地方志编纂委员会：《贵州省志·水利志》，北京：方志出版社1997年版，第6页。

② 《贵州四年来水利工作总结与今后方针任务（初稿）》，1954年1月23日，贵州省档案馆，6-1-133。

利要实行依靠群众和民办公助的方针。群众性农田水利必须依靠群众，就是说要根据群众的需要，依靠群众的智慧、劳力和资金，并把技术交给群众。对于较大的工程，群众自己举办有困难的，就要实行民办公助。”① 贵州省政府副主席申云浦在贵州省水利等工作会议上指出，“水利工作的中心是兴修小型水利，在贵州兴办小型水利不仅是战胜旱灾的保证，而且是增产的最有效办法”②。群众性农田水利对于贵州这样农村生产力不发达、水利技术手段落后的省份来说最适合不过了。因此，贵州省在贯彻国家水利建设方针的同时，根据自身实际情况明确了水利工作的中心仍然是群众性的小型农田水利工程。1955 年冬季到 1956 年春季在全国掀起的农田水利建设小高潮影响下，贵州省小型水利工程发展迅速，如小（一）型水库贵定五道河、修文高潮、遵义共青湖等，并在 1956 年动工兴建了兴义锅底河水库，这是贵州第一座中型水库。其间，贵州省“完成了扩灌面积 46946 万亩，增产粮食 11 亿斤”③。1956 年成立了贵阳水利学校，为贵州水利发展培养专业技术人才。可以说，1950—1956 年是贵州农田水利建设的起步阶段。在这个阶段，贵州省明确了水利工作的方针，制定了相关的水利发展规划及政策，培养了一批水利技术人员，积累了较为丰富的群众经验。

1957—1965 年是贵州农田水利建设的第二阶段，主要经历了“大跃进”高潮、巩固提高和稳步发展三个过程。1956 年，苏共二十大召开后，暴露出苏联经济建设模式的弊端，毛泽东提出要走适合中国国情的经济建设道路。1957 年，全国第一个五年计划超额完成，激发了人们加快经济发展的热情。整风和反右派斗争扩大化也使毛泽东等对中共八大确立的当前社会主义社会的矛盾进行了修改，认为社会主义道路与资本主义道路的矛盾、无产阶级与资产阶级的矛盾仍然是中国社会的主要矛盾。毛泽东开始批判经济建设领域的“反冒进”，并在出访莫斯科时提出中国要在十五年或者更短的时间在钢等主要工业品方面赶上或超过英国。1957 年 9 月 24 日，《关于今冬明春大规模

① 《1955 年全国水利会议总结报告》，1955 年 1 月 17 日，贵州省档案馆，93-1-2。

② 《贵州省人民政府申云浦副主席在全省水利、林业、气象工作会议上的报告》，1955 年 2 月 7 日，贵州省档案馆，93-1-6。

③ 《省委农村工作部关于开展兴修水利运动的意见》，1957 年 10 月 19 日，贵州省档案馆，6-1-299。

地开展兴修农田水利和积肥运动的决定》指出，积极广泛地兴修农田水利，是扩大农业生产，提高单位产量，防治旱涝灾害的最有效的一项根本措施。10月25日，中共中央又公布了《1956年到1967年全国农业发展纲要（修正草案)》，制定了全国水利建设的十二年远景规划。在这两个文件指导以及当时全国经济建设“冒进”势头引领下，各级政府组织领导广大群众在该年冬季掀起了大规模的兴修农田水利工程高潮，这一高潮一直持续到“大跃进”结束。贵州也在此次高潮的推动下，在“苦战三年，实现水利化”的号召下，很快掀起了史无前例的大规模群众性农田水利建设运动。1957年11月，贵州省委、省政府提出在农田水利建设中要“打破保守思想，加强领导，党委书记要亲自动手，具体指导，深入动员，批判右倾思想，挖掘潜力”，并制订了“全省在1958年增加灌溉面积400万亩，改善灌溉面积190万亩，防洪排涝面积30万亩，水土保持3500平方公里”的计划。① 仅仅不到一个月，即到同年12月19日为止“全省投入运动的劳动力有250余万个，开工和完工的各种水利工程52022处，扩大灌溉面积2662440亩，占任务的66.6%，改善灌溉面积393360余亩，为任务的20.7%，防洪排涝面积105366亩，占任务的35.2%，完工的工程有3489处，扩灌73059亩”。② 经过几个月的奋战，到1958年3月底，“全省完成新修各种工程1203975处，增灌面积13741421亩，其中水浇地302万多亩，为省计划体制、山区生产会议确定任务的229.02%，比第一次计划任务翻了三番多，整修工程340188处，改善灌溉面积3894115亩，超计划任务104.96%”③。由此可以看出，在当时的形势下，地方政府和广大群众在农田水利建设中迸发出的激情。当然，这种激情很大程度上受到国内形势，尤其是“左”的经济建设指导思想的影响，存在急于求成、高指标、瞎指挥等现象。因为指标过高，所以许多农田水利工程修建过快，遇到的移民、伤亡、工程管理等问题没有及时处理。对一些地方的农田水利规划并不符合贵州实际，也不符合群众的意愿。但这些问题的存在丝毫没有降低农田水利建设的高速度。1958年底，中央开始纠正“大跃进”的一些“左”

---

① 《农田水利工作简报》，1957年11月9日，贵州省档案馆，6-1-306。

② 《农田水利工作简报》，1957年12月26日，贵州省档案馆，6-1-306。

③ 《贵州省去冬今春水利运动发展形势和以后任务的报告（草案)》，1958年4月6日，贵州省档案馆，31-1-729。

的做法之后，贵州省农田水利建设高潮也逐渐降温，直到1960年经济困难时期水利建设基本停建或缓建。我们不能否认“大跃进”时期贵州农田水利建设的成就，因为这期间修建了遍及各地的小型水库、山塘小堰、引水沟渠等，兴建了一大批蓄水工程骨干如贵阳花溪、兴义围山湖、镇宁桂家湖等中型水库，开展了大规模的水土保持治理工作，积累了丰富的群众经验，培训了数量较多的水利技术骨干和懂水利的干部。总之，这一时期农田水利工程建设虽然存在缺点，但它取得的成绩为贵州水利建设和工农业发展奠定了良好的水源基础，很多工程至今仍发挥着作用。“大跃进”结束后，1960—1962年是国民经济调整时期，三年困难时期使各地政府和农民无力进行大规模的水利建设，很多水利工程相继整修、停建或缓建，水利建设由高潮转入了低潮。贵州省水利建设和全国一样，处于整修和恢复阶段。1961年冬，贵州开始组织小规模的水利工程恢复和整修工作，使其发挥灌溉效益，“经过去年今春大力恢复，1962年有效灌溉面积500余万亩，相当于1957年的水平，其中保证灌溉面积280万亩，约为1957年的80%，还有200万亩左右的面积需要整修、配套才能发挥效益，其中小型水利工程110万亩，骨干工程70万亩（蓄水50万方，灌溉面积1000亩以上的引蓄工程），机电提水站20万亩”①。经过调整和整修，1963—1965年，贵州农田水利建设在总结之前的经验和教训之后，加强了工程管理、勘测设计和移民、伤亡抚恤的后续处理，最大限度尊重群众意愿，解决“大跃进”期间遗留下来的问题。随着国民经济的好转，贵州各地市、县一批停建或缓建的工程经过整修后陆续开工，对水利资金的投入也逐步增加，贵州农田水利建设又出现了稳步发展的局面。仅1965年上半年“新增灌溉面积共51万亩，其中社队办小型工程16万亩，灌区配套7万亩，新续建工程6万亩，水轮泵建成站2311台，增灌14万亩，基本建设工程完成7.3万亩”②。经过三年的稳步发展，到1965年底，贵州省灌溉面积达到了592.3万亩，比1957年增加了183万亩。可以说，1957—1965年是新中国成立后第一个大规模兴修农田水利的时期，也是贵州农田水利建设的重点发展阶段。

---

① 《贵州省当前水利工作情况和近期安排初步设想意见》，1962年12月，贵州省档案馆，40-3-1841。

② 《1965年上半年水利建设统计》，1965年8月8日，贵州省档案馆，58-1-2387。

1966—1978 年是贵州农田水利建设的第三阶段，经历了“文化大革命”初期的停滞及 1968 年之后的恢复和逐渐发展。“文化大革命”开始后，贵州的农田水利建设受到了严重冲击，许多水利技术人员被下放劳动，……各级水利机构被撤销，水利投入大幅减少；一些正在修建的水利工程被迫停工，水利工程管理工作处于停滞状态。可以说，“文化大革命”初期是贵州农田水利建设发展历程中最艰难、最曲折的时期。1971 年之后，随着形势的逐渐好转，贵州在农村广泛开展了“农业学大寨”的群众运动，又掀起了一次农田水利建设的小高潮。贵州还组建了 10 余万人的常修队，坚持常年施工。1973 年，贵州省水利工作会议明确提出继续坚持贯彻“蓄、小、群”的治水方针。其间，各级水利机构重建，水利建设在资金、技术和物资投入上也有增加，原先停建的水利项目大部分恢复建设。但在水利建设过程中，不免受到“左”的思想影响，导致很多工程上马快，质量差，管理跟不上，在农村又出现了“一平二调”现象等。不过，除了“文化大革命”初期贵州农田水利处于停建外，之后的发展还是取得了不错的成绩，如在针对喀斯特地区的水利建设技术上，拱坝得到推广和应用，岩溶地基处理也取得了突破；修建了一批中型灌溉水库如花溪松柏山、凤冈穿阡、余庆团结等，发电水库如思南东方红、黎平八舟等，解决了一些地方的灌溉和发电问题。这时期“全省塘库蓄水量由 1970 年的 6.2 亿立方米增加到 1978 年的 15.75 亿立方米，增长 1.5 倍，是新中国成立以来贵州塘库蓄水量增长最多的时期”，“1978 年，全省灌溉面积达到 845 万亩，较 1965 年增加 252 万亩，平均每年增加 19.4 万亩”。[①] 虽然经历了“文化大革命”，贵州省在农田水利建设方面还是取得了令人满意的成绩。这些成绩的取得离不开党和政府的正确领导，更离不开广大劳动群众的支持和积极参与。

二、1978 年以后的发展历程

党的十一届三中全会之后，贵州省水利系统解放思想、实事求是地认真

① 贵州省地方志编纂委员会：《贵州省志·水利志》，方志出版社 1997 年版，第 9-10 页。

总结新中国成立之后在农田水利建设过程中的经验和教训，按照中央提出的“调整、改革、整顿、提高”方针，及时调整水利工作方向，由原先注重建设转向以加强水利工程管理、巩固和提高现有工程效益为主。根据“巩固改造，适当发展”的水利方针，贵州把主要精力放在原有工程的续建、配套和加固上。1980年之后的几年里，贵州省每年从已建的农田水利工程中，安排几处中型水库和几十处小（一）型水库及100多处小（二）型水库进行工程续建改造和加强管理，以确保建成的水利工程都能保证质量，最大限度地发挥效益。据统计，在“六五”期间，贵州省新增灌溉面积706800亩，改善灌溉面积820500亩。除正常的废、减面积外，目前，贵州省有效灌溉面积共8160000亩，占稻田面积的69%。其间，贵州对农田水利建设进行了投资结构调整，基本上都是搞续建配套、渠道防渗、病险库处理，完成基本建设工程42项，总灌溉规模550000亩，其中，有中型水库3座，小（一）型水库35座。五年来，贵州共投入岁修和水利设施补助经费27000000元，仅用于现有国营灌区的水利投资就占水利总投资的41%。贵州还进行了大量的渠道防渗处理，提高了渠道水的利用系数；处理病险水库41座，投资10660000元，提高了水库的安全渡汛和灌溉供水能力，完成了五个较大的防洪除涝项目。① 在水利管理体制改革中，一批大中型农田水利工程设立了管理所，实行定人员、定任务、定报酬、明确责任的措施，并加快水利立法工作的进程。在整个20世纪80年代，贵州农田水利建设的特点是因地制宜，科学规划，转轨变型，以整修、续建配套为主，适当发展中小水利工程，同时加强水利管理和体制创新。进入90年代，贵州经济发展进入一个转型期，对农田水利建设的资金、技术和物资投入不断增加。在市场经济条件下，随着集体经济的解体，不少省份很难再组织群众进行大规模农田水利建设，但在贵州发动群众进行水利工程修建随处可见，主要原因是农田水利在贵州特殊地理环境下的重要性。在“1992年冬至1993年春，全省累计动工水利工程43068处，完工41614处，最高月上工劳力250万人，完成劳动工日1.89亿个，占计划的94.5%，完成土石方10400万立方米，新增有效灌溉面积26.98万亩，恢复灌

① 《贵州年鉴（1986年）》，贵阳：贵州人民出版社1987年版，第395页。

溉面积 67.34 万亩，占计划的 126%”[①]。经过几年发展，1997 年冬至 1998 年春，贵州农田水利建设又取得了很好的成绩，超额完成制定的各项任务，“共计投工 2.38 亿个，新增、改善、恢复灌溉面积 4.25 万公顷，新增节水灌溉面积 2673.3 公顷，除涝面积 2033.3 公顷，改造中低产田 2993.3 公顷”。[②] 在水利建设快速发展的 90 年代后期，贵州省积极加强和国外专家学者的交流，学习外国先进经验和技术、管理理念。贵州水利厅从省情出发，提出了由传统水利向现代水利、可持续发展水利转变的工作思路，以适应新形势的发展要求。在工作实践的过程中，加快以解决贵州工程性缺水为核心的水利基础设施建设，抓好依法行政和体制创新；努力使水资源由粗放调控、分散管理向市场配置、统一管理转变；提出了“四个结合”，即水利建设坚持兴利与除害相结合，水利水电建设与生态系统建设相结合，蓄引提排节相结合、以蓄节为主，大中小微相结合、以中小为主。由此推动贵州水利建设也上了一个新的台阶。

进入 21 世纪以来，随着国家西部大开发战略的实施，贵州水利建设也翻开了新的一页，在指导思想、发展理念、规划思路等方面有了新的转变，主要是加强人与水的和谐共处，科学管理水资源和实现水资源的可持续利用。“十五”期间，贵州省水利工作按照“围绕一个主题、突出两个重点、促进三个转变、坚持四个结合”的水利工作思路，在解决工程性缺水和修建“三小”工程、微型水利、农田灌溉等方面取得了突出成绩。2001 年冬至 2002 年春，“全省冬春水利工程完成 3.01 万处，共投入劳动积累工 2.05 亿个，最高日上工劳力达 239 万人，完成土石方 10094 万立方米，投入各项水利资金 7.16 亿元。新增、改善和恢复灌溉面积 5.08 万公顷，解决农村 97.3 万人饮水困难”[③]。据《贵州省“十一五”水利发展专项规划》统计，整个“十五”期间，贵州省新增有效灌溉面积 115.75 万亩（净增 81 万亩），总有效灌溉面积达 1067 万亩，2005 年，农村人口人均有效灌溉面积 0.37 亩；新增节水灌溉面积 154 万亩，节水灌溉面积累计 531 万亩；新增水库总库容 3.17 亿立方米，

① 《贵州年鉴（1993 年）》，贵阳：贵州人民出版社 1993 年版，第 315 页。
② 《贵州年鉴（1999 年）》，贵阳：贵州年鉴社 1999 年版，第 276 页。
③ 《贵州年鉴（2003 年）》，贵阳：贵州年鉴社 2003 年版，第 257 页。

水库总库容累计 77.57 亿立方米，年供水能力 98.2 亿立方米，其中，城市供水能力 20.3 亿立方米，乡镇供水能力 77.9 亿立方米。“十五”期间水利建设取得的成绩为贵州以后的经济社会发展起到了重要的支撑作用。而“十一五”期间，贵州省以科学发展观为指导，在充分认识省情和世情的前提下，不断深化治水理念，提出了“七个坚持、七个突出”的治水原则，水利投入力度达到了历史最高水平，贵州水利建设进入加快发展的黄金时期。在“十一五”的前三年，贵州水利建设投入跨越式增长，2006 年达到 17.72 亿元，2007 年达到 24.25 亿元，2008 年达到 40.4 亿元，仅三年的投入就占到新中国成立 60 年来贵州水利建设总投入的 36.1%。据统计，截至 2008 年底，“贵州共投入水利建设资金 227.94 亿元，其中，改革开放 30 年来水利建设总投资就达 218 亿元，占 60 年总投入的 95.6%。共建成各类水利工程 69.86 万处，其中中型水库 34 座，小（一）型水库 471 座，小（二）型水库 1984 座，‘三小’水利工程 69.61 万处。全省有效灌溉面积发展到 98.73 万公顷，为新中国成立前的 7.17 倍”①。2010 年，贵州省水利建设投入达到 102.01 亿元，比 2009 年增加 52.83 亿元，增长 107.4%；建设小型农田水利工程 10 万个，完成新增有效灌溉面积 162 万亩，恢复灌溉面积 30 万亩，农村人均有效灌溉面积达到 0.64 亩。②“十一五”时期，贵州省水利总投入达到 233.56 亿元，为“十五”时期的 3.9 倍，是新中国成立以来到“十五”期末总投入的 1.6 倍。贵州省新增水库库容 4.5 亿立方米，新增供水能力 10 亿立方米，取得了巨大的成绩。2011 年是“十二五”开局的第一年，针对我国很多地区水利建设滞后、水利基础薄弱的问题，中共中央、国务院颁布了《关于加快水利改革发展的决定》，要求各地认真贯彻落实，以加快推进全国和各省份水利事业的跨越式发展。贵州省认真贯彻执行，并根据自身的实际情况发布了《关于加快水利改革发展的意见》。根据贵州省水利厅提供的信息，贵州省在 2011 年投入水利建设资金达 150 亿元，约为“十一五”时期水利总投入的 64%，比 2010 年增长了 47%；全年开工建设中型水库 20 座，相当于贵州省已建成中型水库总数 34 座的 58.8%；新增有效灌溉面积 130 万亩，恢复灌溉面积 30 万亩。展望未

① 水利部办公厅、水利部发展研究中心编：《水利辉煌 60 年》，北京：中国水利水电出版社 2010 年版，第 259 页。

② 《贵州年鉴（2011 年）》，贵阳：贵州年鉴社 2011 年版，第 307 页。

来，作为喀斯特地貌分布最广泛、水利开发利用难度较大的省份，贵州农田水利建设肯定会完成预期目标，实现跨越式发展，进而为贵州经济和社会全面发展服务。

（原文发表在《铜仁学院学报》2013 年第 4 期）

生态治理：贵州水土保持工作研究（1950—1965 年）

“水土保持”一词始见于 1934 年。当时，李仪祉、张含英主持黄河水利委员会，将针对水土流失的治理措施定名为“水土保持”，并在国民政府文件与技术文献上采用。[①] 水土保持作为防止水土流失，改善生态环境，改变丘陵山区自然面貌，并帮助群众发展生产和提高生活水平的重要措施，既是生态文明建设的主要组成部分，也是农田基本建设的重要环节。西南是我国水土流失较为严重的地区之一，其中以贵州省较为典型。1945 年 1 月，国民政府农林部在惠水县设立西江水土保持试验区，但同年 11 月迁往广西。贵州水土保持工作真正开展起来是在新中国成立后，并随着人们认识的不断提高而受到重视。1954 年 9 月，贵州省农林厅水利局设立防洪水土保持科，同年发布《贵州省陡坡停垦造林试行办法（草案）》，水土保持工作开始有条不紊地推进。随后在全国形势影响下，贵州省于 1957—1960 年掀起水土保持工作全面高潮。目前，学界对这一时期有关水土流失治理的研究成果不多，相关论著侧重于某一方面，缺乏整体性，为此，本文以贵州省为个案，对 1957—1960 年的水土保持工作进行较为系统的梳理和分析。[②]

---

① 刘善建：《中国的水土保持》，钱正英主编：《中国水利》（新版），北京：中国水利水电出版社 2012 年版，第 369 页。

② 关于新中国成立后水土保持的相关历史研究成果主要有：王瑞芳的《当代农村的水利建设》（江苏大学出版社 2012 年版）与《当代中国水利史（1949—2011）》（中国社会科学出版社 2014 年版）；郭为桂的《追寻善治之道——福建长汀水土流失治理经验的考察与分析》，《中共福建省委党校学报》，2017 年第 7 期；李荣华的《20 世纪五六十年代黄土高原水土保持体系的构建》，《当代中国史研究》，2018 年第 3 期；邓群刚的《“治沟”还是“治坡”——20 世纪 50 年代中期关于水土保持的争论述评》，《当代中国史研究》，2015 年第 6 期；郝平、曹雪峰的《水土保持：大泉山典型的塑造》，《当代中国史研究》，2011 年第 2 期；等等。

一、由起步到曲折发展：水土流失初治理

水土保持工作是开展山区生产的根本措施，是农田水利的重要组成部分，也是保护耕地、保持和提高土壤肥力的积极手段。水土流失的原因主要是，在自然或人为的不利因素条件下，地表植被受到破坏导致土壤受到侵蚀而产生土质疏松，最终在外力作用下产生水土流失，其中，人为因素是主要的。长期以来，由于人类不合理的社会生产活动破坏了某个区域地面的植被，这一区域气候逐渐出现不调和，水旱灾害不断发生，如果该地坡土多、梯土少，往往一遇到暴雨就会暴发山洪，造成土壤的大量流失，这不仅威胁甚至损害农业生产，也容易冲毁水利工程，给群众的生产生活带来不利，最终导致当地的贫穷落后。

（一）水土流失分布情况

贵州是岩溶发育较为典型的高原山区，地形地貌复杂，由于山高坡陡、暴雨较多、土层浅薄、径流大、流水急等自然因素以及顺坡种植、耕作粗放、乱伐林木、乱垦陡坡、乱割草皮、放火烧山等人为因素，水土大量流失。例如，黔南自治州罗甸县罗沙乡巴沙片水土流失严重，庄稼收成很低，每亩平均收粮45斤，因此，群众中流传一首山歌，“山上坡大陡坡穷，土层薄来地又瘦，种上庄稼骨头现，放去肥料没报酬，洪水一来连根拔，庄稼倒冲成满坝，重新下种来扶起，作物长像烟杆大，人在中间齐半腰，收割拱腰来拾包，每亩产量45，明年生活怎么办”①。而“平坝区平洛乡新竹、顶新等四个社，原来陡坡面积668亩，占全部坡地的50%，由于大量开荒，水土流失现象非常严重，因之水旱灾害年年发生，使农业生产损失很大，坡地的苞谷产量平均每亩只有90斤，低的只有33斤，最高的也只有120斤，而且面积很小，1953年和1954年，坡下良田被洪水冲毁或被淹过的有280亩，共计损失粮食

① 《黔南自治州罗甸县罗沙乡巴沙片水土保持初步经验报告》，1958年1月29日，独山县档案馆，41-2-41。

6万多斤"[1]。根据贵州省思南水文站观测，每年1平方公里流失肥土330吨，其中，含有氮、磷、钾的无机肥料六七吨，以此推算，贵州省每年要流失肥土5700万吨，其中，肥料就有131吨，有机肥料甚至更多，因此坡土产量很低，严重威胁着贵州省农业增产和山区生产的提高。[2] 由此可见，水土流失对农业生产具有极大的破坏性，也是该地贫穷落后不易开发的主要原因之一。

据统计，贵州水土流失面积在20世纪50年代约17000平方公里，其中，主要是耕作坡土，流失类型以片蚀为主，沟蚀次之。毕节专区9个县多系高寒山区，田少土多，陡坡开垦严重，土层瘠薄，地广人稀，仍有广种薄收的现象，加之森林被覆少，含沙黄壤分布较广，水土流失特别严重，约5850平方公里，占贵州省流失总面积的34.5%；铜仁专区9个县水土流失约1540平方公里，占贵州省流失总面积的9.1%，其严重程度为贵州省第二位；黔南布依族苗族自治州14个县水土流失约1720平方公里，占贵州省流失总面积的10.1%。遵义和安顺专区，多系丘陵区，由于垦殖陡坡，割草皮积肥，森林被砍伐，造成水土流失，遵义专区13个县、市水土流失约3330平方公里，占贵州省流失总面积的19.5%；安顺专区19个县水土流失约3490平方公里，占贵州省流失总面积的20.5%。黔东南苗族侗族自治州16县是贵州省森林产区，地表被覆虽一般较好，但不少地区仍有陡坡开垦，砍伐森林，山沟冲刷较严重，水土流失约1000平方公里，占贵州省流失总面积的5.9%；贵阳市水土流失约70平方公里，占贵州省流失总面积的0.4%。[3] 从以上数据可以看出，贵州省水土流失分布范围较广，破坏程度有一定的地域差异性，而陡坡开垦和砍伐森林是各地水土流失的主要原因。毕节是水土流失最严重的地区，贵阳相对来说最轻，这与农业人口分布、森林植被、土壤好坏、气候以及人为因素等有很大关系。解放后，贵州省第一个水土保持站建立在毕节市金沙县木厂乡，直到今天，毕节仍然是贵州省水土流失最严重的地区之一。

（二）组建领导机构

机构是政府行使职能的载体，是某一地方开展水土保持工作的领导者和

---

① 《农田水利快报》，1958年2月2日，第25期，麻江县档案馆，39-1-39。
② 《贵州省水土保持事业规划纲要（草案）》，1957年11月20日，普定县档案馆，108-1-7。
③ 《贵州省水土保持事业规划纲要（草案）》，1957年11月20日，普定县档案馆，108-1-7。

筹划者，也是当地水土流失治理方针与措施的制定者。1957 年 5 月，国务院决定设立全国水土保持委员会，并在 24 日讨论通过了《中华人民共和国水土保持暂行纲要》（以下简称《纲要》）。《纲要》指出："有水土保持任务的省，都应该在省人民委员会领导下成立水土保持委员会，下设办公室，任务繁重的省还可以成立水土保持工作局，水土流失严重的专区、县也应该成立水土保持委员会和专管机构或设专职干部。一般地区的专区、县仍由原农林水利科（局）或建设科负责。专区、县以下的农业技术推广站、造林站、水土保持试验推广站，都应该积极帮助农业生产合作社进行水土保持工作。"① 贵州水土流失较为严重，任务十分繁重，为贯彻落实《纲要》精神，决定在省水利局成立水土保持处，配备干部 15 人，并把贵州省水土保持专业干部 200 人分配到每县 2~3 人，其余不足人员从水利干部内抽调补足，并要求各专州县从水利干部中抽调 2~3 人专搞水土保持工作，重点县还应设立水土保持工作站，进行综合治理，办好示范工程。

根据中央和省里的指示精神，贵州各地尤其是有水土保持任务的专（州）、市、县基本都成立了水土保持机构领导此项工作。如黔东南苗族侗族州在 1957 年 11 月 7 日成立土地规划水土保持水利委员会，并于 11 月 10 日起正式开始办公。遵义地委提出了"'书记动手，县长出马'的指示，专、县成立了土地规划水土保持办公室，有的区乡成立了'三化指挥部'，层层指定专人负责，领导运动前进"②。和其他工作一样，当时党委的领导非常重视水土保持工作，一般都有一个书记专门负责，从省到县、到乡都是如此，除书记负责外，还有专门机构起到参谋的作用。在高度集中的政治体制下，党领导一切的机构成立之后，水土保持工作在各级政府的范围内快速开展，而第一步就是制订水土保持计划。

（三）制订治理计划

在贯彻执行水土保持"统一规划，综合开发，沟坡兼治，集中治理"的

① 《国务院关于发送水土保持暂行纲要的通知》，1957 年 7 月 25 日，麻江县档案馆，39-1-33。
② 《遵义专区去冬今春水土保持工作初步总结》，1958 年 8 月 12 日，遵义市档案馆，1958 年度，第 3 卷，全宗号 53。

方针基础上，贵州省决定在第二个五年计划期间，“计划完成水土保持任务17000平方公里，其中改梯田、梯土500万亩，造水源林及水土保持林242万亩，谷坊30000座，控制水土流失面积15万亩；1958年完成3500平方公里；1959年完成3500平方公里；1960年完成4000平方公里；1961年完成4000平方公里；1962年完成2000平方公里”①。统计数据显示，贵州省水土流失面积大约17000平方公里，而这个治理计划要用短短的五年时间完成，明显违背客观实际情况，带有浓厚的“跃进”色彩，这与国内大环境有关。为落实“二五”计划制定的水土保持任务，贵州省要求1958年度完成水土保持初步控制面积3500平方公里，各专、州、市任务分配如表1所示。

表1　贵州各地水土保持任务分配

地区	平方公里	万亩	梯田梯土（万亩）	水土保持林（万亩）	封山育林（万亩）	谷坊控制面积（万亩）
贵州省	3500	525	280	168	70	7
贵阳市	15	2.25	1.2	0.72	0.3	0.03
安顺专区	700	105	56	33.6	14	1.4
遵义专区	785	117.75	62.8	37.68	15.7	1.57
铜仁专区	450	67.5	36	21.6	9	0.9
毕节专区	900	135	72	43.2	18	1.8
黔东南	300	45	24	14.4	6	0.6
黔南	350	52.5	28	16.8	7	0.7

资料来源：《贵州省1958年度水土保持工作实施方案》，1957年10月26日，遵义市档案馆，1958年度，第21卷，全宗号53。

从表1中可以看出，梯田梯土是治理水土流失的主要措施，而各专区、州（市）的计划任务是根据当地水土流失的程度进行分配的，其中，毕节专区最多，贵阳市最少。1958年初，随着“大跃进”高潮来临，贵州省计划、体制、山区生产会议讨论确定，“1958年水土保持任务原计划3500平方公里，

① 《第二个五年计划期间山区生产规划水土保持工作方案（草稿）》，1957年10月27日，兴仁县档案馆，46-2-110。

决定增加为 5000 平方公里”[①]。仅仅过去几个月，在 1958 年贵州省水利会议上又认为随着水利运动高潮掀起，水土保持进展速度很快，有可能在两年内实现全省水土保持化，因此，会议提出：“1958 年初步控制面积 11000 平方公里，合 1650 万亩，其中变梯田、梯土共 500 万亩。1959 年初步控制面积 6000 平方公里，合 900 万亩，其中变梯田 350 万亩，变梯土 350 万亩。”[②] 这个重新修改的计划将原来已属“跃进”的五年计划又大大缩短。很显然，无论从贵州的技术条件还是财政物资等方面来看如此过高的任务指标都是不可能实现的，是违背客观规律的，是全国政治经济形势影响的结果。从中我们也可以发现，这种自上而下高度集中的计划经济体制，一方面，确实能够保证政府制定的政策贯彻执行；另一方面，如果政府在领导经济建设过程中出现政策失误，就会对相关领域的工作产生消极影响。

（四）落实治理措施

水土保持计划制订出来后，就要由各地贯彻实施，但采取什么措施，实行什么方法才能控制水土流失以完成水土保持任务，是各级政府需要具体考虑的重要工作。作为欠发达地区，山区群众的知识水平和接受能力有限，贵州省根据国务院的《纲要》精神和自身实际制定了比较明晰的水土保持措施，让没有经验的干部群众有一定参考的标准。早在 1957 年 10 月，贵州省就在制定的《第二个五年计划期间山区生产规划水土保持工作方案（草稿）》中提出在坡地修梯田、梯土，筑地埂、开横沟，采取横坡耕作和等高带状间作，有水源的地区，还应改梯土为梯田，改旱地为水田，修截水沟、谷坊、沉沙函、种草、植树造林等措施。1958 年 3 月，贵州省委农村工作部根据贵州省水利运动发展形势，制定了《农业生产合作社水利开发和水利工程管理养护办法（草案）》，对水土保持应采取的具体措施做了较为详细的说明，如水利措施，除大量兴修水利外，还必须修建谷坊、开挖拦山沟、修筑沉沙函；林

① 《关于增加 1958 年水土保持任务的通知》，1958 年 1 月 30 日，遵义市档案馆，1958 年度，第 22 卷，全宗号 53。

② 《贵州省去冬今春水利运动发展形势和今后任务的报告（草案）》，1958 年 4 月 6 日，普定县档案馆，108-1-9。

业措施，首先要在水土流失的地方和一切水利工程的周围，大力营造水源林和农田防护林，并应结合做好种植和保护牧草的工作；农业措施，修梯田、筑梯土，并应严禁陡坡开荒和毁林开荒，还要改进耕作技术、实行横坡耕种等高带耕作，套作间作，深耕密植，中耕培土，增施肥料，提高土壤蓄水、保水、抗冲的能力等。① 这些详细的治理措施为经验缺乏的山区提供了可靠的指导。

贵州省水土保持工作起步不久，没有任何经验可以借鉴，当地的地质地貌条件复杂，很多老百姓对这一工作又不太了解，目标虽高，但任务繁重。贵州省农村工作部从水利、林业和农业三大块入手制定了如何开展水土保持的办法，并为之进行了具体的细化说明。之后，针对各地水土保持工作开展的不平衡，贵州省水利局水土保持处制定了一个县、乡（社）如何开展水土保持工作的说明，对一个县和乡（社）如何完成分配的水土保持任务，如何顺利开展水土保持工作，如何进行规划和发动群众等进行了明确。但这些很好的措施能否适应和发动群众去执行，是否有条件去具体落实，都需要时间的验证和实践的检验，尤其是在“左”的思想干扰下，干部群众的激情虽然不断高涨，但计划措施由于种种原因在具体的落实中往往与所要实现的目标有差距。

二、依靠力量：民众踊跃参与

水土保持的顺利推进，要依靠广大民众，没有他们的支持和参与，水土保持的各项政策和计划就不可能得到贯彻落实。贵州大部分山区的农民文化水平有限，尤其是少数民族很多是文盲，“水土保持”对于他们来说还是新名词，不可能很快理解其含义，这也就很难调动起他们的参与性。为快速有效地完成水土保持高指标任务，各级政府根据水土保持政策和具体的实施措施，在农民中间进行了广泛的宣传和动员，目的是提高他们的认识水平，激发他

① 《农业生产合作社水利开发和水利工程管理养护办法（草案）》，1958 年 3 月 3 日，贵州省档案馆，93-1-601。

们的热情，更好地让他们参与到水土保持工作中来。1957年11月，贵州省人民委员会发出关于开展水土保持工作的布告500份，“即时分送各乡、社妥善张贴，在水土流失严重地区应多贴，水土流失较轻地区可以少贴，每社至少应贴一张，并大力开展水土保持宣传教育工作”①。这种宣传对提高民众的水土保持认识水平是有帮助的。针对如何发动群众，相关文件也做了具体指导，即“召开水土流失诉苦会，水土保持辩论会，或结合乡社各种会议广泛地深入地细致地向群众进行宣传教育。通过水土流失诉苦会，可以树立群众向自然灾害和水土流失做斗争的信心与决心。通过辩论会，明确水土保持的重要意义，纠正一些不正确的思想。利用乡社召开的各种会议向群众进行算账教育。主要算两笔账，一是算水土流失的损失账，二是算水土保持后的增产账”②。

各地在党委的领导下采取多种方式对群众进行说教启发动员工作，如罗甸县罗沙乡以乡支部为核心配合各有关部门，“结合乡内中心工作开展宣传，利用各种会前会后和会议中进行水土保持重大意义的宣传教育，以各农业社实际例子进行算细账和对比，宣传农业发展纲要40条和农业生产大跃进，鼓舞了群众的信心和决心，群众深深体会到不搞好水土保持影响农业增产，同时在会议中交流了搞水土保持工作经验”③。采取回忆对比的方式，如水城县纳福乡在开展水土保持工作时遇到很多思想问题和困难，“有的人说，农民要发狠，老天又不肯，还是听天由命也；有的又说，我们这个地方穷山恶水，雨水又大，修沟也起不到啥作用；有的则担心坡地多，停耕还林后怕粮食收入减少。支部根据各类型的思想问题，采取了先党内后党外，由干部到群众的逐层发动，通过回忆对比，提高了认识，明确了方向，鼓舞了情绪。群众中有的人说只有共产党才会领导我们开展水土保持工作，这一工作确实是生产的最好办法。又说过去土地改革是人翻身，现在搞水土保持是土翻身”④。

① 《贵州省人民委员会关于开展水土保持工作的通知》，1957年11月14日，麻江县档案馆，39-1-33。

② 《县、乡（社）如何开展水土保持工作》，1958年4月，遵义市档案馆，1958年度第22卷，全宗号53。

③ 《罗甸县罗沙乡巴沙片水土保持初步经验报告》，1958年1月29日，独山县档案馆，41-2-41。

④ 《纳福乡水土保持工作情况报告》，1958年2月5日，水城县档案馆，全宗号47，保管期限永久，案卷号06。

织金县则主要通过召开各种座谈会的方式，充分运用“大鸣、大放、大辩论、大字报”的方法进行启发教育，围绕“是否需要搞水土保持，水土流失能否控制，粮食增产是否与保水保肥保土有关系等问题，发动流失严重地区的农民诉水土流失造成水旱灾害减产的苦，大反阻碍水土保持开展的各种右倾保守思想”①，以此激发群众对开展水土保持工作的热情，提高他们的思想觉悟。

各地大都采取了召开会议、回忆对比、进行辩论和算细账的方式动员农民，并通过黑板报、大字报、广播筒等形式进行宣传活动，主要内容就是宣传水土保持的重大意义及开展工作以来给大家带来的好处，以此明确水土保持是山区发展的生命线，是农业增产的根本措施，通过宣传鼓动，参与水土保持的劳动力逐渐增加。习水县太平乡，“乡党支部首先召开会议研究讨论，并确定建立乡水土保持委员会，进行了规划工作，同时以党团员为核心，组织宣传小组，到各社进行解说，以回忆对比的方式，结合生产会议和典型事例进行宣传教育，启发了群众信心，为开展工作创造了有利条件。该乡开办了共 21 人的技术员训练班，介绍学习有关外地经验和水土保持技术措施，培养了基层力量，并以他们为核心，组织 5 个青年突击队投入这一工作”②。清镇县辛店区为搞好水土保持工作，在群众中间通过回忆对比和大辩论，“运用两种典型对比的方法，把开展水土保持工作的好处与不开展水土保持工作的坏处两种生动事实列举出来，让群众看得明明白白，从而打消了各种顾虑，全区 11 个乡的 47 个农业社，平均每天共出动了五千多劳动力（占劳动力总数的 40%）”③。遵义专区在水土保持工作刚开始推进时，“在社干、社员群众中，普遍存在着‘远水不解近渴’，怕费工多、收益慢，怕活路多劳力紧，怕退耕还林减少耕地”的思想，针对这些思想，从党内到党外，从干部到群众，采取边宣传、边总结、边研究、边组织群众回忆对比的办法，展开大争大辩。经过学习辩论，提高了干群的觉悟，劲头起来了，水土保持工作也随之迅速开展起来。因此，经过充分的政治动员，在强大的政治外力作用下，

① 《织金县委关于水土保持工作情况的基本总结》，1959 年 10 月 27 日，毕节档案馆，119-4-7。

② 《农田水利快报》第 8 期，1957 年 11 月 29 日，遵义市档案馆，1958 年度，第 22 卷，全宗号 53。

③ 《用对比和大辩论的方式教育群众，辛店区水土保持工作进展快》，《贵州日报》1958 年 2 月 1 日。

狠批了一些民众中存在的右倾保守思想，一定程度上提高了他们的思想觉悟，使其成为“促进派”，由此各地区的水土保持工作在党委领导下迅速开展起来。

三、治理成效：在曲折发展中有所收获

1957—1960年，贵州省在经济、技术、资金以及人员非常有限的条件下，没有也不可能在两年内完成17000平方公里的水土保持治理计划，但在依靠动员群众和不断奋进的基础上，很多地方还是取得了一定的治理成绩。据各专区（州）、市和县份的统计资料，金沙县自1957年11月中旬至次年1月20日止，“已完工拦山沟、沉沙函、谷坊等水土保持工程4098处，其中包括梯田梯土，农林混作乙级水土保持防护林，总计可控制水土流失面积9万亩，占计划的60%，相当于解放以来完成水土保持控制面积7万亩的128.6%”①。织金县水土流失比较严重，是贵州省及专区重点治理的县之一，“大跃进”以来，从县到公社再到生产队都分别成立了水土保持工作的组织机构，到1959年6月底，“全县完成梯田38700亩，梯土71600亩，农林混作43000亩，水土保持138000亩，封山育林、植林补密211700亩，其中护草50000亩，谷坊、蓄水拦沙池函等2640处，控制性堰坝81处，控制31000亩等。这样一来初步控制了356平方公里，占需要治理面积的26.5%，占严重流失面积的55.7%，其中高标准控制150平方公里，占已控制面积的42.2%”②。遵义专区“1958年来在治山治水运动中获得了显著成绩，完成水土保持初步控制面积1872.77平方公里，其中坡改梯2485平方公里，植树造林1151.8平方公里”③。安顺专区1960年完成“水土保持初步控制面积760平方公里，加工提高面积317平方公里，效益显著面积286平方公里，共计1363平方公里，超

---

① 贵州省水利局编：《农田水利快报》，第25期，1958年2月2日，麻江县档案馆，39-1-39。

② 《织金县委关于水土保持工作情况的基本总结》，1959年10月27日，毕节档案馆，119-4-7。

③ 《关于几年来农田水利工作的回顾和今冬明春兴修水利的初步安排意见》，1960年11月24日，遵义市档案馆，1960年度，第11卷，全宗号53。

过了历史上任何一年，相当于1959年的3.625倍”[①]。

具体到基层，桐梓县松坎区苏坝社，刚开始社员并没有充分认识到水土保持的意义，但经过学习辩论，提出了“保水保土如保命，治坡治沟如治家，要将害水变利水，要将沙湾变良田，要叫河水把路让，要叫高山把头低”的行动口号，因而水土保持工作也就迅速地开展起来。松坎区1958年2月初不完全统计共完成拦山沟2137条，培土埂4016根，修谷坊471处，沉沙函836个，造水土保持1600亩，控制水土流失面积13326亩。[②] 凤冈县农民龙显云，解放前租种地主罗浩然的土地，由于冲刷严重，质量很低，12亩地只收苞谷1560斤，加之地主的重租，无力治理，每逢暴雨，泥沙齐下，冲压良田，致使山下部分梯田不能耕作。不仅水灾如此，由于水土流失，山上土层薄，含水能力差，稍晴几天，旱灾就非常严重。因而，龙显云心痛地说“山区灾难三不收，怕风怕旱怕洪流”。新中国成立后，在党和政府的关怀、领导下，龙显云于1952年开始治理坡土梯化，控制水土流失，经过五年的努力，改变了坡上冲光、坡脚遭殃的山区面貌，彻底消灭了水旱灾害，农作物产量年年增加，1957年收粮食3200斤，比治理前的1560斤多收1640斤，增产105.13%。[③] 不可否认，在当时的时代环境下，上面的统计数据有一定的夸大或者不准确性，但从中能窥见在水土保持工作中，贵州省各地还是取得了些许成绩，在不断摸索中积累了经验。

随着“大跃进”高潮的谢幕，贵州省水土保持工作也开始逐渐缩短战线，但省里鉴于该项工作的重要性仍然紧抓不放，指出：“水土保持工作，在农业生产中的各个时期，都应当密切结合生产进行，在不同的生产季节，采取不同的水土保持措施。建立常修专业队，巩固好专业队伍。开展技术革新和技术革命运动，研究总结推广多快好省的水土保持措施和高工效工具改革，做好物资准备搞好示范区，是专业队经常性的重要任务之一，也是加速我省高

① 《1960年度工作总结和1961年工作初步安排》，1961年1月13日，安顺市档案馆，19-1-263。

② 《遵义专区去冬今春水土保持工作初步总结》，1958年8月12日，遵义市档案馆，1958年度，第3卷，全宗号53。

③ 《凤冈县老农社员龙显云治理坡土梯化控制水土流失的经验》，1958年3月10日，遵义市档案馆，1958年度，第22卷，全宗号53。

标准水土保持建设事业的首要前提。”[①] 1960年，贵州省水土保持委员会被撤销，其业务由贵州省水电厅农水局灌溉科办理，干部减为2人。在国家经济进入调整、巩固、充实、提高时期，贵州的水土保持工作也随之步入正轨。1962年7月，贵州省水土保持委员会恢复，日常工作由贵州省水电厅负责，不另设办事机构。

四、历史反思：经验与教训总结

新中国成立之前，贵州民众并没有真正认识到水土流失的危害性，也没有对其进行科学有效的治理。民国时期，政府虽然对水土保持有了初步的认识，并拟定了《贵州省水土保持政策初步施行办法》，但由于国内局势动荡以及资金和技术有限等并没有贯彻执行。直到新中国成立后贵州省的水土保持工作才真正开展起来，1950—1965年，各地水土保持工作在不断摸索中推进，取得了一定成绩，其中的经验和教训也值得总结。

（一）铸就宝贵经验

1. 坚持党的领导

中国共产党自建政以来非常重视在各行各业的核心领导地位。1957年秋季，中共中央、国务院指出：“经验证明，领导重视，党政负责同志亲自动手，是开展工作的一个主要关键。”[②] 这里的“关键”实际上就是运动的开展及走向必须在党的领导下按照党的意旨进行，这样才能确保党的方针政策执行。在党政一体的体制下，政府和党是高度的统一体，政府是按照党的意旨做事的执行机关，是党的意图在实践中的贯彻者，因此，各级政府及基层单位在水土保持运动中是落实党的指示与政策的行为体，这也就把运动纳入了

① 《贵州省水利电力厅关于密切结合生产搞好水土保持的几点意见》，毕节市档案馆，1960年3月29日，119-4-13。

② 《中共中央、国务院关于在今冬明春大规模地开展兴修农田水利和积肥运动的决定》，《人民日报》1957年9月25日。

党的领导范围。贵州水土保持工作在党的领导下，从省到专区再到基层公社，层层成立了组织机构，并坚持书记挂帅，有专门的书记负责，一方面能保证运动置于党的绝对领导下；另一方面能确保政令畅通，尤其是在相对欠发达的地区对于集中有限的资源办大事有很好的导向作用。

2. 坚持政府主导

新中国成立后，政府不断介入乡村治理，并主导着发展的方向。政府具有整合资源的强力性、动员群众的有效性、后勤保障的坚实性、服务大众的无私性、提供公共设施利用的非营利性等特点。水土保持工作具有服务性、大众性、公用性、非竞争性等基本特征，需要组织动员相当的人力、物力、财力和整合相关部门之间的资源来完成，这就需要政府的主导以便进行统筹协调。贵州水土保持运动就是在政府主导下广泛开展的，在方针政策上，既能很好地贯彻国家层面的政令指示，又能根据自身实际制定适应本地的方针政策；在物资经费上，既能统筹整合各区域及部门之间的有效资源，又能发动群众在坚持自力更生的基础上采取自筹的办法；在劳动力投入方面，通过有效的政治动员，既能集中农村的劳力踊跃地参与水土保持工作，也能更好地协调群众之间和区域之间的利益关系。可以说，政府主导确保了水土保持工作的顺利推进，尤其是在经济欠发达的贵州，这一前提尤为重要。

3. 依靠人民群众

在长期的革命斗争中，中国共产党深刻认识到群众中间蕴藏的无穷力量，并逐渐形成了党的群众工作路线，领导人民建立了新生政权。新中国成立后，也正是由于农民群众的支持，在巩固政权、土地改革和社会主义改造方面均取得了胜利，并建立了社会主义制度。水土保持工作关系到群众的切身利益，虽然当时群众不认识字，但经过宣传教育和辩论对比，他们的积极性被广泛地调动起来，由被动参与逐渐转变为自觉行动，在这个过程中，群众也接受了教育，并认识到水土流失的严重性，对之后他们进行保耕护林、废除毁林开荒的不正确农业生产活动起到了很好的作用，所以，治理水土流失的主体是广大群众。

4. 培养技术人员

水土保持工作技术性要求较高，贵州在这方面较为缺乏人才，因此对技术人员的培训非常重视，采取的方式方法也行得通。“依靠搞得好的重点由县组织乡（社）干部、老农、积极分子等实地参观，进行训练。训练内容除讲解技术，总结、交流各地的先进经验外，还组织大家进行水土保持各项措施的实地实习，通过参观实习，训练了干部，加强了技术指导力量。”① 经过这种传帮带和较短时间的培训，虽然不能全面掌握科学的水土流失治理知识，但在一定程度上改善了当时技术人员匮乏的局面，对刚起步的贵州水土保持工作有积极的意义。除此之外，贵州水土流失较为严重的地区也发扬共产主义风格，各地互相学习交流经验，在资金、技术、人员等方面相互支援，共同推动水土保持工作的进展。

（二）反思深刻教训

1. 群众运动受到“左”的思想干扰

群众运动是中国共产党在革命斗争年代形成的一种有效的政治动员和参与手段，在新中国成立后相当长时间里仍然被看作社会治理的便捷方式被广泛运用。1957—1960年，在全国“大跃进”形势的带动下，贵州为完成超越实际的水土保持任务，采取了大规模的群众运动方式。一方面进行广泛宣传，加强教育，采取会议、回忆对比、诉苦会等方式启发动员群众；另一方面运用“大鸣、大放、大辩论、大字报”的方法狠批右倾保守思想，虽然发动了群众，但由于操之过急，忽视水土保持工作的客观规律，治理成效并未达到期望值，反而浪费了大量的劳动力。

2. 防止水土流失是保护生态环境的重要一环

特殊的地理环境和长期的人为因素，如放火烧山、铲草皮积肥、滥挖药材、滥烧木炭等，致使贵州水土流失较为严重，生态环境受到破坏，肥料、

---

① 《县、乡（社）如何开展水土保持工作》，1958年4月，遵义市档案馆，1958年度，第22卷，全宗号53。

燃料、饲料“三料”缺乏，水旱灾害频繁，粮食产量降低，影响着山区群众的生产和生活。1957—1960 年，在水土保持工作中，由于政府的宣传和群众的参与，很多人认识到水土流失的严重性和保护生态环境的重要性，通过水土保持工作也取得了一定成绩，但是这段时间无论全国还是贵州，在“左”的思想干扰下，工作的重心都是“以钢为纲”“以粮为纲”，很多地方为大炼钢铁和增产粮食，仍存在乱砍滥伐树木和陡坡开荒的现象，影响了水土保持工作的健康有序开展，也继续破坏着这里的生态环境。

3. 规划指标应切合实际

贵州省第一次大规模的水土保持运动是在“大跃进”时期，但由于存在着“左”的思想干扰，甚至提出“有可能在两年内（1958—1959 年）实现全省水土保持化”① 的设想，并“要求在第二个五年计划期内，全部达到初步控制水土流失，第三个五年计划期内，全省达到基本控制水土流失，消灭坡土，提高土壤肥力，减少水土流失的损害，显著地收到水土保持的功效”。② 这种超越客观实际和违背治理规律的规划显然缺乏实事求是的精神。进入 1960 年，国民经济出现了严重困难，在精简机构的过程中，贵州省水土保持委员会被撤销，过“热”的水土保持工作也暂告一段落。

五、结语

水土保持是发展高原山区生产的生命线，是改变喀斯特地貌水土流失的根本措施，也是农田水利建设的治本工作。1950—1965 年是贵州水土保持工作起步和曲折发展阶段，贵州省以中央提出的“预防与治理兼顾，治理与养护并重”及“在依靠群众发展生产的基础上，实行全面规划，因地制宜，集中治理，综合治理，沟坡兼治，治坡为主”的方针为指引，在经验不足、技术资金和物资条件有限的情况下展开。在这个过程中，很多地方以社为单位，

① 《贵州省去冬今春水利运动发展形势和今后任务的报告（草案）》，1958 年 4 月 6 日，普定县档案馆，108-1-9。

② 《贵州省水利事业初步规划纲要（草案）》，1958 年 1 月，凤冈县档案馆，25-2-12。

在缺乏技术人员和没有充足资金支持的基础上曲折推进，在党的领导和政府主导下，广大民众经过不断摸索还是积累了水土治理的诸多方法，也取得了一定的治理成效，获得了些许教训，这些经验方法和深刻教训都是留给后人的宝贵财富，对以后贵州省水土保持工作的提升和生态文明建设有重要的借鉴价值。历史是一面镜子，水土保持作为保护生态环境的重要一环，关系到百姓的根本利益和民族的长远发展，我们绝不能走先破坏环境再修复生态的老路，如同习近平总书记指出的那样："环境就是民生，青山就是美丽，蓝天也是幸福。要像保护眼睛一样保护生态环境，像对待生命一样对待生态环境，把不损害生态环境作为发展的底线。"①

（原文发表在《贵州民族研究》2020 年第 6 期）

① 《习近平总书记系列重要讲话读本》，北京：学习出版社、人民出版社 2016 年版，第 233 页。

国民经济调整时期贵州省水轮泵"歼灭战"

国民经济调整时期，为解决喀斯特地貌下的乡村引水灌溉问题，贵州掀起兴建水轮泵的热潮。其间，政府通过组建机构、筹集资金、样板试点、工程管理等形式给予极大的支持，短时期内取得明显成效，彰显了政治权威在乡村水利建设中的速效性，既与全国水轮泵运动相呼应，又是高原山区引水灌溉工程建设的典型。水轮泵是一种把水轮机和水泵组合在一起、以水力作为动力的抽水机械，在山区、丘陵、滨海、平原，凡有急流、落差的地方都可以利用，而且具有结构简单、性能好、投资少、见效快等优点。新中国成立后，最早的水轮泵是福建省农业机械化研究所在1954年设计出来的，以后10多年时间里逐渐推广到江西、湖南、四川、广西等各省份。随着水轮泵技术的逐渐成熟，1964年4月上旬，国务院农林办公室召开了专门研究水轮泵制造、推广的工作会议，会议号召在我国南方山区推广新型提水工具——水轮泵。同时，《人民日报》发表社论认为："推广水轮泵，不是一件普普通通的事情，而是一件关系到加速农业技术改革、关系到加速实现农业稳产高产的大事情。对于这项工作，我们应该认真地抓，狠狠地抓，狠狠地打一个'歼灭战'。"①

1964年4月4日，贵州省水利电力厅率先在贵阳市南明河两岸的花溪区花溪、中曹公社和南明区朝阳公社建成一批水轮泵试点站，第一期5站6台水轮泵安装工程完工，开始为生产队抽水、打秧田、浇菜等，初步显示出水轮泵在山区中的便利作用。针对为什么要开展试点工作，《贵州日报》在社论中指出："首先，因为水轮泵是一件新东西，要推广它，领导上尚缺乏足够的

① 《有计划地做好推广水轮泵的工作》，《人民日报》1964年4月19日。

经验。再就是技术人才比较少，通过试点培训，能够很快把技术队伍组织起来。还有，群众对水轮泵不熟悉，通过典型示范，就能够使群众认识水轮泵的优越性，自觉地进行推广，我省水轮泵的试点工作，是分期分批、逐级进行的，目前，省里工作组正在分片帮助各专区和自治州全面开展试点工作。”①由此，一场水轮泵“歼灭战”在贵州省拉开了序幕。

一、组建指挥部，统筹协调全省建设工作

中国共产党在新中国成立后每次政治或经济建设运动中首先注重的就是组织领导，这是行使权威集中力量解决问题的重要一环。贵州于1964年开始的水轮泵运动最先就是从强化组织领导入手以便于统筹协调全省工作。贵州在下达的关于开展水轮泵运动的指示中，要求各地普遍成立水轮泵指挥部领导这场运动的开展。与此同时，贵州省成立了水轮泵“歼灭战”指挥部统一领导水轮泵建设。省指挥部“由吴肃同志任指挥长，张玉环、金风同志任副指挥长，指挥部设办公室，由王虎文同志担任办公室主任”②。在此带动下，各地纷纷成立水轮泵指挥机构，如毕节专区，“成立毕节专区水轮泵指挥部，下设办公室，指挥部由杨文才、杨景春、田守兰、张力心、周忠城、刘福永、李慈善、徐立本同志组成，杨文才任指挥长，杨景春、田守兰任副指挥长，各县亦应建立相应的领导和办公机构”③。安顺专区也决定“成立安顺专区水轮泵歼灭战指挥部，由王志超同志任指挥长，李同信、王金山二位同志任副指挥长。指挥部设办公室，由王金山同志兼任办公室主任”④。

在省以及各专区水轮泵领导机构成立后，各县及区、社、队等也建立了指挥部加强指导工作。如习水县成立水轮泵“歼灭战”指挥部，“以计委、农

① 《推广水轮泵首先要搞好试点》，《贵州日报》1964年5月15日。

② 《贵州省人民委员会批转省人委农林办公室关于水轮泵歼灭战的工作报告》，1965年1月26日，黄平县档案馆，54-1-15。

③ 《毕节专员公署关于成立毕节专区水轮泵指挥部的通知》，1965年1月18日，水城县档案馆，全宗号47，保管期限长期，39卷。

④ 《安顺专署关于成立安顺专区水轮泵歼灭战指挥部的通知》，1965年2月8日，兴仁县档案馆，49-2-12。

办、水电局、工业局、物资局、交通局、林业局、农业局、财政局、县农行、粮食局等有关单位的13个负责同志组成”[①]。“黔西县成立了水轮泵‘歼灭战’指挥部，抽4人具体办公，指挥部成立后全县立即抽调22人组成6个水轮泵工作组，分赴各地具体帮助和指导。织金、金沙、纳雍、水城四县已先后成立县水轮泵‘歼灭战’指挥部，已成立机构的县均由一名县长或副县长任指挥长，加强了水轮泵歼灭战的具体领导。”[②] 各级水轮泵“歼灭战”指挥部通过统筹协调各相关部门，集中有限的人力以及财力资源进行建站，也便于从上到下的互动以及政策指示的下达执行，而各级指挥部大都由当地的党政领导兼任指挥长，无疑增加了其权威性和重要性，对于运动的开展是非常有利的。在省、专区以及县、社、队这样上下纵向一体的水轮泵指挥部领导下，各部门互相协调和支援，贯彻自力更生、勤俭办站的方针，很快就在贵州省组织发起了一场水轮泵“歼灭战”。

二、群策群力，解决资金筹措问题

“歼灭战”发起之后，经费成为各级水轮泵指挥部面临的首要问题，尤其是贵州这样一个不发达的省份，经济基础薄弱，财政能力非常有限。为此，政府提出坚持自力更生、勤俭办站的方针，各级水轮泵指挥部发动群众自筹经费，这是建立水轮泵站的关键。为了节约资金，各基层的生产队、公社甚至自筹原料、利用可替代材料等，最大限度地降低建站成本，解决了短期内经费紧张的问题。

根据相关县的不完全统计，“黎平县各公社生产队用自筹的建站经费7万多元，向有关部门购买了第一批各型水轮泵30台。绥阳县各社队计划自筹兴建的水轮泵站，已有39处开工，占全县1964年冬1965年春建站计划数的

① 《习水县关于水轮泵歼灭战进度和部署情况的报告》，1965年1月31日，遵义市档案馆，1965年，全宗号53，永久保存，第30卷。

② 《专县水轮泵歼灭战指挥部陆续建立》，1965年2月6日，水城县档案馆，全宗号47，保管期限长期，第39卷。

63%”①。“锦屏县钟灵公社各生产队，早在去年秋收分配时，就预留公积金17600多元，购买了水轮泵，使全社计划兴建的16个水轮泵站全部开工。”②湄潭县在建站过程中，“胜利公社建成一站，仅用0.5吨水泥，蜗壳是生产队自筹木料制成的，结果只花了七八百元，凡是自筹资金所建的站，一般都没有超过1500元，由于全面深入地贯彻了自力更生的方针，切实依靠了群众，目前为止，全县已自筹资金38000多元”③。

1965年，随着水轮泵站的大量举办，各地在兴修的过程中各尽所能，精打细算，降低建站成本，“广泛采用了石砌、砖砌、木质、水泥烧制尾水管、陶瓷管和楠竹等，代替贵重材料和铸铁管、钢管等。建成的水轮泵站总投资为348万元，社队自筹1989000元（其中贷款109万元，劳力未折合为投资），占总投资的57.1%”④。比如，乌当区水田公社后坝水轮泵站，开始因为资金困难，“生产队便发动社员砍‘风水树’改木料，搓草绳出售，共自筹了现金2778元，购买水泥、炸药、机器，大大减轻了国家负担。花溪黔陶公社跑马场水轮泵站，因工程量大、劳力不足，资金困难，通过精打细算自筹了340元”⑤。这种资金筹措方式体现了计划经济体制下依靠集体力量办大事的优越性。事实也证明，通过集中统一领导和广泛动员群众自筹，在人民公社的纽带下，最大限度地解决了水轮泵站建设的资金问题，推动了运动的顺利进行。

三、样板试点，打消群众顾虑

搞样板试点工作以树立示范典型，是中国共产党在以往革命和建设中一贯的做法。由于对新生事物的不了解、不清楚、不明晰等，在推广发展的过

① 《我省各地积极兴建水轮泵站》，《贵州日报》1965年1月7日。

② 《我省各地积极自筹资金兴建水轮泵站》，《贵州日报》1965年2月2日。

③ 《湄潭县集中兵力加强领导，力争在5月底以前累计完成180台水轮泵的安装任务》，1965年2月18日，遵义市档案馆，全宗号53，1965年，永久保存，第30卷。

④ 《贵州省水轮泵歼灭战第一个战役的工作总结》，1965年6月，兴仁县档案馆，49-2-11。

⑤ 《贵阳市水轮泵歼灭战工作总结》，1965年7月9日，贵阳市档案馆，77-1-988。

程中势必会遇到一定阻碍，如何正确处理好这些不利因素以利于新生事物的发展就成为摆在人们面前的难题。通过典型示范搞出成绩的做法，能使更多人熟悉和参与进来，推动新生事物的发展进程。水轮泵对于大部分贵州乡村的百姓来说是一种新生的机械抽水动力，很多人之前都没有见过，这也让习惯了使用传统筒车等提水工具的人们有一种顾虑，怕投资大、费时多、抽不出水以及影响生产等，因此，如何打消群众顾虑推进水轮泵运动深入发展成为各级领导干部面临的首要问题。在各级水轮泵“歼灭战”指挥部（办公室）的组织协调下，采用样板试点的做法影响带动群众并组织他们到现场参观，让已建站的生产队向这些不熟悉的群众宣传水轮泵的好处，用实际例子教育感染群众，以此消除群众的思想顾虑，最终调动他们的热情和参与性。

各专区（市）、县等在水轮泵运动的起始阶段率先进行样板试点工作，通过试点摸索经验，再进行推广。如贵阳市水轮泵试点工作到1964年4月底共建成15站16台，在试点安装的过程中他们总结水轮泵的特点为：“必须按照自然条件，利用筒车、碾坊、堰坝等处形成的跌水以及泉井渠道有集中落差的地方，在水源充足的地方选择建站地点。”① 对于铜仁专区来说，使用水轮泵提水灌田是一项新生事物，各县也建立了水轮泵试点站。专署农水局首先在铜仁县谢桥公社熊家屯生产队搞了一个试点站，灌田200亩。这个站建成以后，铜仁地委在召开县委书记会议时，组织与会人员进行参观并推广了这个站的建站经验。会议结束后，属地的各县县委书记立即布置有关部门一方面购置机器，另一方面选定站址进行水轮泵的兴建。

以县、区来看，乌当区在试点的过程中，以后所、洛湾、云锦3个站为试点站址，不到一个月的时间先后建成并发挥效益，很多干部群众参观后看到水轮泵投资少、时间短、见效快、易管理的优点很受感染。1964年7月以前是湄潭县水轮泵的典型示范阶段，该县的诸多群众对水轮泵还普遍没有认识了解，领导和干部又没有搞过，全县仅有两个同志去遵义学过几天，有点水轮泵的初步知识。为此，该县在工作和群众基础较好的永兴、兴隆和黄家坝三个区，选择适应性较广的站址进行试点，经过两个月左右的努力，建成3

---

① 《贵阳市去冬今春水利运动总结（至4月底止）及1965年计划安排意见》，1964年5月4日，贵阳市档案馆，67-1-248。

个样板站，装机3台（30型2台，40型1台），共灌田600亩，共用劳动工日2764个，投资费用9410元，这三个站建成后立即发挥效益，抢救了600亩农田并保证了丰收。① 各专区以及县的水轮泵试点工作是在技术人员不足、经验基本没有和资金有限的基础上进行的，在逐渐探索中取得了成绩，也使更多群众开始了解和认同水轮泵这一新生事物在农业生产中的作用。

总体上看，各地通过试点使水轮泵在群众中产生了良好的影响，同时在试点中也培训了一批技术人员，在这个过程中，无论是做得较早的贵阳市还是起步较晚的一些专区（州）、县等，都贯彻了先试点再推广并在层层试点的基础上稳步推进的方针。截止到1965年初，在这之前的8个多月里，水轮泵的兴修主要是安装试点，在试点的过程中，各地总结安装的经验和水轮泵自身的优缺点，并在实践基础上证明了水轮泵确实是个好东西。它的主要优点是：“建站容易，能立竿见影地收到增产效果；投资较少，符合勤俭办水利的要求；效率较高，能节省大批劳动力用于精耕细作；综合利用，有的水轮泵还能带动发电机发电。因此，试点站的水轮泵一经安装使用，都有效地促进了农业增产，受到社员群众的热烈欢迎。”②

1964年和1965年初的试点工作，不仅提高了干部群众对水轮泵的认识，而且在摸索中逐渐积累了经验。各地在推广水轮泵的过程中都是“首先抓住了这一重要环节，普遍搞了试点练兵、样板站，各地的样板站建成后，利用召开各种会议和赶场天，组织干部和群众参观，消除了干部和群众的思想顾虑”③。水轮泵试点工作说明，新生事物要想在短时间内得到群众认同就必须进行示范，树立典型，在打消人们的思想顾虑后才能进一步推进。贵州水轮泵建设正是在层层试点的基础上，不到两年就在各地开花结果并取得了显著成效。

---

① 《湄潭县集中兵力加强领导，力争在5月底以前累计完成180台水轮泵的安装任务》，1965年2月18日，遵义市档案馆，全宗号53，1965年，永久保存，第30卷。

② 《抓进度保质量打好水轮泵歼灭战》，《贵州日报》1965年3月21日。

③ 《贵州省水轮泵歼灭战第一个战役的工作总结》，1965年6月，兴仁县档案馆，49-2-11。

四、打响战役，取得初步成效

贵州省各地在1964年主要进行水轮泵的试点推广工作，并取得了初步成绩，不仅加深了人们对水轮泵这种新型抽水机械的认识，也扩大了水轮泵在群众中间的影响。在此基础上，为了适应推广水轮泵的需要，各级水利部门于1964年8月着手进行各项准备工作，并逐步打响了第一轮水轮泵“歼灭战”。当时，贵州抽调了大批技术人员深入社队，开办短期训练班培训水利辅导员和水轮泵施工技术人员，并纷纷组织劳力在选定的站址上开展建站活动。据1965年1月28日统计，“全省从去年10月中旬以来，先后动工兴建的水轮泵站共有1101站1358台，日上工劳力4万人以上，其中已有349站398台建成，可灌溉面积33000多亩”①。随着水轮泵歼灭战的深入开展，1965年春季，各专区、县在省和专区水轮泵工作队（组）的协助下，再次把第一轮水轮泵“歼灭战”推向了高潮。

1965年5月27日，据毕节专区统计，“已完成138站169台（包括待完工的3站6台），新增灌溉面积12910亩，改善6580亩，今年已经投入抽水和能投入抽水的有131站155台”②。截至5月31日，贵阳市“全市共建成28站38台，占省下达50台任务的76%，新增灌溉面积2039亩，占省下达2000亩任务的102%，改善面积1539亩，总共投资116605.65元，建成的站质量上一般，合乎要求”③。到5月底，铜仁专区“共安装了水轮泵378台，可灌溉面积29972亩，其中新增灌溉面积18862亩”④。1965年5月底，“全省共建成水轮泵站2305站，装机2824台，灌溉面积达24万多亩，其中新增灌溉面积172000多亩”。⑤ 而到10月，贵州“共安装各型水轮泵2824台，占全省解

① 《我省各地积极自筹资金兴建水轮泵站》，《贵州日报》1965年2月2日。

② 《毕节专区水轮泵工作总结》，1965年6月7日，毕节市档案馆，119-3-23。

③ 《贵阳市水轮泵歼灭战工作总结》，1965年7月8日，贵阳市档案馆，77-1-988。

④ 《铜仁专区水轮泵规划（草案）和六六年计划安排初步意见》，1965年7月11日，铜仁市档案馆，39-1-75。

⑤ 《贵州省水轮泵歼灭战第一个战役的工作总结》，1965年6月，兴仁县档案馆，49-2-11。

放15年来机电提灌发展的马力35%，可灌农田24万余亩”①。

一年多来的工作证明，水轮泵在贵州山区有很大的适应性，有着广阔的发展前途。这里河流山溪多，落差大，田高水低，田土分散，比较适宜安装水轮泵的地址很多。从诸多地区建成的水轮泵站分布情况来看，不仅县县有，不少县的每个公社也有，给群众的生产生活带来了方便。如兴义县鄢家坝水轮泵站于1964年8月兴建，12月建成，该站安装40型水轮泵1台，带动三号打米机1台，有5个生产队受益，这个站自建成投产以来，在为农业生产和群众生活服务方面起了较大作用，“1965年实际增灌面积85亩，增产粮食2万余斤，10个月内为群众加工大米63万多斤，收入2800多元”②。正是由于水轮泵投资少、节约劳力以及能为群众的生产生活提供便利等，深受诸多山区群众的喜欢。

贵州省水轮泵第二场“歼灭战”从1965年11月初开始到1966年5月底前基本结束，但随着全国政治形势的转向，第二场水轮泵“歼灭战”开展得相对缓慢。截止到1966年1月20日，“全省已动工1035站，计划装机1480台，但从目前的情况来看，全省动工站的装机台数仅占计划数的42.2%，完工的站装机148台，占计划数的4.3%，比去年同期少；半数县动工站的装机台数还不到任务数的30%；一些县区还是空白点”③。总体上看，水轮泵建设是逐渐进行的，到1966年2月底，在将近两年的时间里“贵州建成台数3295台”④。从1964年初起步到1966年春季止，水轮泵建设在较短的时间内取得了较好的成绩，实属不易。在修建过程中，政府制定了较为正确的方针政策，各相关部门也认真贯彻，并在实践中逐渐得到群众的认同，这充分反映出水轮泵在贵州是有广阔前景的，同时，各地非常注重水轮泵站的管理运行，逐步形成了一套管理模式。

① 《中共贵州省委批转省水轮泵歼灭战指挥部关于组织我省水轮泵歼灭战第二个战役的请示报告》，1965年10月26日，麻江县档案馆，39-1-62。

② 《鄢家坝水轮泵站开展综合利用》，1966年2月10日，贵州省档案馆，93-1-2425。

③ 《乘胜前进，为全面完成水轮泵歼灭战第二战役的建站任务而努力》，1966年2月10日，贵州省档案馆，93-1-2425。

④ 《关于参加国务院农林办公室在湖南省召开的水轮泵现场会议的情况汇报》，1966年3月30日，关岭县档案馆，15-2-72。

五、建管并重，水轮泵运动的成就保障

管理始终是工程无法绕开的重要环节，因为有了之前重修建轻管理的教训，在国民经济调整时期，贵州的农田水利建设非常注重配套续建和工程的管理养护。从 1964 年春季开始的贵州省水轮泵运动也比较重视建成站的管理，很多地方党政领导以及基层群众早在建站的过程中就开始关注管理人员的培养，并进行短期的人员培训。在水轮泵站建好后，各地一般根据实际情况由专人进行管理和养护，以期获得较好的效益，而一些规模较大的站点还制定了规章制度以便规范水轮泵的使用和维修。

中央下达的关于水轮泵站管理的指示认为："必须重视水轮泵站的管理，要建管并重，各级人民委员会对水轮泵的管理要归口；公社大队、生产队要指定专人管理，建立责任制；已经建立的水轮泵站，属于一个生产队范围的，每年要从公共积累中提取折旧费，以备更新之用，属于几个生产队的由大队管理，属于几个大队的由公社管理；大队和公社管理的水轮泵站收取水费，有综合利用的还要收加工费（或电费），所有收益大部分或全部作为公共积累，积累的资金先用于归还贷款，多余的用于扩大基本建设。"① 1965 年夏季，第一轮水轮泵"歼灭战"结束，贵州新建了 2000 多台水轮泵。为管理好这些水轮泵，根据中央文件精神，贵州在同年 6 月召开的省水利建设座谈会上，制定了《贵州省水轮泵站管理养护试行办法》，主要分为组织管理、技术管理和经营管理三部分。在组织管理中规定，各地要"根据水轮泵站的规模，灌区大小，可成立管理小组或管理委员会，凡受益在一个生产队的，由生产队管理；凡受益在几个生产队的，由受益生产队联合组织管理，或由大队管理；凡受益跨公社的，由受益公社联合组织管理；凡受益跨区的，由受益区联合组织管理。受益社、队必须指定成分好、思想好工作积极热情的社员，常年专人管理，给予职权，给予合理报酬"；在经营管理中提出了"水轮泵站也要实行'以水养水，以站养站'，一般每年都应向受益单位征收水费，带有

---

① 《水利管理座谈会报告提纲》，1965 年 6 月 18 日，麻江县档案馆，39-1-61。

副业加工的要收加工费，发电的要收电费，作为水轮泵站的维修养护、设备修理更新及管理人员开支等费用”。[①] 这是贵州省第一个关于水轮泵站管理养护的文件规定，从如何管理、怎样管理再到如何做好经营管理等都在宏观上做了明确的要求，成为各地制定水轮泵站管理制度的主要参考标准。

下面我们以几个县的实例看一下水轮泵站的管理情况。松桃县大平和孟溪两个区由于干部群众的努力，到 1965 年春季“已建成的 27 站中，有 14 站固定了专人管理，在管理人员方面，有的站是放水员管理，有的站则指定了贫下中农出身的知识青年管理，也有的站则由生产队的干部协助放水员管理，但以放水员为主，放水员一般都有固定工分报酬，可以不再另行评工记分”[②]。凤冈县到 1965 年 3 月底共建成水轮泵 38 站、装机 42 台。为了管好水轮泵站，县水轮泵“歼灭战”指挥部以正、副指挥长为首，组成了三个工作组，分赴永安、花坪、永和等建站较多的地区，帮助社队建立管理组织，制定管理制度，明确专人管理。在各级干部和技术人员的帮助下，凤冈县已建成的 38 个水轮泵站中，有 32 个建立了管理机构，受益两个生产队以上的站，由所在大队建立管理委员会，大队长或贫下中农主任兼任主任，各受益生产队的队长或贫下中农代表任委员；只有一个生产队受益的站，由本队建立 3~5 人的管理小组，生产队长或贫下中农代表任管理组长，各站在建立管理机构的同时，还制定了管理制度。[③] 可见，在政府的指导和重视参与下，水轮泵站的管理基本没有流于形式，而是有序地展开。

仁怀县在修建水轮泵站的同时也比较注重管理工作，在全县建成水轮泵 33 站，每站都固定了专人管理，并落实专管人员的报酬，其中有 25 站制定了管理制度，按受益面积征收水费，每亩每年征收水费 3 角。水轮泵站专管人员大都是政治可靠的贫下中农知识青年，且通过训练掌握了一定技术。大部分站点在管理章程中制定了四条可行的制度：一是保证及时清除杂物，不使石头、木片堵塞水轮泵；二是保证水轮泵不被坏人破坏，不被洪水冲垮；三

---

① 《贵州省水利厅贵州省水轮泵歼灭战指挥部关于颁发〈贵州省水轮泵站管理养护试行办法〉的函》，1965 年 5 月 17 日，麻江县档案馆，39-1-61。

② 《松桃苗族自治县大平、孟溪两区水轮泵站管理情况的调查报告》，1965 年 4 月 20 日，麻江县档案馆，39-1-62。

③ 《凤冈县水轮泵站逐步巩固有力地促进春耕生产》，1965 年 4 月 20 日，麻江县档案馆，39-1-62。

是定期检修维护水轮泵；四是保证水灌到田。这样，就可以达到管好用好水轮泵的目的，实现“建好一站，管好一站，用好一站”的要求。①

从上面几个县的实例可以看出，水轮泵站在管理过程中有以下几个特征：首先，各级政府和基层群众重视并设立专管机构，这说明管理工作主要是在政府领导下进行的；其次，管理人员一般是从政治可靠的贫下中农中选择并付给相应的报酬，这揭示出当时的政治形势又开始重提“阶级斗争”，而这已影响到了水利建设领域；最后，管理制度的制定较为详细明确，这样可以让管理人员分工具体以切实有效地维护好水轮泵站的使用。在1965年冬季贵州省掀起的第二次水轮泵“歼灭战”中，各地仍然是根据前期管理工作的思路制定新建水轮泵站的管理养护措施，省里也要求“各地在完成1966年度的水轮泵任务的同时，还应巩固好已建成的站，不管过去建的站或现在建的站都要加强管理，健全管理组织，制定管理制度，管理人员要采用亦工亦农的办法，抽调贫下中农的知识青年来胜任较好”②。

水轮泵站的管理是一件“似新非新”的工作，说其“新”，主要是因为，一方面水轮泵本身是新生事物，很多干部群众对其了解不深，对于如何使用和管理认识不足；另一方面管理技术人员较为匮乏，新培训的人员无法很快适应管理工作，这实际上成为水轮泵管理的短板。说其“非新”，主要是从以往的水利工程管理经验来看，新中国成立后十几年的水利管理工作基本形成了一定的经验和模式，对工程的管理大都是从各级党委主抓、群众参与、成立机构、培训人员、制定章程等方面展开，所以，针对水轮泵站的管理运行也主要是从已有的水利管理工作中寻找经验，事实也证明这种经验在当时确实有一定作用。因此，贵州省水轮泵站管理工作跟上了建设的步伐，诸多水轮泵站逐渐成立了机构、设立了专人管理，并建立了一套水轮泵站管理运行的制度，这是值得肯定的。

---

① 《仁怀县1965年度水轮泵歼灭战工作总结》，1965年5月，遵义市档案馆，1965年，全宗号53，永久保存，第30卷。

② 《抓好当前水轮泵歼灭战中的几项工作促使水轮泵歼灭战第二战役顺利开展》，1965年11月29日，贵州省档案馆，93-1-2163。

六、结语

贵州属于高原喀斯特地貌，引水灌溉的基础设施建设较为落后。水轮泵较为适应山区的地形特点，随着技术的成熟和应用，国民经济调整时期，水轮泵站建设在贵州全面推进，积累了初步经验，并取得明显成效；同时，与全国号召南方山区水轮泵建设的步伐相一致，成为高原喀斯特地貌下引水灌溉工程兴建的典型。可以说，在高度集中的计划经济体制下，政府在推动水轮泵站兴修中起到了关键性的作用，它可以集中人力、物力、财力进行较大规模的工程建设。而群众支持是这场运动得以兴起的动力，他们既是参与者，也是受益者，基层群众在自筹资金、节约成本、提供劳力、参与工程管理等方面发挥了重要作用。总体上看，贵州水轮泵站建设在政府主导和群众参与的双向推动下取得了初步成效，具有一定高原山区水利建设的价值。

（原文发表在《古今农业》2018 年第 2 期）

后 记

我出生在沂蒙山区，记得七八岁的时候就与“水”结缘，每到夏季，就和小伙伴一起去村东边的水库游泳避暑，那水清澈见底。听老人讲，这座水库是1965年建成的，水库的建成解决了村庄农田灌溉用水的问题。长大后，我离开家乡来到了云南读书，在日常学习和乡村调研中逐渐接触了一些水利民工，对当地的农田水利建设产生了兴趣，在导师张巨成的引导下重点关注新中国成立后昆明的农田水利建设，完成了硕士学位论文撰写，并开展了档案和口述史料的收集工作。2010年，我来到贵州师范大学后，研究视角转为新中国成立后贵州的农田水利建设，其间获批教育部青年课题和国家社科基金各1项，为自身的研究工作提供了比较充足的经费支持，也正是在此激励下，我开始沉下心来大规模收集云南、贵州农田水利建设的档案和口述史料，对此进行有针对性的系统研究。其间，在博士生导师黄顺力先生的指导下，我发表了一系列论文。本书就是在已发表和未公开发表的论文基础上筛选整理而成的，也是我10多年来针对新中国云贵地区农田水利建设若干问题的一些思考，希望能对该地区的治水事业和这一时期的水利史研究有所助益。

本书能够顺利出版，得益于中国经济出版社的支持和张利影编辑的辛苦付出，在此表示由衷的感谢。同时，要感谢我的妻子，正是她这些年对家庭的奉献才让我有时间做一些自己感兴趣的事情，也正是她默默付出才有一双儿女的健康成长。也要感谢我的母亲，这些年母亲为这个家奔波操劳，本应该安享晚年的她，在送走父亲之后还要来到生活不适应的贵阳帮我带孩子，没有母亲的付出就没有我今天取得的些许成绩。最后，尽管我对本书进行了一系列校正和修改，但书中难免还存在问题，希望读者批评指正。

李安峰

2024年5月16日清晨于东书院